自然エネルギーのソーシャルデザイン

スマートコミュニティの水系モデル

大内秀明
吉野 博
増田 聡
共編著

鹿島出版会

自然エネルギーのソーシャルデザイン

スマートコミュニティの水系モデル

はしがき

もう一度本気で考えてくれ給え

重機も金も体力もなかった　あの敗戦の日

先人たちはどうやってエネルギーを奮い

一ヶの瓦礫に挑戦したのか

その一歩が重なって今があり

その上で我々は今生きている

その「今」の意味を我々は忘れている

俺は時々考える

あの時　あの時代　あの絶望の中で

どうしてわれわれの先人たちが

あのエネルギーを持ち得たのか
一歩を踏み出す力を持てたのか
最初の瓦礫に挑戦できたのか

多分彼らは己の空腹より
家族の空腹を考えていたのだ
己のことより愛するものの
命と暮らしを必死に思ったのだ
だから何とか　力が出たのだ

最後にもう一度だけ　言わせてもらう
俺たちはその上に立って暮らしている
先人たちの愛のおかげで
俺たちは　今の俺たち　であり得る
そのことをもう一度考えてくれ給え

倉本　聰『昭和からの遺言』（双葉社）より

「松根油で飛行機を飛ばす」、松の木の根を掘る勤労動員で日本の必勝を祈願した。そして敗戦、戦災の瓦礫の中に立っていた。それから高度成長を生きて六六年、3・11 東日本大震災の被災地・仙台で「三種の神器と3C」の瓦礫の山を前にした。ゼネコンの重機と自衛隊員の力で、瓦礫は間もなく片付けられた。しかし、巨大津波と原子力、そして人間の労働力のエネルギーを、いかに捉え直し、災後復興に繋げたらいいのか？　市民の気休めや行政の責任逃れの「防災」を超えて、地域エネルギーの在り方を根底から考え直す復興の時代が来ていると思う。

本書が校正の段階を迎えたタイミングで、ジェレミー・リフキン氏が来日した。周知のようにリフキン氏は、かつて『エントロピーの法則』や『水素エコノミー』で注目された文明評論家である。近時では『第三次産業革命』、『限界費用ゼロ社会』などが、日本のマスコミでも話題になった。すでに米・オバマ前大統領の「グリーン・ニューディール」でも提起されてはいたが、リフキン氏は、情報革命を金融・商業などの表層から、産業の根底の深部にある農業などにまで届く自然エネルギーとＩＣＴ革命を結合する新産業革命として雄弁に語っている。本書ではＬＣＥ＋ＩＣＴ（低炭素化経済と情報通信革命）と表現したが、新産業革命の問題意識といい、産業革命のアイテムといい、本書は日本の、とりわけ東北の『第三次産業革命』の提言であり、震災復興の「水系モデル」であることを確信して、上梓するものである。

リフキン氏は、「四〇年に及ぶ第三次産業革命のインフラ整備に伴って、多数の企業や無数の持続可能な雇用が生まれ、日本は次の産業革命のリーダーたる地位を確立するだろう」と『第三次産業革命』の「日本語版への序文」でエールを送ってくれた。思い起こせば、編者は、第二次産業革命までのオールドメディアに対して、「ニューメディア」が登場した時点で、東北大学の西澤潤一教授らと共に、仙台市の「テレトピア構想」を策定した経験がある。日本列島の自然エネルギーの宝庫を抱え、食糧供給基地でもある東北が、リフキン氏の期待に応えることができるか。本書が、その新たな産業革命に少しでも役立てば幸いと思う。

本書の出版については、たくさんの関係者の手厚いご協力をいただいた。とくに一般財団法人「建設業振興基金」の支援を受けた、一般財団法人「みやぎ建設総合センター」の「自然再生エネルギーの地域づくり」研究プロジェクトには大変お世話になった。数年にわたる研究会活動、度重なるシンポジウム開催など、事務局はじめご協力いただいた多くの方々に、この場を借りて心よりお礼申し上げたい。本書の執筆者はじめ、多くの関係者が本書の出版にも直接協力してくださったが、紙面の関係上、お名前は省略させていただく。

本書を上梓するに当たり、鹿島出版会の橋口聖一氏には、執筆メンバーの一人である半田正樹氏とともに、多数の執筆者の原稿を取りまとめるなど、大変お世話になった。末筆ながら厚くお礼申し上げる。

二〇一八年三月

大内　秀明

目次

第Ⅰ部　総論

第Ⅱ部　各　論

第4章　エネルギーの面から「暮らし方」を見直す……191

ミニ解説

〔コラム〕

第Ⅰ部　総　論

1　いま、なぜ「水系モデル」を提起するのか？
2　名取川・広瀬川「自然エネルギー・スマートコミュニティ」構想
3　名取川・広瀬川水系を地域モデルとして選択する主要な理由
4　「自然エネルギー・スマートコミュニティ構想」のソーシャルデザイン

1　いま、なぜ「水系モデル」を提起するのか？

（1）「資源小国」の呪縛を解く

二〇一一年の3・11東日本大震災は、地震、津波だけでなく福島第一原子力発電所の爆発・メルトダウン事故が重なり、未曽有の多重災害の惨禍をもたらした。大規模な原発事故は、米スリーマイル島、旧ソ連・チェルノブイリの事故に続くもので、広範な放射能の汚染処理や廃棄物管理、多くの発電施設の廃炉作業など、予想の全く困難な復旧作業が横たわっている。その意味で、震災からの復旧・復興は、いまなお想定の範囲を遥かに超えた「未知の世界」に遠のいてしまった。被災地は、これからどうなるのか？　被災住民や避難者は、これからどうしたらいいのか？　果てしない絶望的不安におののく被災現場から眼を離すことは許されない。

人類史が体験したこともない3・11大震災の多重災害から、多くの教訓を学びとらねばならない。世界で唯一の原爆被爆国であり、原爆症が不治の災害であることを十分に知りながら、かつ地震、津波、洪水そして噴火の災害列島に住みながら、なぜ原発の「安全神話」を信じ込み、原発依存の「オール電化」の夢を見ることになったのか、その辺から検討したい。

戦後七〇年の反省として、まず二〇世紀前半の人口急増を経て、戦前一九四〇年代の日本が、近代的工業化を目指す狭小な「資源小国」で七〇〇〇万人を超える人口を抱えていたことを想起しよう。日本人が生きるためには、まずアメリカへの石油依存から脱却しなければならない。

「大東亜共栄圏」を築き上げ、満蒙開拓の北進論を「南進論」に転換し、東南アジアの石油資源を目指して、「大東亜戦争」に勝利する。「神国日本」の不敗を信じて、無謀にも大国アメリカと戦った。しかし、広島・長崎に原爆を投下され、被爆国として敗戦の憂き目をみた。資源小国・日本のアジア植民地支配の夢は、石油資源の支配であり、石油エネルギーを目指しての「聖戦」が招いたものが、惨めな敗戦だった。

この反省とともに、3・11大震災が提起している最大の問題もまた、原発事故であり、資源エネルギー問題であることを、いま日本人は冷静に直視すべきである。戦前から戦後へ、確かに歴史は変わった。その昔、農家の次三男問題など、人口過剰のマルサス主義(食糧生産は算術級数的に、人口は幾何級数的に増加する、という過剰人口論)は、戦後の高度成長を通して、「少子高齢化問題」に変わっている。過剰人口の捌け口として満蒙開拓団を教育し組織した戦前ではない。むしろ逆に、今日では国内の労働力供給を増やすことが重要な課題であり、まず人口構成の高齢化とともに急増する高齢者は、その有力な供給源として期待され、定年延長や再雇用制度の拡充が模索されている。また、保育施設やテレワーク環境の整備、建設現場における「建設小町」などの女性労働力を対象とする受入れ促進策が検討され、さらに、中国やベトナムの研修生を労働力として利用せざるを得ない。そんな少子高齢化による過少労働力、人材不足＝「労働力不足」の時代に変わったのだ。

しかし、資源エネルギー問題は違う。依然としてリリパット（小人島）的な日本列島は、自前の資源エネルギーが不足し、海外から輸入しなければならないと考える「資源小国」の厳しい呪縛に取り憑かれているのではないか？　最近の円高から円安への転換も、対外輸出のプラスよりも、むしろ資源エネルギーの輸入コスト増大で貿易収支を圧迫する。そのために原発の再稼働も避けられない、という理屈が主張される。資源小国・日本のトラウマとも言える。しかし、本当に資源小国なのか？　アラブの石油に依存し、さらに原子力の原料ウランなどに依存し、アメリカの戦略に従属しなければならない資源小国なのか？

〔コラム〕長期的な人口推移・経済成長とエネルギー消費

日本の長期的な人口推移をみると、一九世紀半ば以降に急増したことが確認できる。江戸時代後半には三〇〇〇万人程度での定常状態にあったが、明治に入ると急激な増加が始まり、戦前戦後を通じて増加が続いた結果、一九六七（昭和四二）年に一億人を超え、二〇〇八（平成二〇）年には一億二八〇八万人とピークに達した。しかしその後は減少に転じ、現時点の自然増減・社会増減の動向が続くとすれば、急激な人口減が二一世紀を通じて継続すると推計されている。エネルギー消費の面では、エネルギー消費量＝人口×一人当たりエネルギー消費量と考えられるが、人口数の減少に加え、省エネ・効率化（＝一人当たり消費量の削減）が進めば、人口減少以上のスピードでエネルギー需要は減少するものと考えられる。

国内総生産（GDP）との関係でみても、一九七〇年代までエネルギー消費は国内総生産よりも高い伸び率で増加していたが、二度の石油ショックを契機に、製造業を中心に省エネが進み、エネルギー消費の伸びを抑制しながら経済成長を実現した。一九九〇年代を通して原油価格が低水準で推移する中で、家庭・業務その他部門を中心にエネルギー消費は再び増加したが、二〇〇四年度をピークに最終エネルギー消費は減少傾向に転じた。二〇一一年度以降、東日本大震災後の節電意識の高まりなどによってさらに減少が進んだ。

（大内秀明）

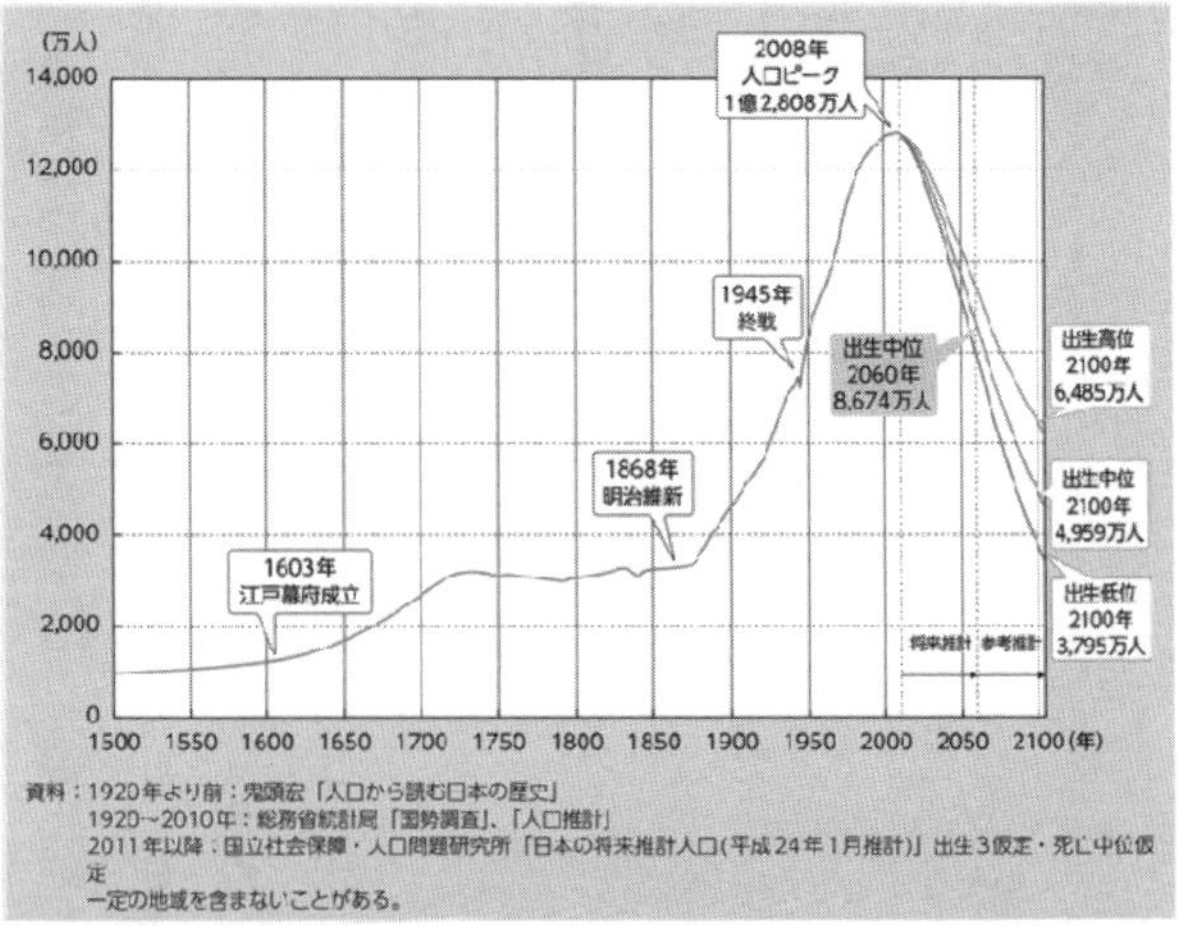

日本の人口推移

出典：『平成27年版厚生労働白書：人口減少社会を考える』

戦前の話に立ち入ることは避けるが、当時の日本は、八〇パーセント以上もアメリカの石油に依存していた。当時は、まだ軍需用の石油が中心だった。第一次大戦で、日本も重化学工業化に転換したとはいえ、クルマ社会はもちろん、集中暖房や石油ストーブの普及もまだだった。民需は少なく、官需は軍需中心だった。第一次大戦後、航空機が普及し始め、一九世紀までの陸海軍中心の戦争から、空軍の戦闘に転換した。日本も明治以来、軍需主導の重化学工業化を推進し、それだけに軍需中心の石油依存が急速に高まってしまった。それによる大幅な対米石油依存だったが、その弱みをアメリカは「対日経済封鎖」で厳しく突いてきた。ここから石油エネルギー問題が提起され、日本の「資源小国」がクローズアップすることになった。

一九四五(昭和二〇)年の敗戦は、「資源小国」に対しても日本人に厳しい反省を迫った。対米石油依存を反省し、国内の資源エネルギーの活用に転換せざるを得なかった。現実問題としても、戦災によって食料まで不足し、石油エネルギーを輸入する外貨もなかった。日本経済の再建は、軍需依存の体質を根本的に転換し、まずは日本列島の国内に賦存する自然エネルギー資源の開発・利用から始めざるを得なかった。食糧増産のための治山治水から、工業生産についても、「傾斜生産方式」として石炭産業、水力による電力事業など、もっぱら国内の地域資源の開発利用を中心に地域の産業振興を図り、日本経済の再建に乗り出したのだ。平和国家・日本の「平和経済」のスタートにほかならない。この地域資源の開発による産業振興に関わり、戦後経済にとり決定的な意味を持ったのが、「国土開発計画」だった。以下、戦後日本の国土開発の軌跡をたどりながら、資源エネルギー問題の推移を見てみよう。

（2） 戦後日本の国土開発と「エネルギー革命」——太平洋ベルト地帯構想の拠点開発方式「臨海モデル」の登場

戦後日本の地域開発は、一九五〇(昭和二五)年に制定された「国土総合開発法」に始まる。この法律に基づく全国総合開発計画(全総計画)によって進められたが、出発に当たっては、まだ全国レベルの計画は決定されなかった。一九六二(昭和三七)年まで、二〇年近くも全総計画のないまま、地域開発が進められた。まず北海道の開発に始まり、特定地域の開発計画、続いて例えば「東北開発促進法」などに基づく地方レベルの開発計画が次々に策定され、それらが先行する「地域民主主義」の時代だった。そこにまた、当時の資源エネルギー問題の所在と政策的特徴が現れていたのだ。特定地域として選ばれたのが、東北では「阿仁田沢」(秋田)、「北上」(岩手・宮城)、「最上」(山形)、「只見」(福島)、東北を代表する河川の「水系」であり、自然エネルギーを中心とした資源開発だった。その限りでは、後述する「水系モデル」の原型とも言えよう。また、多目的ダムの建設など「災害防除」「水力発電」「用水開発」や、都市部への連結などが考慮された地域開発である(**図1**)。

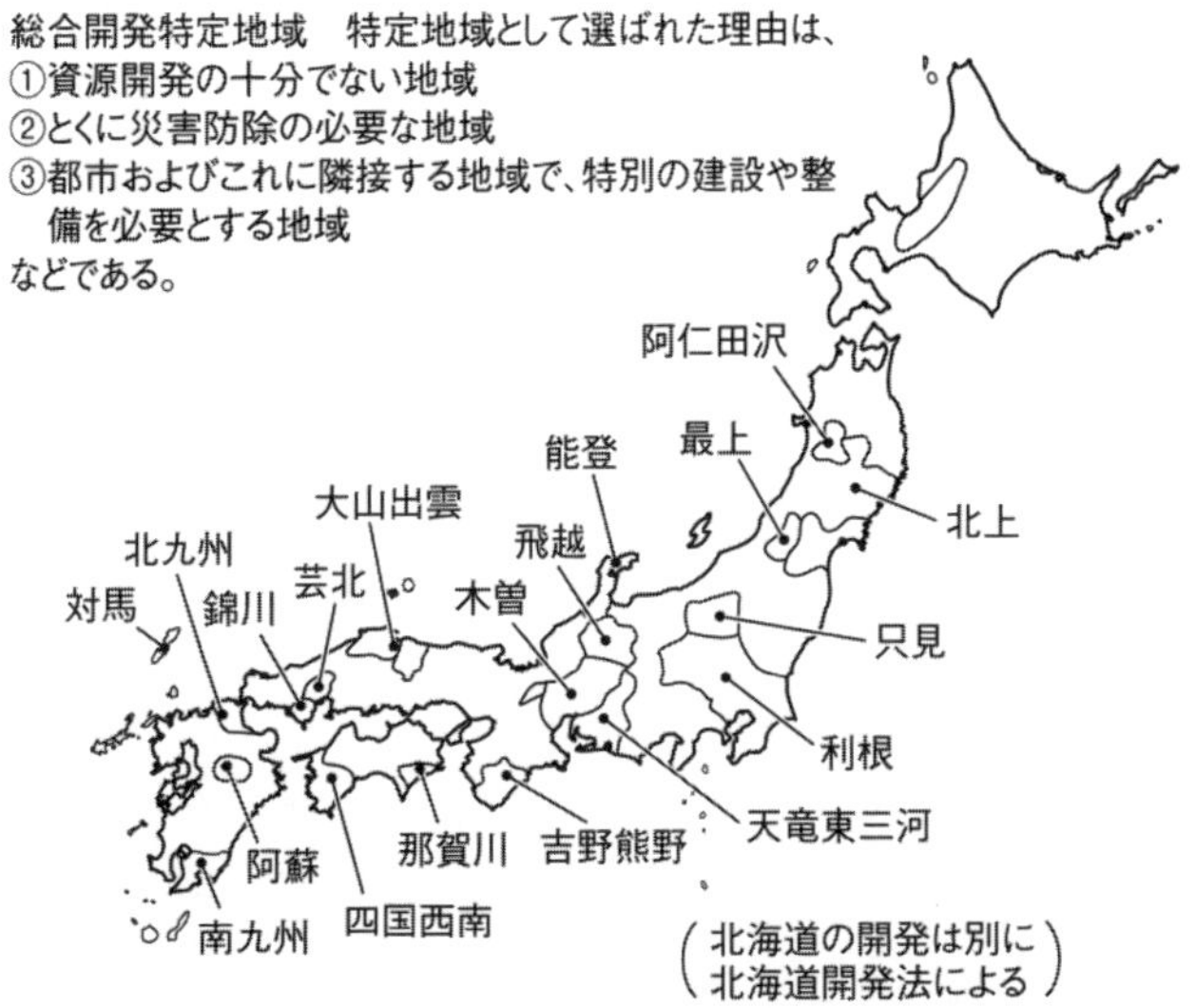
総合開発特定地域　特定地域として選ばれた理由は、
①資源開発の十分でない地域
②とくに災害防除の必要な地域
③都市およびこれに隣接する地域で、特別の建設や整備を必要とする地域
などである。
阿仁田沢
最上
能登
北上
大山出雲
飛越
北九州
芸北
錦川
木曽
対馬
只見
利根
天竜東三河
阿蘇
那賀川
吉野熊野
南九州
四国西南
（北海道の開発は別に北海道開発法による）

図１　特定地域総合開発計画（1951）の地域指定

出典：石井素介・浮田典良・伊藤喜栄編（1986）『図説 日本の地域構造』古今書院

このように地域に特有な自然エネルギー資源の開発と利用だからこそ、それはまた地方レベルの開発計画が先行することにもなった。北海道開発に続いて、一九五七（昭和三二）年には東北開発の計画策定の体制が、いわゆる「東北開発三法」により具体化した。東北開発促進法、東北開発株式会社法、北海道東北開発公庫法の三法である。翌一九五八（昭和三三）年に閣議決定された第一次東北開発促進計画では、東北に賦存する豊かな資源エネルギーを開発利用し、そのための開発投資主体として特殊会社の東北開発株式会社を活用して、資源開発の地域金融機関としては北海道東北開発公庫が拡充、設置

された。東北には、農村の食料資源をはじめ、上記の代表的河川の水力エネルギー資源、国有林など豊かな森林資源、石灰岩などのセメント建設材料資源、さらに常磐炭鉱の石炭など各種の鉱物資源が賦存し、まさに「自然エネルギー／天然資源の宝庫」だった。それを総合的に開発利用して、地方分権型の地域開発、そして地域民主主義の理念を実現するのが東北開発の「初心」だった(ただ後になって中央からみると、東北の一人当たり所得水準の低さと雇用機会の不足という格差が一層拡大した場合、それによる人口移動が都市集中問題を悪化させるという懸念も大きかったと言える)。ただし二一世紀のいま、むしろ二二世紀に向けて問われているのは、その当時の巨大な多目的ダムではない。自然エネルギーといっても、中小水力や風力、さらに太陽光、バイオマス、地熱などのそれぞれの地域に賦存する多様な自然エネルギーの利活用(ローカルなベスト・エネルギー・ミックス)であることは、重要な論点として後述する。

日本経済は、朝鮮動乱の特需で再建の切っ掛けをつかみ、さらに神武景気から岩戸景気へと戦後成長のステップを踏み固めた。その上で、一九六二(昭和三七)年一〇月に懸案だった全総計画が閣議決定され、国土総合開発法による国家レベルの上からの総合開発計画が始動することになる(**表1**)。池田内閣の下、戦後の経済計画を代表する「国民所得倍増計画」とセットになって、高度成長経済への移行と、それに伴う地域間格差の是正が目指された。基幹産業としては重化学工業、そして所得倍増計画の要の一つである「太平洋ベルト地帯構想」を推進する

表1　全国総合開発計画の推移

	全　総	新全総	三全総	四全総
閣議決定	昭和37年 10月5日	昭和44年 5月30日	昭和52年 11月4日	昭和62年 6月30日
基準年次	昭和35年	昭和40年	昭和50年	昭和60年
目標年次	昭和45年	昭和50年	昭和60年	昭和75年
基本課題	地域間の均衡ある発展	開発可能性の全土への均衡拡大	人間居住の総合的環境の整備	多極分散型の国土形成
開発方式	拠点開発構想	大規模プロジェクト構想	定住構想	交流ネットワーク構想
背　景	高度経済成長への移行	高度経済成長	安定経済成長	急激な円高による経済構造調整

出典：「河北新報」（一部補筆）

「拠点開発方式」が採用され、京浜、中京、阪神の工業地帯を結ぶ三大都市圏、その延長上に「工業整備特別地域」、さらに「新産業都市」を整備する方式にほかならない（**図2**）。戦後の高度成長経済は、ほぼこの枠組みで進み、GDP成長率が年率一〇パーセントにも達する奇跡的成長が実現された。

しかし、ここで注意すべき点は、この枠組みが朝鮮動乱から、さらにベトナム戦争など、戦後の冷戦体制に組み込まれていたことである。特に、一九六〇（昭和三五）年日米安保の改定によって、「経済安保」の枠組みが作られたことに注目したい。これが戦後の「エネルギー革命」による国内の石炭から中東の石油への転換とも結び付くことになった。またエネルギー革命を象徴した三井三池の反合理化闘争、そして六〇年の反安保闘争が、当時の政治・社会の重大事件だった。日米安保が、日米経済協力の下に構築され、戦後のアメリカの中東支配が進み、世界のメジャー石油資本による経済支配に日本経済も組み込まれることになったのだ。その結果として、東北を中心とした豊富な天然資源に基づく「平和経済」の夢も、ここであえなく潰え去ってしまった。東北開発三法もまた、冷戦体制下でのエネルギー革命による高度成長の陰に隠れ、その存在も消失したのである。エネルギー革命で閉山となった常磐炭鉱等での石炭採掘は、地産型資源

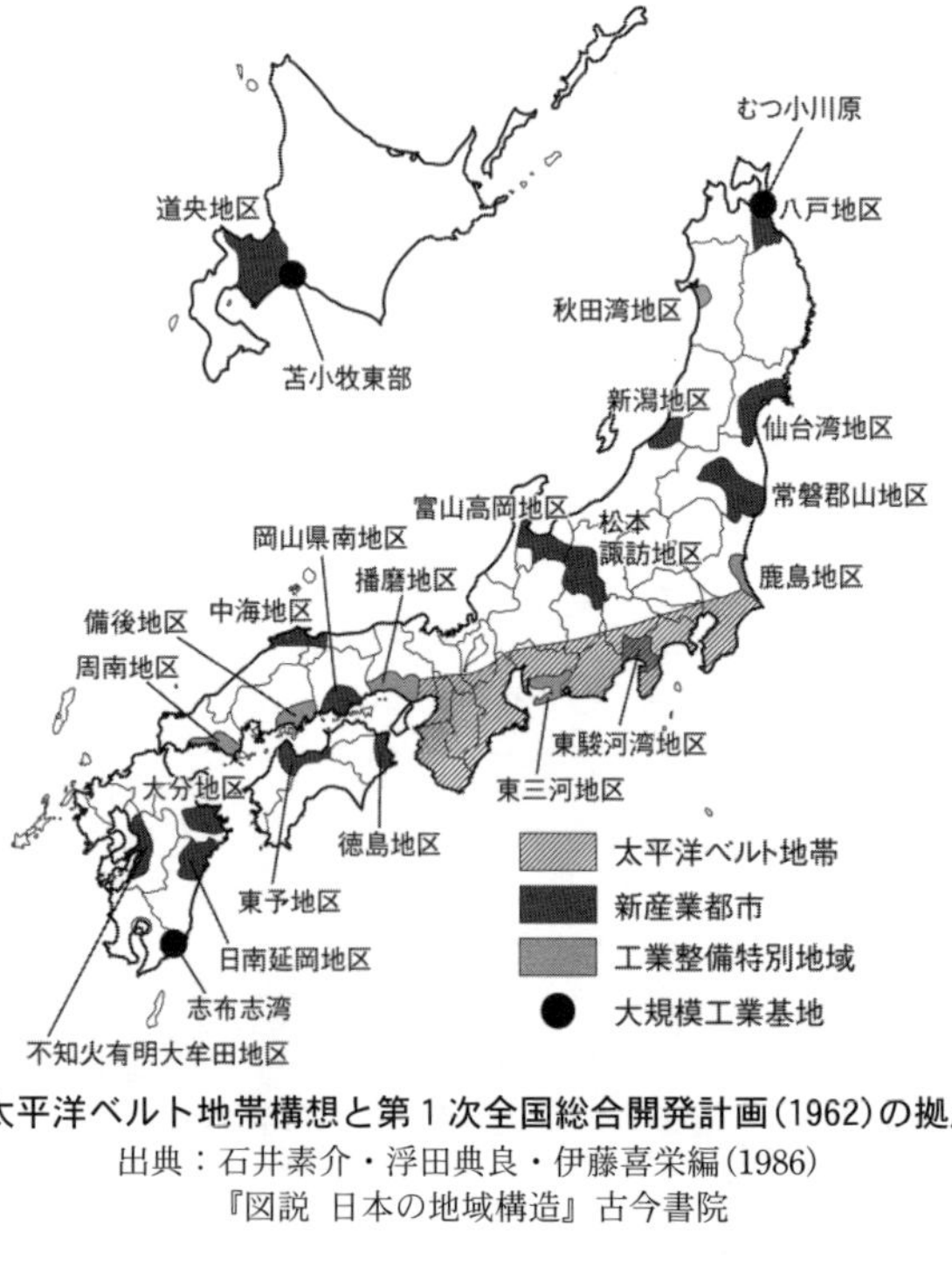

図2　太平洋ベルト地帯構想と第1次全国総合開発計画(1962)の拠点開発
出典：石井素介・浮田典良・伊藤喜栄編(1986)
『図説 日本の地域構造』古今書院

による地域おこしでもあり、現地採掘や利用に伴う鉱業技術や石炭化学の蓄積は、その後の裾野の広い技術開発を生み出した。また炭鉱での働き方（ヤマの暮らし）や地域社会（生産施設の周辺を取り巻く炭鉱住宅など）、地域文化の面でも、ある種の歴史的遺産を形成した。

アメリカの石油開発は、一九世紀末からのドイツなどの石炭開発から変わって、二〇世紀アメリカ金融資本による重化学工業化をリードし、第二次大戦の勝利とともに、さらに中東支配にも発展した。冷戦体制の下での石油需要の拡大に原油採掘技術の飛躍的向上が結び付き、安価な石油の大量供給を可能にしたのだ。アラブで開発された安価な石油資源が、日本列島の太平洋ベルト地帯に拠点開発された臨海型コンビナートに大量輸入され、「重厚長大」と呼ばれた基礎資源素材型の臨海型重化学コンビナートにおいて加工されて、一ドル＝三六〇円の超円安の為替レートで対米輸出された。この石炭から石油へのエネルギー革命が、輸出主導型の成長パターンとして、日本経済の超高度成長を主導することになった。

さらに中東からの安価な石油資源の輸入は、日本の消費生活にも様々な影響をもたらした。当初は「三種の神器」、続いて「3C時代」と呼ばれた耐久消費財の普及は、電気洗濯機や電気冷蔵庫、テレビなど、いずれも電化製品やビニールなどの石油化学製品であって、安価な石油の輸入に依存していた。この3Cの中でも車、マイカーの普及は、「クルマ社会」と呼ばれるライフスタイルの変化を呼び起こし、日本列島の隅々にまで普及拡大した。エネルギー革命は食生活の変化にも及び、野菜や果物の温室栽培、ビニール栽培は、中東の安価な石油による暖房費の大幅な低下によるもので、「トマトを食べているのではなく、アラブの石油を飲んでいるようなものだ」と揶揄された。

このようなアラブからの安価な石油資源の輸入によるエネルギー革命は、単に日本経済の産業構造の高度化による高度経済成長の実現だけではない。それが流通革命や消費革命と呼ばれる構造的変化をもたらした。エネルギー革命こそが、戦後日本のアメリカ型とも言えるライフスタイルを生み、それが高度経済成長の起爆剤として作用して成長を持続させたのである。

(3) 石油ショックと「原発国家」への転換
—チェルノブイリ原発事故と「ソ連型社会主義」の崩壊

中東からの大量輸入石油資源による高度成長も、公害問題など環境破壊の発生とともに、一九七〇年代に大きな転機を迎えることになった。一九七三(昭和四八)年および一九七九(昭和五四)年の二度に及ぶ石油ショックにほかならない。ポスト・ベトナムによる新植民地主義の敗北に刺激され、中東アラブ諸国対イスラエルの中東戦争を切っ掛けに、アラブ産油国が大幅な石油の供給削減を行い、それによる原油価格の急騰に基づく狂乱インフレが起こったからである。既に一九七一(昭和四六)年、アメリカのドル危機による一ドル＝三〇八円への円の大幅な切り上げ、いわゆるニクソン・ショックがあり、それで割安になったアラブの輸入原油を「湯水のごとく」使って、文字通り「石油漬け」だった日本経済は、石油ショックでマイナス成長の不況に遭遇した。しかしこれは、中東からの石油を中心に臨海型企業立地による輸入資源大量消費型、そして超円安の為替レートで輸出依存・民間投資主導型と言われた日本経済の高度成長パターンを見直す良い機会だったかもしれない。東北開発の初心に戻って、豊かな国内資源に基づく経済成長の道を選択することもできたが、田中角栄『日本列島改造論』に代表される「臨海型モデル」の成長神話の支配、さらに一ドル＝三六〇円から三〇八円への大幅な円切り上げ、続く為替制度の固定相場制から変動相場制への移行が、その選択を許さなかった。

変動相場制によって、円高基調での輸出依存型の成長は一時的にブレーキがかかり、マイナス成長も経験した。しかし、その円高は輸入にとっては大幅な円高差益を生む。石油ショックによる原油の値上がりも、円高＝ドル安によって相殺し、輸出のマイナスを輸入のプラスで補う新しいメカニズムが機能することになったからだ。したがって、石油ショックにより超高度成長が安定成長に調整される効果があったものの、この時点からのＭＥ(Micro Electronics)革命の進展とも相まって、むしろ日本経済は、先進国の中では石油ショックからの回復、不況克服の「成功物語」、そして「JAPAN as NO.1」となった。こうして、戦後の冷戦体制の日米「経済安保」体制で再生された「資源小国」の呪縛は、さらに続くことになってしまった。それどころではない。変動相場制に随伴した市場原理の強化は、ドル安の進行と共に一九八五(昭和六〇)年のプラザ合意をはじめ、日本経済の円高基調をますます強めることになる。プラザ合意の時点で一ドル＝二四〇円だった為替相場は、二年ほどで一二〇円の超円高を記録したのだ。この急激な円高こそ、オイルショックの相殺作用だけではなく、むしろ木材や農水産物など輸入資源の急増を招き、この時点で農業生産指数などは一貫して低下し、第一次産業の全面的切捨てを決定的にしたのだ。戦後東北開発の初心にあった「資源開発」の夢は、ここでも完全に超円高の為替相場に圧殺されたのである(**図3**)。

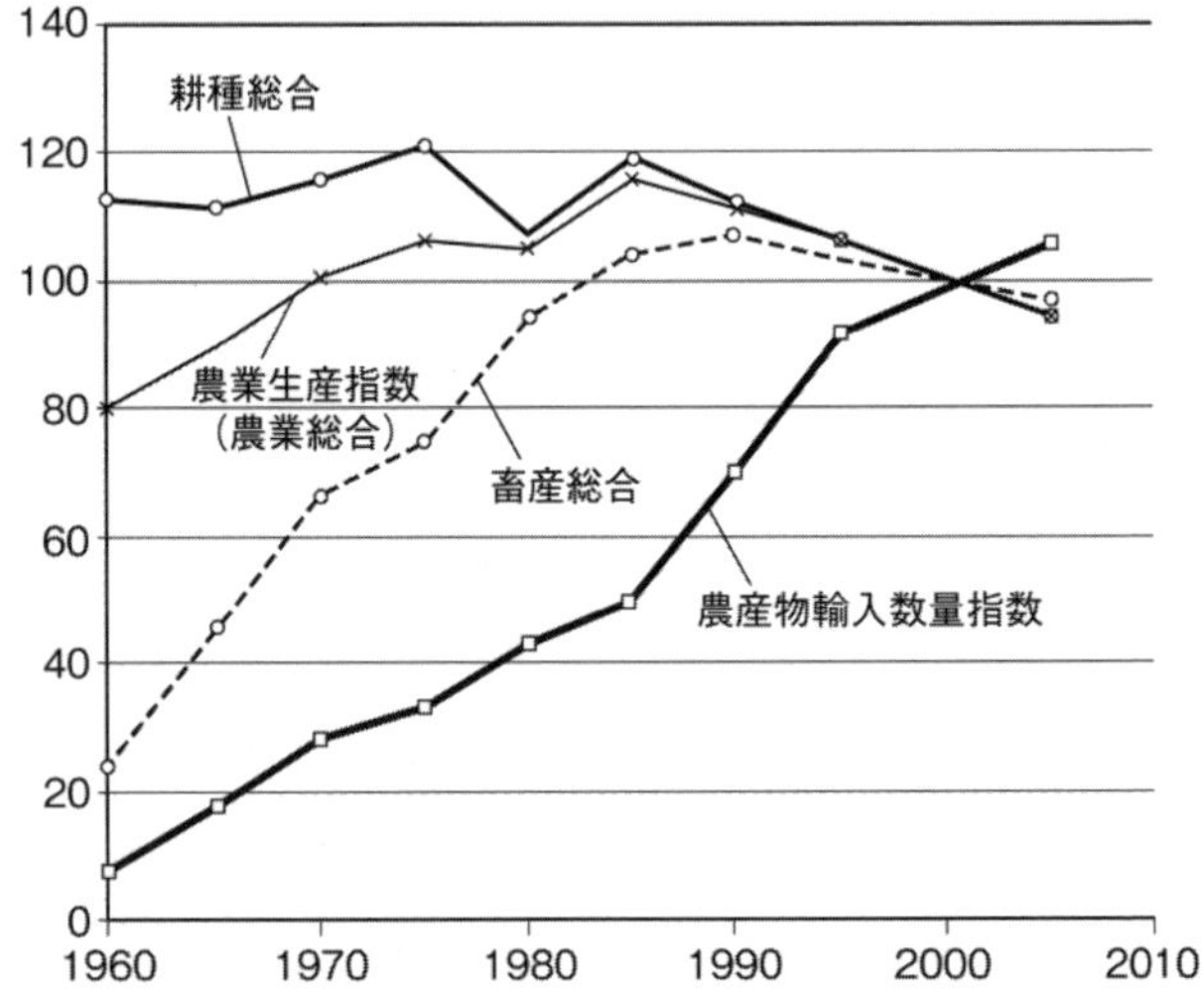

資料：農業水産省大臣官房統計部統計企画課「農業水産業生産指数」(刊行物)
および財務省「貿易統計」

図3　農業生産指数および農産物輸入数量指数の推移　(平成12年＝100)
出典：工藤昭彦(2016)『現代農業考』創森社

さらに冷戦体制において、米ソを中心とする東西の対立は核全面戦争こそ回避されたものの、「核の平和利用(民間転用)、Atoms for Peace」の名の下に、原子力発電の開発競争をエスカレートさせることになった。その点で、冷戦体制は単なる平和共存ではない。一方の「熱戦の原爆」と他方の「冷戦の原発」は、東西の核開発競争の下では、いわば表裏の一体的開発にほかならない。米が原爆の核実験をすれば、ソ連が原発の開発を進める、それをまた米が追う、という悪循環の核開発競争が冷戦体制だった。そうした体制下、被爆国日本も原発の開発では、戦後一〇年も経たない一九五四(昭和二九)年に日本学術会議が「原子力三原則」声明を出し、翌年「原子力基本法」制定など、早々と研究開発がスタートしていた。一九六〇(昭和三五)年には、東海村に原子力発電所が着工されている。その後の石油ショックで、原子力は一挙に「夢のエネルギー」として脚光を浴び、被爆国としての核アレルギーはあったものの、平和利用の「神話」の下で七〇年代に一八基、八〇年代に一六基、九〇年代一五基と、原発の建設が相次いだ。

すなわち、核燃料・廃棄物輸送と復水器での海水利用、および放熱のために「臨海モデル」が活用され、そのための原子力発電所建設に補助金が交付される「電源三法」が制定された。まさに「原発国家」の登場であり、国家的事業「国策」として強行されたのだ(図4)。

特に今回の原発事故の東京電力「福島第一原子力発電所」の六基すべてが、七〇年代に先陣を切るように集中立地され、東北の「原発銀座」と呼ばれたことを忘れてはなるまい。戦後の東北開発の出発点で提起された自然エネルギーによる開発は、ここで原子力利用に一変した。一九七一（昭和四六）年三月は、常磐炭田の終焉と同時に福島第一原子力発電所一号機が運転を開始するという画期をなすが、この東北の原発開発も、実は水面下では、石油ショックに先行して準備されていた。前記の全総計画に続く新全国総合開発計画（一九六六（昭和四一）年制定）では、太平洋ベルト地帯のさらに延長上に、「大規模工業基地」として九州の志布志湾、北東北・北海道のむつ小川原、苫小牧東部の遠隔地立地が画策された（前掲**図2**を参照）、ここでも重化学工業化、輸出依存・輸入資源エネルギー大量消費が目指され、その輸入基地とし

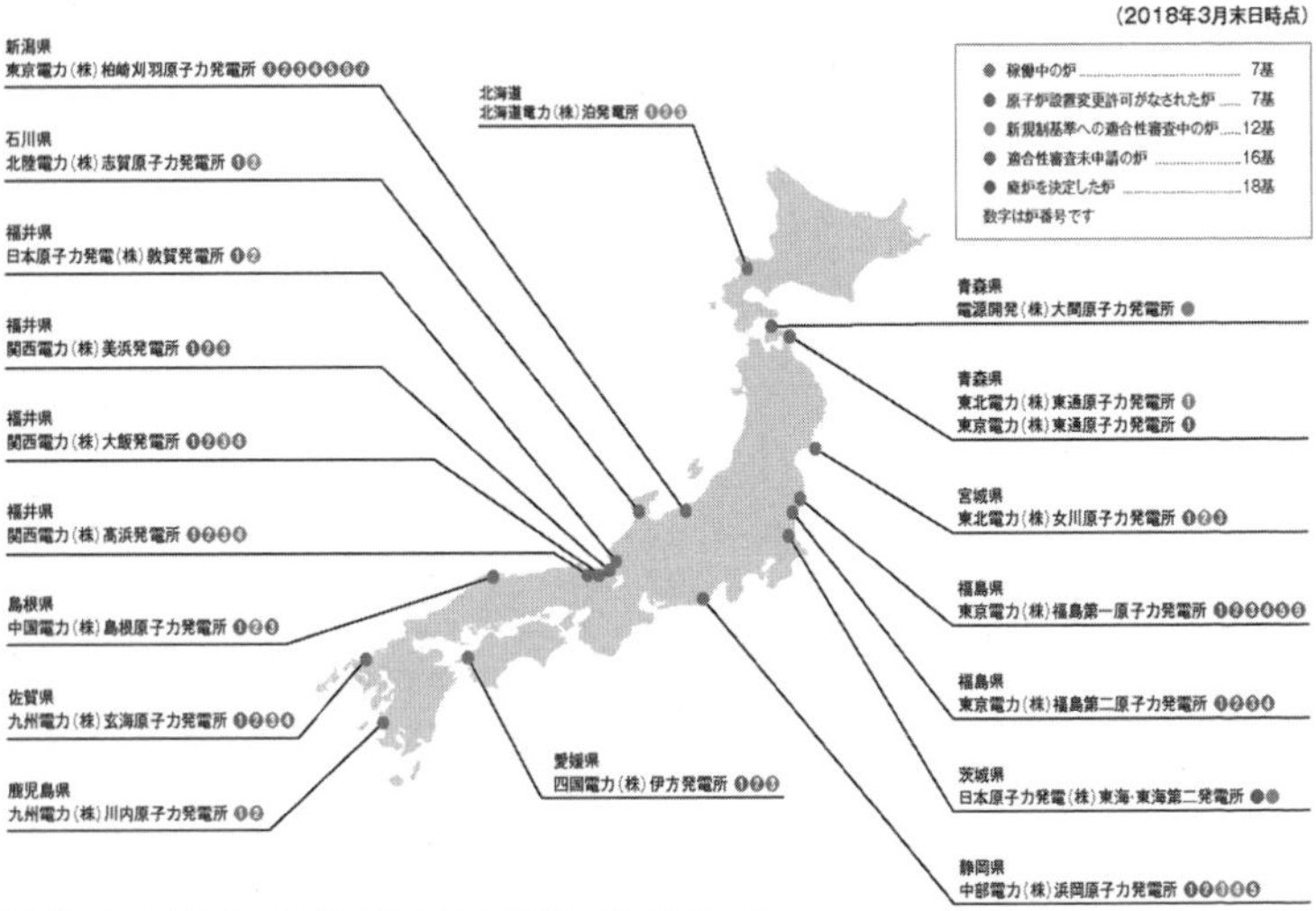

（注）伊方3号機は、平成29年12月13日、広島高裁において運転差止仮処分命令（平成30年9月30日まで）

図4　原子力発電所の運転・建設状況

出典：日本原子力文化財団　「原子力・エネルギー図面集」
http://www.ene100.jp/zumen/4-1-3.pdf

て、志布志湾はアラブの石油備蓄基地、むつ小川原・苫小牧東部は、石油基地だけでなく、原子力利用のエネルギー戦略・核燃料サイクルに組み込まれ、それが七〇年代石油ショック後の福島第一原発をはじめとする「原発銀座」へと一挙に展開されたのだ。東北三陸の津波常襲地帯を間に挟んで、重化学工業化の臨海型拠点開発が、いわばアラブの石油エネルギー依存から、電気関連産業などを含む対米依存の「原子力産業」へと大きく転換したのだ。

むろん石油エネルギーから原子力への転換が、順調に進んだわけではない。米ソの核開発競争が激化する中で、まず一九七九(昭和五四)年には米スリーマイル島の原発事故、続いて八六(昭和六一)年には旧ソ連のチェルノブイリ原発事故が起こった(**写真1**)。原子力の平和利用として推進された原発「安全神話」が、米ソの二大事故により根底から動揺し、七〇~八〇年代に急増しつつあった原発ブームも一挙に冷却した。それどころではなかった。ロシア革命(一九一七(大正一〇)年)の三年後(一九二〇年)の全ロシア・ソビエト大会で、レーニンが「共産主義とは、ソビエト権力プラス全国の電化である」と演説したが、その「レーニン共産主義記念チェルノブイリ原子力発電所」が爆発し、欧州全域に放射能を拡散した。原発は一時再稼働したものの、一九九一(平成三)年にはソ連が崩壊して冷戦体制が終幕を迎えてしまった。ソ連崩壊は、発送電一体の戦時体制を引き継いだまま、九電力による地域独占で「ソ連以上に社会主義」と揶揄されてきた我が日本の電力事業にとっても、まさに「他山の石」だったはずである。事故

スリーマイル島原子力発電所　第１号機（2014/02/01 時点）
https://commons.wikimedia.org/wiki/File:Three_Mile_Island_Nuclear_Generating_Station.jpg

チェルノブイリ原子力発電所（2013/06/24 時点）
https://commons.wikimedia.org/wiki/File:Chernobyl_NPP_Site_Panorama_with_NSC_Construction_-_June_2013.jpg

写真１　米ソの原発事故後の発電所

後三〇年を経た二〇一六(平成二八)年一一月には、今後一〇〇年間に及ぶ放射線の封じ込めを行うため、総費用一五億ユーロをかけて4号炉を覆っていた「石棺」を含む原発施設全部を、さらに丸ごと巨大なシェルターで覆い直す作業が進められ、長期にわたる放射線管理の困難さを象徴している。

ところが、具体的には一九九二(平成四)年の「地球サミット」、特に一九九七(平成九)年の京都議定書が温室効果ガスの削減目標を打ち出したことにより、エネルギー利用のベクトルの転換が起こる。地球温暖化が世界的にクローズアップされ、特に再生可能エネルギーによる「低炭素化経済L-CE(Low-Carbon Economy)」が提起されたが、この低炭素化に割り込む形で、原子力エネルギーの利用が息を吹き返した。「原発ルネサンス」にほかならない。化石エネルギーに対して、原子力は二酸化炭素による温室効果ガスの発生を伴わず、集権システムのコントロールによる安定供給が維持できる。のみならず、原子力利用が比較的に低コストであるとして原発の優位性が主張され、誇大とも言える「安全神話」のキャンペーンが原発国家により大々的に展開されることになった。

しかし、この原発の安全神話は、今回の「東日本大震災」の平成三陸大津波により、瞬時にして崩壊し、拡散した放射能による汚染はインターネット上でグローバルに情報開示された。L-CEを軸とする産業構造への転換は、度重なる原発事故、地球温暖化という現実を前に、既にヨーロッパ各国では環境対策として本格化してきている。また、米民主党のリベラル派が、二〇〇八（平成二〇）年の米大統領選の公約として「グリーン・ニューディール」を準備した。スマートグリッド（次世代送電網）など、情報通信（ＩＣＴ）革命と結合して、Ｌ-ＣＥ＋ＩＣＴ革命として新たな産業構造の転換に向っているのが現在の趨勢ではないか？

〔コラム〕グリーン・ニューディール政策

二〇一八年一一月、アメリカ大統領選でオバマ政権が誕生するに当たり、「変革」（Change! Yes, we can.）の中心に据えられた政策である。歴史上初の黒人大統領、四七歳のオバマの勝利宣言は、歴史に残る名演説であり、世界の注目を集めた。民主党クリントン政権で副大統領を務め、ノーベル平和賞にも輝いたアル・ゴアなどが協力し、リベラル派シンクタンク「アメリカ進歩センター」（ＣＡＰ）が準備した政策である。

選挙戦のキーワードだった「変革」は、オバマの大統領当選そのものが意味する通り、白人・男性・有産者中心の権力構造を人種・性別・資産の格差を超えた、その意味で真の "United State"「連邦国家」を目指すものだった。さらに「変革」は、ワシントンやアメリカだけでなく、"Change the World"「世界の変革」でもあった。それだけに国際的な注目が集まった。

米・ブッシュ父子の共和党政権は、ネオコンのイデオロギー支配の下、米を頂点とした覇権型一極支配の世界戦略を推進した。ソ連崩壊で米の一人勝ちの「ポスト冷戦」の下、「グローバル資本主義」

や「市場原理主義」の幻想も生まれた。アメリカ・モデルの価値観が各国に押し付けられ、無謀なイラク戦争の泥沼に踏み込み、経済的にはサブプライムローンなど、グローバルな金融バブルの拡大となった。その結果、アメリカ発の9・15リーマンショックによる世界金融恐慌が勃発した。

こうした歴史の転換による新たなポスト冷戦への世界戦略として、オバマ「グリーン・ニューディール」はスタートした。言うまでもなく一九二九年世界大恐慌の後、当時の米大統領ルーズベルトの「ニューディール」のひそみに倣い、オバマ陣営が準備した産業構造の転換のための戦略にほかならない。リーマンショックの世界金融恐慌の混乱に対して、「グリーン経済回復―良い仕事を創造し低炭素経済(Low Carbon Economy)を開始するプログラム」と謳い、内容的にはIT革命＋LCEの新産業革命である。

先進国各国がポスト工業化を迎え、米・民主党クリントン政権も、ゴア副大統領の下「情報ハイウエー」など、IT革命を構造政策の基本に据えた。しかし、二〇〇〇〜二〇〇一年のITバブルが崩壊、さらに上記ブッシュ共和党政権では、FRBのグリーンスパンも協力し、IT化は金融面・流通面にシフト、金融工学とも結び付き金融バブルに利用された。その結果が、サブプライムローンであり、リーマンショックの引き金を引いた。それだけに、オバマ「グリーン・ニューディール」の提言内容は、IT革命＋LCEの新産業革命が基本骨子となった。

すなわち、①クリーンな自然エネルギーの利用による建設業・製造業の再生、②公共事業のエネルギー転換による構造改革、③自然エネルギーへの転換に基づく地球温暖化など環境対策、④新しい雇用創出として、ホワイトカラーとブルーカラーの区別を超えた「グリーン・ジョブ」の創出、などが提起された。しかし、これらはオバマ政権スタート時点での政策にすぎず、その後「産軍複合体制」などの抵抗で実現できなかったのであるが、今なお構造改革として参考にすべき内容が含まれている点を強調したい。

（大内秀明）

(4) 自然エネルギーの低炭素化社会―自然豊国の「水系モデル」の提起

二〇一一(平成二三)年の3・11東日本大震災により、特に福島第一原発事故によって、原発の「安全神話」は崩れ去った。同時にまた、日本でも電力事業の地域独占から、電力小売の全面自由化が開始され、自然再生可能エネルギー(以下、自然エネルギーと略記)への急速な転換が始まっている。現実に、各家庭でも節電、蓄電、ソーラー創電など、割安に設定した夜間電力を前提とする利便至上主義の「オール電化」の生活スタイルからの転換も始まり、「原発ゼロ」の国民生活が定着し始めている。原発事故による多大な犠牲を払いながら、「熱戦」「冷戦」の異常な時代に日本人を拘束し続けてきた「資源小国」の呪縛から、いま戦後七〇年にして、ようやく解放される時代を迎えたとも言えよう。そして、戦後日本の再建に当たり、東北に賦存する豊かなエネルギー資源を活用するための「東北開発」の初心に立ち返りながら、自然エネルギーによる低炭素化社会構築のデザインを準備する日を迎えたと言える。そのための論点を摘記してみよう。

「成長戦略」からの「大転換」

輸入資源大量消費、そして輸出依存・民間投資主導型の高度成長は、冷戦体制の下、米による中東の石油支配に基づいた「エネルギー革命」、日米「経済安保」の枠組みの下で進められてきた。しかし、既にポスト冷戦を迎え、さらにアメリカ・オバマ政権の「リバランス」政策による中東からのセットバック、トランプ政権の「アメリカ第一」など、高度成長の体制的枠組みが大きく崩れてきている。加えて、少子高齢化や重化学工業の生産性の停滞など、既に日本経済の「潜在成長力」そのものが大幅に低下した。また、国際収支の構造も貿易収支の赤字が続き、輸出依存型から対外直接投資・所得収支依存型に転換する。

こうした構造的変化を直視せず、相変わらず「坂の上の雲」を追い求めるような歴代政権の「成長戦略」の発想に警鐘を鳴らす必要があるだろう。さらに財界などのグローバル戦略による国内経済の空洞化に対処し、国民の経済不安を除去しながら、格差是正のための経済運営を推進することが不可避になったと言える。そうした産業構造の歴史的「大転換」が迫られていると考えるべきではないだろうか？

「臨海型モデル」から「水系モデル」へ

戦後体制の枠組みの変化と成長力の低下は、輸入資源大量消費・輸出依存の成長パターンを支えた太平洋ベルト地帯構想の拠点開発方式＝「臨海モデル」からの転換を迫っている。既に「全総計画」も、例えば三全総「定住構想」などの手直しなどでは、地域格差の拡大は収まるどころか、特に地方圏の人口減少は著しく、限界集落の増加から無居住地域の拡大へと、既に多くの地方自治体の存続が危ぶまれるほどになった。3・11大震災により、巨大災害は「臨海モデル」を代表する福島第一原発事故だけではなかった。福島原発に隣接する原町火力、仙台火力、新仙台火力など、福島原発と並ぶ臨海型・沿岸立地の火力発電所をはじめ、上述の「新産業都市」などのために開発された施設、住宅などが、軒並み津波に淩われて機能を停止したのだ。それに引き換え、同じ東北電力の三居沢水力発電所（最大出力一〇〇〇キロワット）の小規模発電所）は、震災で一時停止したものの早くも三日後には発電を再開し、震災の町に希望の電気の灯を届け続けた。この明治以来の日本最初の水力発電所の「水系モデル」の健在ぶりこそ、東北「資源豊国」の生きた記念碑だろう。冷戦下の輸入資源に基づく成長パターンから、奥羽山脈など豊かな自然エネルギーによる地域循環型「水系モデル」の再構築である（**写真2**）。

仙台火力発電所　（出典：経済産業省・総合資源エネルギー調査会資料）

女川原子力発電所

三居沢発電所

写真 2　仙台火力発電所、女川原発、三居沢発電所

さらに、バイオマス発電でも、海外からのパームヤシ等の輸入による発電ではなく、水系とともにある山林の再生を視野に入れた動きも始まっている。現時点では、十分な量の燃料チップ等の供給量・コスト面で課題は残っているものの、森林荒廃、水資源涵養、治水対策、生態系維持、地域熱供給などの機能も含めた多目的な木質バイオマス発電の可能性を追求すべきである。

水系モデルの考え方—全総計画での萌芽

そもそも水系(drainage system)とは、ある河川とそれに合流(それから分岐)する他の河川や内水面(湖沼や池)を含む流路全体を、流れの方向も含めて捉えるネットワーク概念である。また、水系は分水界により地域的に区分され、水系に降水が流入する範囲を流域(集水域)といい、面的な広がり(地表面の空間的分割)を表す。さらに、位置エネルギーによる地表水・地下水の動きに加え、太陽

ミニ解説

臨海型立地と水系モデル

戦後日本の高度成長は、全国総合開発計画によって進められたが、その開発方式の出発点の基本が「拠点開発構想」であり、3大都市圏の太平洋ベルト、その延長上の新産業都市など、「重厚長大型」と呼ばれる基礎資源・素材型の重化学工業が集中的に立地された。中東からの石油など掘り込み港湾に輸入され、それが臨海部のコンビナートで加工、港湾の輸出岸壁から内外に運び出された。これが「臨海型立地」と呼ばれる開発方式にほかならない。この方式で、その後は原子力発電の開発も進んだが、1970 年代以降は重化学工業が電気、自動車など高度加工・組立て型に進み内陸型工業団地の開発をみた。それに対し、東日本大震災を契機に、自然エネルギーへの転換による小型水力発電など、地域循環型立地による構造転換を目指し「水系モデル」を提起する。　　(大内秀明)

エネルギーを主因として引き起こされる蒸発・降水、土壌への浸透などを経て、水文循環(hydrologic cycle)を形成するとともに、多くの溶質を溶かす溶媒として、様々な物質循環(生態系の中で物質が物理的、化学的性質を変えながら循環すること)や生命現象に関わっている。

〔コラム〕水系番地の提唱

「水系番地」といっても、多くの人にとってはなじみの薄い言葉だろう。この言葉は辞典にも載っていないし、流行語でもない。水系と番地を組み合わせた造語である。

周知のように、水系とは水源から始まり共通の流出口に至る流域の全体を指し、それには本流のほかに支流、そしてそれらに流出入する湖や沼なども含まれる。また、番地とは土地を区別するために町村などの区域内を細分して付けた番号であるが、場合によってはその総称としても使われる。例えば、「○○市○○町××番地」という形式で表現される。一般的にいえば、所在地を表すものだ。

首都圏などに住んでいると、住所を尋ねたり答えたりするときに、しばしば「○○市(区)○○町…」ではなく、「○○線の○○駅」という表現を使う。その方が生活に則しており便利だからだ。生活が行政単位ではなく、電車や地下鉄などの交通機関を軸として成立しているからにほかならない。これは、いわば「交通番地」と言える。不動産物件の表示にもこうしたものが多い。

そこで、水系と交通機関を同相に置くわけではないが、水系を軸として番地を付けることができるのではないかと考える。例えば、「○○水系(本流名)○○川(支流名)左岸○○番地」というようにである。こうしたものを「水系番地」と呼ぶことにしよう。

毎年のように、洪水や鉄砲水の被害が起こる。その地域(行政区)に雨がさほど降ってなくても、上流に大雨が降れば、当然ながらその影響を受ける。また、反対に渇水に悩まされることもある。こうしたことも同様に、その地ではなく、上流での雨量によって左右される。我々が日常的に飲食や生活に使用している水がどこから来て、また、我々が排出している水はどこを通ってどこへ流れて行くのか。ある地域の水は、上流の水によって規定され、また、より下流に影響を与えるのだ。

もはや、「水系番地」の意味と意義をおわかりであろう。「水系番地」という発想を持てば、水や水系に敏感になることだろう。昔から治山治水という言葉もある。こうした認識は、自然災害に対しての準備の一助になり、また、環境の問題を考える共通基盤になるものではなかろうか。「水系番地」という構想を提唱するゆえんである。

(田中史郎)


この水系・流域概念に、関連する水利用や水質保全、治山・治水対策と土砂管理、森林・農用地等の管理などの社会的要素を付加すると「流域圏」という地域概念となる。歴史的にも、農山村集落は川の流れに沿って形成され、基本的な輸送は河川が担ってきた。しかしながら、鉄道・道路網などの交通施設が地形的条件を克服して整備されるに従い、経済圏は水系を横断する形で結節され、市街地を拡大していった。

三全総(一九七七(昭和五二)年)は、高度成長から安定成長へ、そして田園都市・定住圏構想がテーマとされ、定住圏構想は水系に着目していた。しかし、理念としては生活と環境との調和を掲げたものの、国土政策の実務ではなお「開発・成長」を求めざるを得ず、地方圏もまたそれを求めていた。四全総(一九八七(昭和六二)年)は、一層の都市化、東京一極集中に対して、多極分散型国土の形成がテーマとされたが、流域圏の議論は深まらず、五全総(二一世紀の国土のグランドデザイン、一九九八(平成一〇)年)においては、バブル崩壊、人口減少時代の到来を見据え、国土の「開発」から「維持・管理」へと軸足を移し、「流域圏」の構想が再提示されたが、国土管理の色彩が強かったと考えられる。

自然エネルギーによる低炭素化(LICE)+情報通信技術(ICT)の産業創出

環境省の調査によれば、「資源豊国」東北の自然エネルギーの賦存に変わりはなく、今日も健在とされている。日の丸を国旗とするほどの太陽光・ソーラー発電については、日本列島では、日照時間・日射量、太陽高度・気温・降雪(発電効率に影響)などの違いはあるものの、比較的日射量が少ない地域であっても十分に発電可能である。その他の自然エネルギーについては、南北に伸びる日本列島において、一律に電源構成を規制するのは「百害あって一利なし」と言うべきだろう。地域に賦存する自然資源の電源構成が重視されるべきだし、特に東北の自然エネルギーによる電源構成は、全国の風力一六パーセント、地熱二四・九パーセント、中小水力二九・六パーセントと、極めて高い割合を示している（**表2**）。この「地産地消」の自然エネルギーを基礎にして、さらに第一次産業をはじめ地域資源立地型の産業構造を基盤とした循環型社会の創発も可能である。しかも、自然エネルギーの地産地消を、さらに生産・消費の再生産に結び付ける情報通信技術の利用も十分可能と考えられる。既にゼロ・エネルギー、さらにはプラス・エネルギー・ハウスなどにみられるように、建築設備、温室栽培、水産加工などの分野では現実のものとなっている。インフラ整備は、電力の小売全面自由化と共に、発送電の分離などの電力改革と同時に、情報通信技術を基盤とするスマートグリッドの構築として具体化されるべきだ。ここに端的に言えば、自然エネルギーの「地産地消」に基づく循環型社会が構想されることになる。

ただし太陽光パネルの製造など、ライフサイクルでみたときのエネルギー収支に留意が必要である。エネルギー収支比(Energy Payback Ratio/Energy Returned on Energy Invested)と

表2　再生可能エネルギー導入ポテンシャルと東北エリアの割合

（設備容量：万 kW）

	導入ポテンシャル（全国）	導入ポテンシャル（東北電力管内）	対全国比（東北／全国）
太陽光発電（非住宅系）	14,929	—	—
風力発電	185,556	29,742	16.0%
中小水力発電	1,444	428	29.6%
地熱発電	1,420	353	24.9%

出典：「平成22年度　再生可能エネルギー導入ポテンシャル調査報告書」
環境省：http://www.env.go.jp/earth/report/h23-03/index.html

は、発電や発熱などのエネルギー生産設備の性能を表す指標の一つである。エネルギーを生産するには、資源調達(採鉱、運搬など)から、設備(発電機やダムなど)の製造・建設や解体・廃棄等にもエネルギーを投入する必要があり、こうした投入量に対して、その設備から何倍のエネルギーが生産されるかを示すのがエネルギー収支比である。この値が大きくなるほどエネルギー設備としての性能が良いことを示す。もう一つの指標としてのエネルギーペイバックタイム(Energy Payback Time)は、発電システムを作るために投入したエネルギーをシステムが発生する年間エネルギーで割った値で、これによって何年で投入したエネルギーの元が取れるかが評価できる。

〔コラム〕**『水力発電が日本を救う』**(竹村公太郎 著・東洋経済新報社・二〇一六年刊)

ダム建設の専門家が、日本の地形や気象の特徴を生かす水力発電に注目し、「純国産で温室効果ガスを全く発生させない再生可能エネルギー」として「年間二兆円以上の電力を増やせる」と提言している。

アジアモンスーンの北限の我が国では、大量の雨を山地の地形が効率良く集めている。もともと海にあった水が太陽エネルギーによって温められて蒸発し、風に運ばれ山にぶつかり、雨となる。これをダムで貯水し、位置エネルギーを利用して発電機を回す。

現在、我が国のダムでは貯水能力の半分ぐらいしか水を貯めていない。ダムの重要な機能である洪水を防ぐ機能を確保したままで、貯水容量を増やすことができるとしている。つまり、気象予報や降水状況把握、下流への放流の周知などに先進的な技術を活用し、発電量を増やせるとしている。また、ダムの「再開発」は、新規にダムを建設するより安く効果的である。ダムの嵩上げや、発電していないダムではダムに穴をあけ、発電できるとする。

さらに、砂防ダム、農業用水路における小水力発電も地方都市で普及が期待される。地元に精通した技術者が、新技術を使って何よりも地元のために発電することが明るい未来を示すカギとなる。

東日本大震災とその後の原発事故では、生命、財産に甚大な被害をもたらした。昨今は豪雨災害が多発し、危険性が増している。このような中で、ハードとソフトをもう一度見直し、発電量を増やし安全安心を向上させることができるとする本書は、今後の電力・エネルギーを考える上で、多くの示唆を与えていると思う。

（大内秀明）

スマートコミュニティの水系モデルとソーシャルデザイン

こうした自然エネルギーの「地産地消」を基盤とする循環型社会は、新たな都市と農村の繋がりを目指してしかるべきだと考える。その際に参照されるべき点は、特に東北の米作りが、水田耕作という実体（労働の関係）を通して歴史的に「村落共同体」の「絆」を維持し、それが高度成長と続く円高で著しく弛緩したとはいえ、なお東北では地域の共生を持続している点だろう。また漁村における水産資源の共同管理などの歴史も、地域の共生の一形態といえる。このいわば相互扶助の関係性は、都市の人々と農村の人たちとの間にも拡大できると考えられる。というよりも、きたるべき地域社会は、都市と農村を新たな統合、あるいは一体化したスマートコミュニティとして構想され得る。特に、先に述べたL-CE+ICTによる産業構造の転換は、「水系モデル」のような自然エネルギーに軸足を置いた地域社会のソーシャルデザインによって可視化して、その具体像を示すことができる。

きたるべき地域社会=スマートコミュニティでは、エネルギーはもっぱら地域に暮らす人々の生産と消費、つまり地域社会の再生産=経済循環のために利用され、活用される。地域社会が本来必要とするのは、電気それ自体ではない。生活に必要な光であり、熱であり、運動エネルギーであるはずだ。だから、地域の自然エネルギーは、概してエネルギー密度(単位容積当たりの取り出せるエネルギー量)が低くてもよい。戦後の広域的で多目的な巨大ダム建設ではなく、むしろ地域に賦存し自然環境に依存する中小水力型の「水系モデル」が提起される理由があるだろう。まさに土着的(vernacular)モデルにほかならない。

ここからまた次世紀、二二世紀に向けた都市と農村の統合を可視化する可能性も見えてくるのではないか? スマートコミュニティでは、近代社会の都市と農村の対立を超えた、新しい統合によるコミュニティが形成可能だろう。そこでは、ますます不安定になる派遣型・非正規雇用などの雇用労働を、上流と下流を繋いだ共同体の相互扶助に淵源する「協働労働」に変える。またNPOやベンチャービジネス、協同組合など、いわゆる「社会的企業」のビジネスモデルの活動の場が大きく広げられる。そして、大量生産(発電)―大量販売(送電)―大量消費(オール電化)といった二〇世紀型の生活の質とスタイルの転換が図られ、近代科学技術主義の「生産力理論」を超える展望・ビジョンを開くことにもなるのではなかろうか?

自然エネルギーにおいても、比較的狭い地域で完結する熱供給システム、ペレット・薪ストーブ用の燃料販売ネットワーク、廃油回収とバイオディーゼル生産、食品廃棄物によるメタン発酵設備など、様々なエネルギー生産・供給システムが実験・改良されている。多くの事業はその採算性・安定性の面で様々な課題を抱えているが、逆に考えると、地産型資源の安定的な調達と生産したエネルギーの効率的な供給を可能とするような「新しい技術開発+ビジネスモデル=社会的イノベーション」が、今こそ必要であると言える。

参考文献

- 石田秀輝・古川柳蔵(二〇一四)『地下資源文明から生命文明へ』東北大学出版会
- 岩本由輝(一九九四)『東北開発一二〇年』刀水書房
- 大内秀明(一九九〇)『ソフトノミクス』日本評論社
- 佐藤竺(一九六五)『日本の地域開発』未来社
- 新妻弘明(二〇一一)『地産地消のエネルギー』NTT出版

・半田正樹（二〇一四）『「東北」の再定義のために——「3・11」の歴史的意味」（『季刊　変革のアソシエ』第16号、社会評論社）
・北海道東北開発公庫編（一九七七）『北海道東北開発公庫二〇年史』
・岡村健太郎（二〇一七）『「三陸津波」と集落再編——ポスト近代復興に向けて』鹿島出版会

2　名取川・広瀬川「自然エネルギー・スマートコミュニティ」構想

ここで水系全体の地域デザインとして、名取川・広瀬川水系「自然エネルギー・スマートコミュニティ構想」を提示するが、その枠組みを構成する主体的要素（エレメント）とネットワークの特徴について、その説明と若干の検討を加えよう。まず「構想」のスケルトンを、フローチャートで提起する（図5）。

（1）自然エネルギーの選択

名取川・広瀬川水系には、後述の通り歴史的にも、豊富な自然エネルギーが賦存している。さらに水系の各地区には、地域にそれぞれ特有なエネルギーが利用可能である。それらの「エネルギー種」の組合せが、エネルギーの安定供給にとり不可欠である。そうしたエネルギー種の複合・コンプレクス（ローカルなベスト・エネルギー・ミックス）に配慮する必要があろう。

エネルギー構成としては、いうまでもなく電源構成が基本であろうが(表3)、まず地域としては水力発電がベース電源として選択される。ただ水力発電といっても、既に指摘したが戦後の高度成長時代の広域的で多目的な大型ダムの開発の時代ではない。東日本大震災後の三居沢水力発電所の役割などからみても、中小水力発電であるが、それもダム等の大規模な構造物を新たに建設せず、広瀬川をはじめ関連の中小河川、さらに用水路などを利用するものになる。河岸段丘など、地域の様々な落差の利用による発電が可能だが、ただ「中小」と言っても、

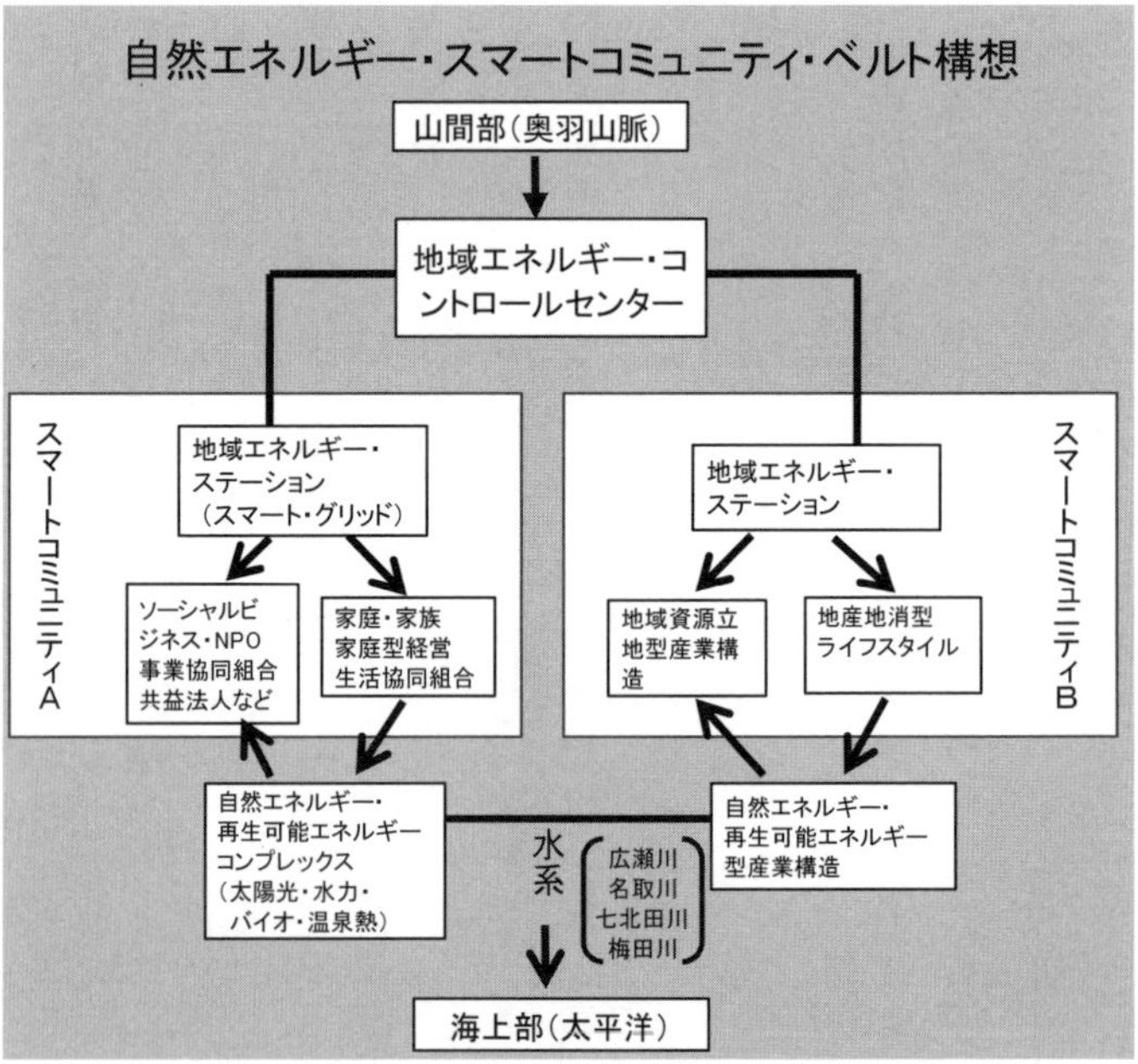

図5　広瀬川水系モデルのフローチャート

表 3　再生可能エネルギー電源比較

	太陽光	風力	バイオマス	地熱	水力	
					中小水力	一般
出力特性	不安定		安定			
	気象により変動	気象により変動	安定集積が必要	–	–	–
キロワット時当たりのコスト	33.4－38.3	9.9－17.3	17.4－32.2	9.2－11.6	19.1－22.0	10.6
立地特性	大規模化には大面積の設置場所が必要	適地が北海道、東北に集中 環境への配慮が必要	大規模化には広域収集が必要	適地が国立公園や温泉地に近接するため配慮が必要	水利権の行政手続きあり	新規建設可能地は限定的
設備利用率	12%	20%	80%	70%	60%	45%
	南向き	設置場所により大きく変動	品質の安定および安定集積が必要	–	–	–

出典：新エネルギー・産業技術総合開発機構編（2014）『NEDO 再生可能エネルギー技術白書 第 2 版』森北出版

その定義は決まっておらず、国により差異が大きいようである。日本の法律では、一〇〇〇キロワット（一メガワット）以下が中小規模水力発電とされ、三居沢発電所の出力も一〇〇〇キロワットである。今後、中小水力発電の普及により、ある程度の規格化が必要であろうが、中小河川の地域特性に合わせた多様性の確保が望まれる。

　ベース電源としての中小規模水力発電が重視されているのは、いうまでもなくソーラーや風力などと比較して、それが気象条件などに左右されず、安定供給が確保される点が重視されるからである。同じように供給の安定性の確保の点では、秋保・作並地区の地熱や温泉熱の利用も重視される。地熱発電については、新たに地区内の「カルデラ火山」の開発なども提起されているが、従来から環境面での問題などが指摘されてきた点に配慮せざるを得ないであろう。最近では、地熱から区別されて、バイナリー発電など、温泉熱の利用が実用化された(第Ⅱ部第1章参照)。温泉熱の利用は、単に電源としてだけでなく、融雪や地域暖房など多角的利用が可能であり、観光資源と共に今後の地域づくりに役立つに違いない。

さらにベース電源として重視されるのは、奥羽山脈の国有林を中心としたバイオマス資源の利用であろう。東北の森林資源は豊富だが、歴史的には明治維新に際しての奥羽列藩同盟の敗北もあり、森林所有の確定に当たって、他の地域に比べて国有林の比率が圧倒的に高く、森林資源が歴史的に確保されてきた。最近では、外材輸入など林業の衰退が著しいこともあり、国有林の維持・更新も困難になって、その打開策が急務になっている。それだけに電源としてのバイオマス利用が林業の再生にも繋がり、特に広瀬川水系のような単位で輸送やチップ等生産の合理化と熱供給との複合化が図られれば、ベース電源としての期待も大きい。

以上のように、バイオマスもまた安定供給のベース電源に加え、さらに太陽光発電をはじめ、風力や潮力などの電源やその他のエネルギー資源の活用が図られることになろう。特に電気エネルギーだけにとどまらず、天然ガスなどガス事業の役割もあり、発送電分離などの電力事業の構造改革と同時に、ガス事業との関連も注目される。また、仙台市の戦前からの事業との関連では、後述の水道事業との連繫も不可欠であろう。既に水道事業との関連では、仙台市の水道局が中小水力発電事業に意欲を持っているが、この際広く公的なエネルギー事業として、地域の安定と活性化に向けてのアクションが必要と思われる。仙台市としては、後述する戦前における電気部の事業実績からしても、行政的には十分関与することが可能であり仙台都市圏を視野に収めた公民連携のネットワーク(Public Private Partnership)の形成が期待される。

なお、アルコール発酵(バイオエタノール)、メタン発酵、微生物による石油合成などの技術も、多くの地域で導入の検討・実験が行われ、実用化されたプラントも生まれている。ただしいずれも、技術的な課題に加え、普及のための障害(安定的な原材料調達や製品の販路確保、残渣処理など)の多くは、克服されずに残されており、採算性とともに課題は多い。

(2) 地域産業構造の変革の視点

一九六〇年代からの「エネルギー革命」は、冷戦体制の下、仙台湾臨海部の新産業都市など、地域エネルギーから輸入・化石燃料への大転換であった。さらに為替制度が固定相場から変動相場制に変わり、我が国の円は急激に円高にシフトした。これらの外部的要因が加わり、第一次産業など「地場型産業」は大きく後退・縮小を余儀なくされた。しかし、こうした構造転換も、グローバル化の限界など、今や低炭素化による自然エネルギーへの再転換の時期が到来したとも言える。したがって、地域産業構造の転換において、切り捨てられた第一次産業などの復権をはじめ、新たな地場型産業の創出の可能性など、地域産業構造の転換を十分に視野に入れた地域計画がデザインされなければならない。

言うまでもなく一九世紀、北米やインドからの綿花輸入によるイギリス綿工業の「産業革命」など、多くの歴史的事例からも明らかだが、資源エネルギーや原材料の海外からの輸入によって、伝統的な地場型産業が淘汰されてきた。東北の地場型産業も、上述の通り安価な中東からの石油輸入、続く原発国家への転換、さらにプラザ合意など急激な円高が加わり、第一次産業を中心にその切捨てが進められた。また政策面でも、例えば規模拡大や集約化の戦後農政など、いわゆる近代化路線によって、地域資源型産業の衰退が加速されてきた。農林水産業、地域小売商業、地域建設業など、少子化による後継者難も加わり、既に存続の危機を迎えている。こうした産業近代化の流れに対して、自然エネルギーへの再転換が、どのような形で地域資源型産業の復権を果たすのか？

自然エネルギーは、それ自身の性格から、地域で生産・供給され、地域で消費される再生産可能なエネルギーにほかならない。言い変えれば自然エネルギーは、地域での自給自足の地産地消が可能であるからこそ、再生可能なエネルギーであるし、さらに「エネルギー密度」もあまり高くなくて済む。また、広域・多目的な巨大ダム建設や大規模・集中型の発送電体制とは異なり、狭域的分散ネットワーク型のエネルギー供給システムだが、そうしたエネルギー特性からエネルギー自身が、地産地消型にならざるを得ないのだ。

こうしたエネルギーの供給構造から、自然エネルギーを基礎とする産業構造もまた、地域での生産と消費が循環する地産地消型の再生産＝経済循環を形成する。戦後日本経済の高度成長の過程で強調された「規模の利益・特化の経済」を目指す量産型の「大量生産」、流通革命と呼ばれたマスコミ・大量宣伝の「大量販売」、そして過食肥満型の「大量消費」かつ「大量廃棄」とは、まさに対照的な地域循環型システムである。地域のエネルギーに見合う地産型の適量生産、産地直売型の対面販売、そして安心安全な消費といった地域循環型の再生産システムを目指すことになる。代表的なケースだが、既に集落型農業経営、棚田など水田耕作の適地適量型契約栽培、「道の駅」や各種の産直市場など、徐々に見直しとシステム転換が始まっている。

これら産業構造の転換は、既に述べたが輸出依存・民間投資主導の「臨海モデル」の成長パターンから、国際収支構造面でも、対外直接投資・所得収支依存型への転換により、成長分野のグローバル化による海外生産比率の上昇、そして国内産業の空洞化によっても加速されざるを得ない(**図6**)。特に二〇〇八(平成二〇)年「リーマンショック」後、我が国の円高から円安への急激な転換は、地域資源型産業の国内回帰を要請せざるを得ないし、その受け皿を地域循環型システムが担うことが不可避となってきた。また、農水省の調査では、農業就業者の全体が減少する中で、一時的ながら四〇歳代以下の就業者がようやく増加に転換したことなど、第一次産業の復権の兆候としても注目すべきだ。

(3) ライフスタイルの転換

地域産業構造の転換は、地域の消費生活者のライフスタイルにも転換を迫るものにならざるを得ない。高度成長下、輸入した化石燃料によるエネルギー革命によって、いわゆる大量生産・大量販売・大量消費の都市型ライフスタイルが急速に普及・拡大をみた。仙台地区でも、一九七〇年代以降、地方中枢拠点機能などによる支店経済の発展とともに、クルマ社会による都市化が激化した。しかし、そうした都市化の生活の

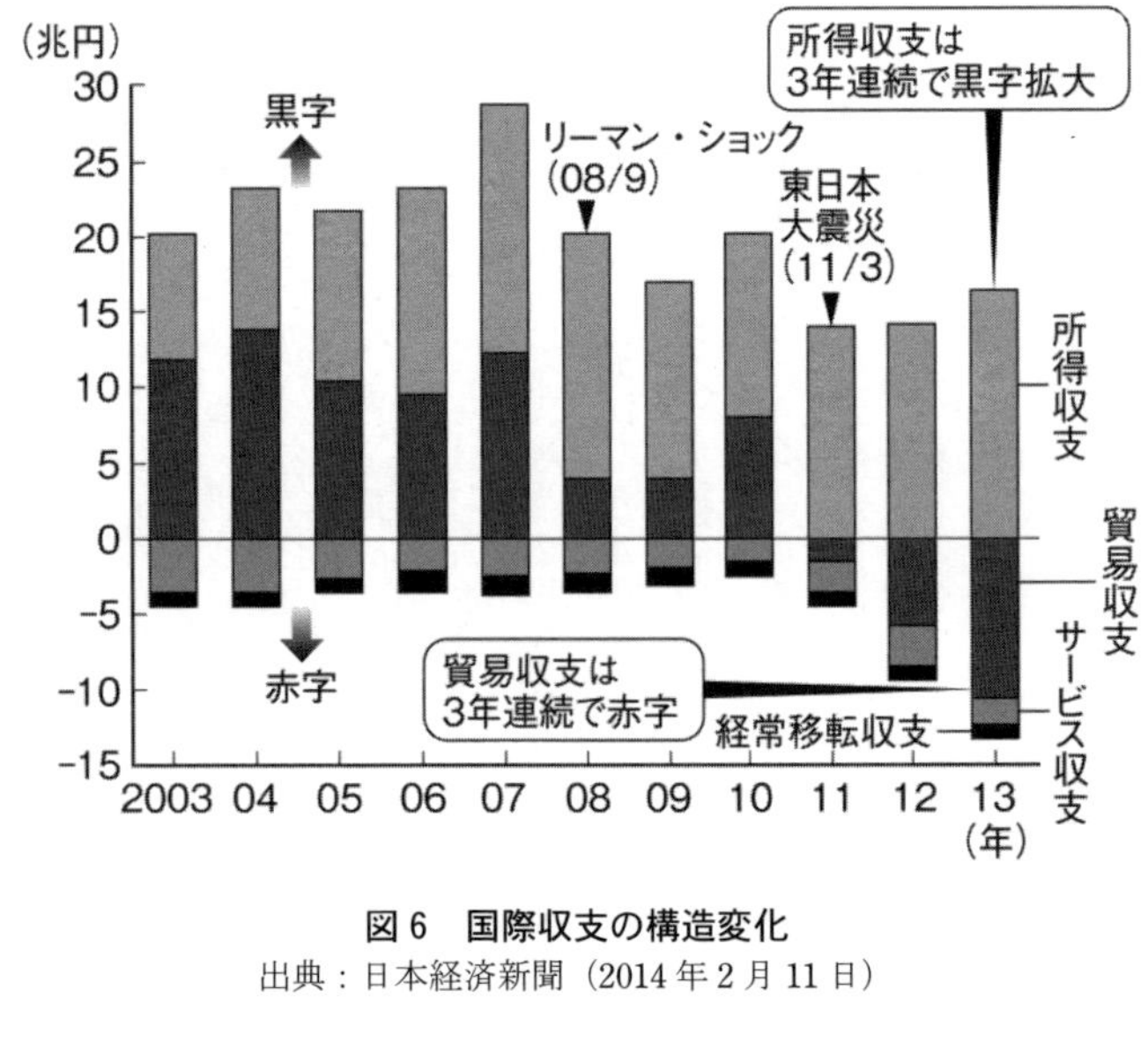

図 6　国際収支の構造変化
出典：日本経済新聞（2014 年 2 月 11 日）

限界を示したのが、3・11東日本大震災の複合災害だったのではないだろうか？　消費革命による「三種の神器」と呼ばれた耐久消費財、「3C」と呼ばれるマイカーなど、巨大津波により大量の瓦礫の山となって処理せざるを得なくなった。さらに福島原発事故はもとより、大震災によるライフスタイルの転換は、単に電気エネルギーについて、LEDなど節電、蓄電の省エネ型電化製品の利用面だけではない。広く食の安全性・生活資材の自立的調達を含めた産地直売型の市場形成など、「地産地消」の地域循環型ライフスタイルへの転換も視野に収められつつある。

さらに上記の高度成長下、大量生産の下での過剰とも言える大量消費を加速させたのは、円高＝ドル安に基づく、海外からの安価な食料品など、輸入消費財だった。我が国の食料自給率の急激な低下も、国内農業の供給力低下だけでなく、輸入食料の増加によるものとみていい。中国産をはじめ世界各地からの食材、加工食品、またメイド・イン・チャイナや台湾などからの家電製品の大量輸入が市場に充満した。こうした輸入財の洪水による大量消費は、アジアの新たな工業国や新興国からの安価な輸入によるものであり、こうした安価な輸入により国内製品が駆逐され、市場から淘汰された。こうした海外からの安価な製品輸入は、むろん現地の安い賃金労働力など、低コストによるものだが、それだけではなかった。上述の変動相場制による急激な円高が、中東からの化石燃料の価格上昇を抑制したのと同様なメカニズムで、輸入食品や家電製品などの大量輸入・大量消費を加速させたのである。しかし、こうした輸入製品の大量輸入・大量消費も、既に限界を迎えている。急速な円高は限界であり、円安への逆転を迎えたし、急速な円安によっても貿易収支の赤字が改善せず、いっそうの円安と輸入物価の上昇を余儀なくされているからである。

また輸入品の増加の限界は、消費者のニーズの変化にも現れている。食生活の面では、実質飲食費の低下、エンゲル係数の下げ止まり、調理食品や外食比率が上昇している(第Ⅱ部第4章参照)。しかし、特に輸入食材や加工食品に対しては、消費者の「食の安全」に対する警戒心の高まりが大きい。アジアの奥地の農村で、現地の生産者が伝統や慣習に基づき安全を確保してきたにもかかわらず、それを無視して大量に発注し買い付けて輸入する食品の安全性に、消費者の危惧や警戒の念が高まるのは当然であろう。大量輸入・大量消費の限界であり、上記の国内の「産直型市場」でさえ、既に消費者は地産地消から、さらに生産者を特定し、直接に契約栽培を志向するまでに至っている。ここでは生産と消費が、生鮮食品を中心に市場メカニズムを越えて、直結する傾向を高めているのだ。例えば、都市(消費地)と農村(生産地)を繋ぐ新たな試みとして、3・11東日本大震災の後に全国に広がりつつある「東北食べる通信」のような活動が生まれた。編集部が選び出した食のつくり手を特集した情報誌と、彼らが収穫した食べものをセットにして定期配信する「食べ物付き情報誌」を中核に置き、ICTやSNS(Facebook

グループでの投稿・情報交換)も活用しながら、第一次産業の個々の産地(食のつくり手)と消費者(つくり手のサポーター)を、都市部での交流イベントや現地ツアーを通じて直接結び付けようとする運動である。現在では、四〇近い地域それぞれで、独自の活動が展開されている。

・食べる通信ホームページ http://taberu.me/league,

・日本食べる通信リーグ https://www.facebook.com/taberuleague/(二〇一七年七月三一日閲覧)

(4) ビジネスモデルの転換と「社会的企業」

市場経済が拡大し近代化が進む中で、生産の経済主体が企業であり、消費の経済主体としての家計から分離して、大量生産―大量販売―大量消費のメカニズムが形成されてきた。この流れにおける企業モデルが「私企業」としての営利企業であり、個人や法人により経営されてきている。実際上の企業分類は多様であるが、営利企業である個人企業や法人・株式会社に対して、最近は非営利組織のNPO(=NGO)やコミュニティ・ビジネス、あるいは「社会的企業」と呼ばれるビジネスモデルが登場してきた。個人企業は無論のこと、法人企業の拡大に代わって、非営利組織の伸びが注目される。

特に地域資源としての自然エネルギーの利用が、エネルギーの地産地消として生産と消費の循環型構造を再生するとすれば、それによるビジネスモデルもまた変化を余儀なくされる。言うまでもないが二〇世紀、重化学工業の発展の中で、化石燃料など輸入エネルギー資源により大量生産─大量販売─大量消費のメカニズムが形成され、企業モデルとしても個人企業から法人企業による株式会社が普及することになった。日本では、税制の面からも法人化が有利であり、個人商店や零細農家でさえも「法人成り」と呼ばれる株式会社化が拡大したのである。

特に戦後、世界市場が拡大し、いわゆるグローバル化が進む中で、営利企業は無限の営利追求＝価値増殖と資本蓄積を求めて、国境を越えて多国籍化し、さらに無国籍化する拡大と発展を遂げた。こうした多国籍企業の市場拡大こそ、資源エネルギー問題を激化させ、環境破壊や地球温暖化を引き起こした元凶とも言える。その結果として、今や自然エネルギーへの回帰や低炭素化社会への転換が不可避となってきた。事実、日本でも一九九〇年代を迎え、法人企業数が約二五〇万社で頭打ちを続け、法人税優遇にもかかわらず税金を納められない欠損法人が急増している。その反面、営利追求のビジネスにも、そのモデルチェンジが要請されることになり、企業の「社会的責任」（CSR）の重視とともに、各種の非営利「社会的企業」を要請することになった。例えば東日本大震災を契機に「トモノミクス（河北新報）」なる新造語も登場しているし、さらにNPO、コミュニティ・ビジネス、ソーシャルビジネスなど、国や地域の歴史的・社会的事情などを反映して呼称の差異が生まれている。そこにまたグローバル化して多国籍化する営利企業と、それに対抗する土着型の社会的企業との差異が生ずるのであろう。

〔コラム〕トモノミクス

日本でも、一九八〇年代後半からの「ソフトノミクス」以来、経済の構造的な変化を表す「新造語」が、次々に現れている。最近では「アベノミクス」が流行し、長期デフレを解決する政策体系の表現となって定着してきた。さらに東日本大震災からの復興の中で、地域の人々の連帯、協同、共生の意識の高まり、さらに新しいビジネスモデルの動きが現れてきたが、被災地の『河北新報』が、二〇一七年に入って「トモノミクス　被災地と企業」のタイトルで長期連載を始めている。「友、共、伴―。トモノミクスとは、被災地から考える資本主義の新しいかたち」として構造変化をアピールしている。被災現地の強みを十分に生かして、被災地の個別企業の実態を、企業ごとにきめ細かく具体的に伝えているが、連載途中に「社説」で次のように企画の意図を論じているので紹介する。

「利潤追求を原動力としてきた資本主義の価値観は〈震災後〉の社会で変容を迫られている。CSR（企業の社会的責任）という概念がある。企業は経済活動だけでなく、法令順守の徹底や情報開示、環境配慮など社会的存在としての行動が求められるという考え方だ。」

「震災は日本の企業文化に大きな影響を与えた。従来の寄付やメセナといった社会貢献ではなく、本業を通し、社会課題に直接かかわる攻めの姿勢が生まれた。日本独自の〈復興CSR〉と言える。」

「CSRは企業が蓄えた利益の一部を地域に還元し、社会的課題を解決する近未来の回路とも言える。その意味で、経済社会が持続する上で必要なのは、震災直後に多くの企業が抱いた分かち合いの心なのかもしれない。」

「連載〈トモノミクス〉は、震災後に芽生えた企業の〈利他〉の精神を経済活動のエンジンとし、企業と地域が友として、相互の利益を伴いながら生きる経済社会の明日を考えていく。豊かさとは何か。答えを探す中にポスト資本主義が見えてくる。」

かつて一九九五(平成七)年一月一七日の阪神・淡路大震災に際して、被災地救済のための市民運動が全国的に大きく盛り上がった。そうした非営利の市民活動が国会を動かし、日本でも「特定非営利活動法」が制定された。一九九八年のＮＰＯ法の登場である。その後ＮＰＯは急速に増加し、今回の東日本大震災でも、被災地救済のボランティア活動の組織として重要な役割を演じたことは、「トモノミクス」でも紹介されている。「トモノミクス」がＮＰＯの継承発展であり、ポスト資本主義の新たなビジネスモデルとして定着するとすれば、新たな法制的整備を期待してもよいのではないか？

（大内秀明）

また、いわゆる中小企業でも、新たな動きが認められる。東日本大震災による節電意識の高まりが、ＬＥＤ電球の急速な普及拡大をもたらしたが、それを担った東北の「アイリスオーヤマ」の成功例が、特に注目を集めている。従来から同族経営、無借金、非上場の経営理念の下、プロダクトアウトの生産とユーザーインの消費を直結させる「メーカーベンダーシステム」により、生活者優位の新製品で成功を重ね、ガーデニングのフラワーポットなど年間一〇〇〇点の生活用品を生み出してきた。「中小企業は競争のない世界」と、生活者との「共助・共存」(日経「私の履歴書」二〇一六年三月掲載)を強調している。ここでも、ビジネスの目的が営利性だけでなく、それぞれ地域の社会的貢献などのミッションを含めて運営されている。日本でも、阪神大震災の後一九九八(平成一〇)年に「特定非営利活動促進法」が制定され、既に認証された法人(NPO)数が五万を超える急増ぶりである。その中でも、NPO法人への寄附を促すことで法人活動を支援するために税制上の優遇措置が設けられ、一〇二二件が認定されている(二〇一七年六月三〇日現在、認証法人総数は五一六二九件)。

さらに、世界で最大の非営利のビジネスとしては、「協同組合」の存在を無視できない。言うまでもなく、個人や中小企業関係者が組合員となり、共同所有、共同経営、共同管理の相互扶助、そして連帯経済を担ってきた。協同組合の歴史は古く、一五世紀末にスコットランドに設立され、一九世紀にはロバート・オーエンなどの社会主義の思想にも繋がり、一八九五年ロンドンで国際協同組合同盟(ICA)が設立された。現在の本部はスイスにあり、九四カ国、二五四団体、傘下の総組合員数は一〇億人、事業高二九八兆円を超えると言われ、3・11東日本大震災の翌年二〇一二(平成二四)年には、「国連協同組合年」を迎えた(**図7**)。日本でも、戦前から「産業組合」など、各種の協同組合運動が進められ、戦後一九五六(昭和三一)年には日本協同組合連絡協議会(JJC)が設立、農協、生協、信用金庫など、現在では組合員数が全国で約六二五〇万人、事業高は一六兆円を超えている。特に「みやぎ生協」は、宮城県下の四分の三に近い世帯加入率(七三・〇%)を実現している。

こうしたＮＰＯ法人や協同組合など脱営利・非営利企業の拡大は、地域に根差した性格上、自然エネルギーによる地産地消の産業構造への転換と親和性の高い新たなビジネスモデルの台頭とみることができるのではないか？　これら非営利のビジネスモデルは、エネルギーの地産地消を基礎に、第一次産業など地場型ビジネスの復権とともに、収益事業の成果を地域や共同体に還元するという市場原理を越えた協働・共生、相互扶助、互恵・互酬など、新たな価値観に基づくミッションで結ばれる組織と言える。したがって、地域に賦存する自然エネルギーや歴史的伝統なども十分に考慮した、新たな価値観で組織化するモデルの選択や創出が期待されよう。

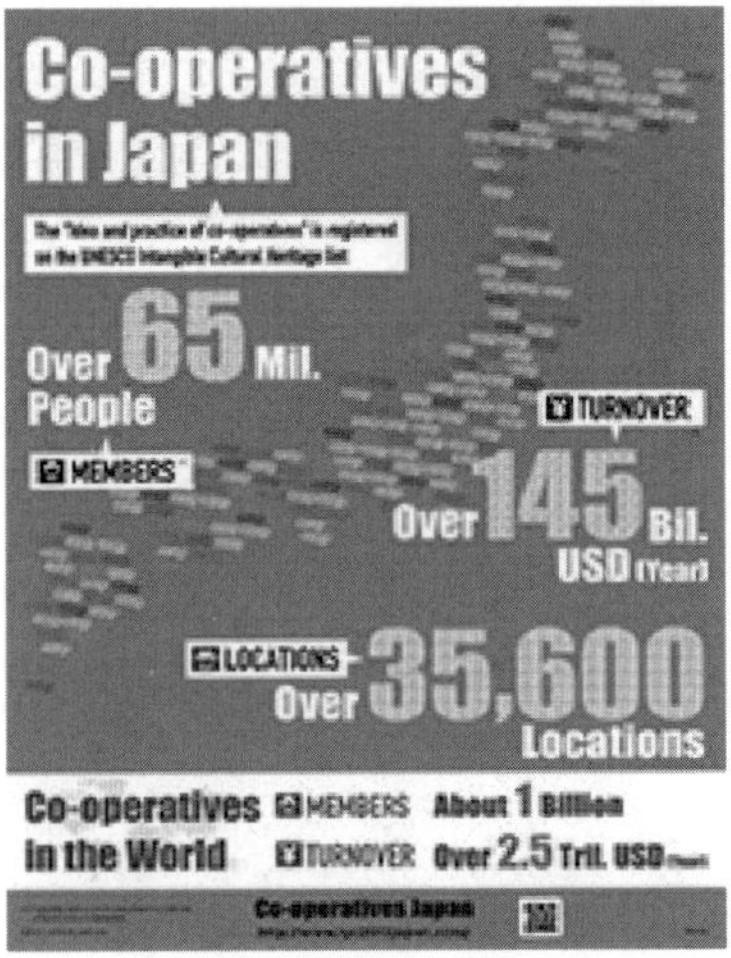

図７　日本の協同組合と世界の協同組合
http://www.iyc2012japan.coop/whatsnew/img/170810_omote.jpg

（5） 雇用労働から協働労働へ

自然エネルギーによるビジネスモデルの転換は、協働・共生など非営利の新たなミッションによる経営である以上、そこで働く者の目的や意識も当然に変化する。営利企業であれば、利潤追求のために労働力が雇用され、雇用労働者として働くことにならざるを得なかった。ブラック企業・ブラックバイトが生まれ、長時間労働や過労死も生まれる。一般に近代社会では、労働力が商品として労働市場で売買され、言うまでもなく賃金のために働く労働＝賃労働が基本となる。賃金労働者の労働力が、土地自然から分離されて身分制度から自由、かつ生産手段を持たないという「二重の意味で自由な労働力」として商品化され雇用される。営利企業と賃労働が、いわばセットになり近代社会の資本主義経済が成立し、市場経済の発展をリードしてきた。

しかし二〇世紀を迎え、失業問題の解決を迫られ、福祉国家もまた「完全雇用」を目標にせざるを得なくなった。二度に及ぶ世界大戦は、福祉拡大の完全雇用とセットになって推進されたとも言われ、この完全雇用を目標とする福祉社会の実現が、世界のベストセラーとなったピケティ『資本』も強調しているが、階級的格差の一時的な縮小にも繋がった点が重要だろう。しかし、この完全雇用は、ケインズ政策の有効需要の拡大により実現に向かったが、労働市場における完全雇用の実現は、市場原理を前提とする限り、不断の労働力不足と賃金上昇の圧力を免れない事態をもたらす。人材不足が構造的にビルトインされ、営利企業の価値増殖や資本蓄積を圧迫することになり、慢性的な資本過剰に苦悩せざるを得なくなる。さらに脱貧困による「少子高齢化」も、慢性的「人材不足」を増幅させ、低成長のデフレ経済を長期化している。

日本でも、高度成長が進む中で、福祉国家の理念の下、一方では戦前からの農村の次三男問題が解消し、過剰人口問題は解決して、逆に少子高齢化による慢性的人材不足が構造化することになった。他方、技術革新による生産性向上も、次第にハイテク産業など一部の知識集約型部門に集中し、広く実体経済の向上には繋がらない。そのため潜在成長力が低下し、資本の慢性的過剰の解決が進まぬまま、過剰資本の捌け口は海外直接投資に向かい、グローバル化を助長するだけに終わっている。特に日本型経営の特徴とされた、年功序列型賃金や終身雇用制は、その前提となっていた若年層の雇用拡大と低賃金の維持が行き詰まり、少子高齢化による若年層の人材不足や賃金上昇によって完全に機能不全に陥った。また日本型労働組合と言われる「企業別組合」も、組織率の低下が進み、戦後六〇パーセントを上回った組織率が最近では一七パーセント(二〇一六年現在)にまで落ち込んでいる。今や終身雇用や年功序列型賃金の正規雇用の維持拡大は困難であり、その結果として非正規雇用の拡大が急速に進んでいる。

このような非正規雇用と格差賃金の拡大が、雇用労働のあり方の再検討を迫っているだけではない。若年層を中心に、働くことの意義や働き方そのものを考え直す動きも始まっている。

こうした中で、営利企業の正規雇用労働だけを志向する傾向から、むしろ非営利の社会的企業のビジネスモデルや協働労働への志向の転換が始まる可能性は大きい。特に阪神大震災によるボランティア活動の高まりが上記のNPOの法制化に繋がり、さらに東日本大震災とその復興でのボランティア活動への継続参加やプロボノ支援(各分野の専門家が、職業上持っている知識・スキルや経験を生かして社会貢献するボランティア活動)、被災地への(一時的)移住や定住など、互恵・互助・互酬の協働労働の新たな価値を生み出している点を軽視してはならない。

さらに上述の〔コラム〕オバマ「グリーン・ニューディール政策」では、「グリーン経済回復—良い仕事を創造し低炭素経済L-CEを開始するプログラム」の中に、クリーンな自然エネルギーへの転換による建設業、製造業の再生、そのための公共事業や環境対策とともに、新しい雇用の創出として、ホワイトカラーとブルーカラーの区別を超えた「グリーン・ジョブ」の創出による新しい技能者クラフトマン(crafts-man)の拡大などが提起された。明らかに技術者中心のホワイトカラーよりも、むしろ熟練重視の仕事の質的転換が目指されている。新たなクラフトマンであり「グリーンカラー」とも呼ばれている。そのための職業訓練や職業教育など、マンパワーポリシーも提起されたのである。単なる「働き方改革」ではなく、こうした労働力と労働の質的転換が極めて重要であろう。

（6）新たな「コミュニティ」の形成

エネルギー革命による六〇年代からの高度経済成長と急速な近代化は、都市化の拡大とともに、上記の第一次産業の切り捨てなど、農山村や漁村などの急速な過疎化と荒廃をもたらした。今や農村問題や農業問題は、一方で為替変動に左右される単なる「食料の輸出入問題」に還元されようとしている。他方では、少子高齢化とともに、家族構成の変動による核家族化や単独世帯の増加など、家庭・家族の崩壊によるコンビニなどでの「調理食品」や「外食」依存のライフスタイル「個・孤食」の蔓延、そして地域の共同体・コミュニティの崩壊にも繋がったのである。コミュニティの崩壊は、単に町内会など行政末端の連絡組織の存廃にとどまらず、市場経済の拡大による近代化・都市化による地域の生産・消費のライフスタイルの変化に起因する点が極めて大きい。しかし、東日本大震災による教訓は、改めて家族や地域の相互扶助や連帯の価値を蘇えらせたのであり、家族や地域の「絆」の大切さが強調されている。自然エネルギーへのシフトの動きが、家族構成とともに、地域のコミュニティの新たな復権・再生を強く要請しているのではないだろうか？　例えば、各地で展開され始めた「ＮＰＯによる配食サービス、地域食堂・子ども食堂・コミュニティカフェ、シェアキッチンでのコワーキング」等の動きも、欠食対策として食事を提供すること以上に、ともに調理し食べることを通じて、新しい地域のコミュニティのあり方や触れ合いの居場所（社会的包摂の場）づくりを模索する日本型の試みでもある。

もともと市場経済の発展は、伝統的な共同体の内部からではなく、共同体と共同体の間から外部的に拡大発展してきた。自給自足型の地産地消による共同体経済の発展が、一方で市場経済の拡大をもたらすと同時に、逆に共同体経済の内部に侵食し、共同体経済の崩壊をもたらすことにもなる。さらに市場経済と営利企業の拡大発展が、上記の通り第一次産業を切り捨て、地産地消の農家や漁家の経営を圧迫し、農山漁村の地域の崩壊を招くことになった。特に戦後日本の高度成長では、年功序列・終身雇用型の日本型経営が拡大し、農村部の良質で安価な若年労働力の雇用を拡大し、若年層は一時的に「ダイヤモンドや金」ともてはやされた。集団就職など中卒、高卒の若者が、地方圏の農村部から大量に太平洋ベルトの三大都市圏などに向けて流出した。残された農村部は過疎化が進み、三ちゃん農業など第一次産業の切り捨てとともに、農家は後継者を失った。こうして農家経済の破綻とともに農村の共同体も崩壊し、限界集落の増加から無居住地域の拡大による集落そのものの消失を迎えている。二〇四〇年までに一八〇〇自治体のうち、ほぼ半数の八九六自治体が消滅可能性と推計されてもいる。

さらに東日本大震災による多重災害が発生、特に福島第一原発事故による農山漁村の放射能汚染により、二〇一五(平成二七)年「国勢調査」が示す通り、大規模な除染作業にもかかわらず、避難住民の帰村が困難に陥る深刻な事態を迎えている(**図8**)。原発事故は、「山河」さえ残すことなく、住めない・暮らせない町や村という故郷喪失の悲劇を生んでいる。こうした悲惨な現実こそ、脱原発とともに自然エネルギーへの回帰現象となっているのではないだろうか？　とすれば、そこから新たに生まれる地産地消の自然エネルギーに基づく地域共同体の復活も期待されるのであり、その際、限界集落などに残存する地域の「絆」もまた、改めて再評価されなければならない。

既に述べたように、広瀬川水系の河岸段丘に広がった旧郷村地区は、明治維新以来の度重なる町村合併によって、今日では政令市・仙台に合併されている。しかし、その合併の経緯を振り返っても明らかであるが、旧郷村に残る「自治村落」とも言える村落共同体の慣習や組織などが残され、そのことがある意味では他の地域に比べて、仙台市の都市化の流れから取り残されたまま、政令市の中の限界集落

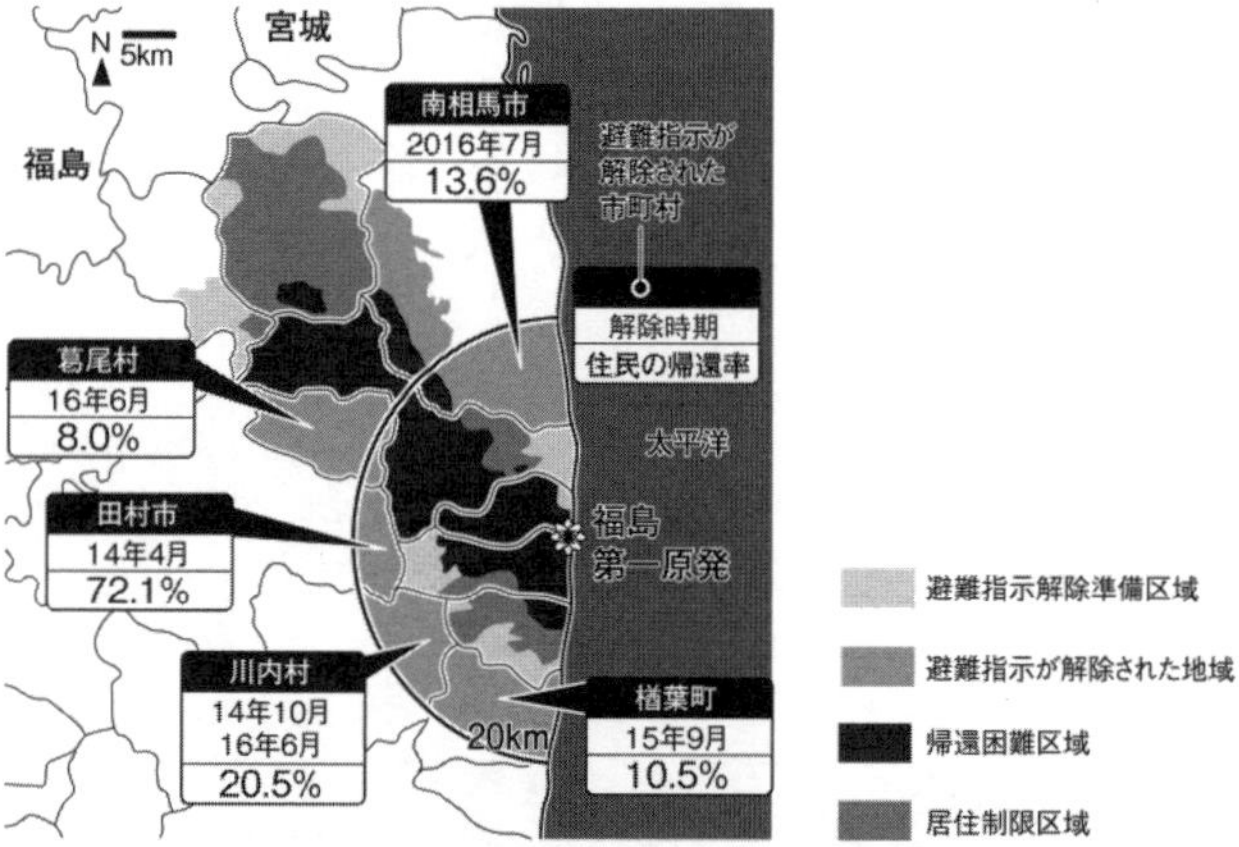

図８　福島県における人口減少の状況
出典：日本経済新聞（2017年１月29日 朝刊）

として孤立を深めている。こうした広瀬川水系の限界集落に残る共同体の慣習や組織、文化についても、それらを新たなコミュニティ再生に向けての貴重な「遺制」として位置づけるべきだし、新たな発展の遺産として活用すべきだろう。また、NPOと結び付きながら「小規模でも多機能な住民自治」（小規模多機能自治）組織も増えている。

〔コラム〕高知・大川村「村総会」と山形「きらりよしじまネットワーク」

過疎の人口減少により、村会議員のなり手がなくなり、村議会を廃止し、その代わり有権者が予算など議案を直接審議する「村総会」が検討されている。四国・高知県と愛媛県の県境にある高知県大川村の話である。大川村の人口は約四〇〇人、議員定数は六人だそうだが、次回の村議選で欠員が出れば再選挙となるので、それに備えて村議会に代わる「村総会」を準備、検討しておくのだそうだ。

議員定数が六以下の自治体は、東京都の離島など、全国で一二自治体に及び、今後の人口減により急速に増える可能性がある。その点で、早手回しに「村総会」の検討を始めた大川村に注目が集まっている。ただ、「村総会」そのものは、東京都の離島のケースもあり、地方自治法に基づく設置が可能である。しかし、その運用には問題も多く、村議会に代わり得るか否かの検討が必要なことは当然だろう。

大川村の場合も例えば、①若い世代に議員と兼業できない公務員が多いこと、②議員報酬の月額が安いこと、などの理由で立候補者が見つからないらしい。これらの理由だけなら、制度の手直しや運用で対応できそうだが、しかし人口減で地方議員の後継者確保が今後ますます困難になるだろう。その点では、現在の地方自治制度を前提にして、「平成の大合併」など町村合併では対応できなくなるのは必至だ。

その点からすれば、現在の地方自治制度の「間接民主主義」から、「村総会」の「直接民主主義」への抜本的な制度改革も必要になってきたのではないか。また、大川村の「村総会」の動きだけでなく、ＮＰＯの活動との結び付きで各地に見られる「小規模でも多機能な住民自治」（小規模多機能自治）の組織も重要であり、特に山形県・川西町・吉島地区のＮＰＯ「きらりよしじまネットワーク」が注目されている。

吉島地区は、最上川の上流の田園地帯で、人口は二五二五人、世帯数七二五戸で、「きらりよしじまネットワーク」は全世帯が加入するＮＰＯである。組織には「自治」「環境衛生」「福祉」「教育」という四つの部会が置かれ、大小二〇〇を超える事業が展開されている。「自然と人間の通訳者」「共創産業の創出」「エネルギー自治」などを掲げ、「東北の道しるべ」がＮＰＯのミッションになっているようだ。ＮＰＯがＮＧＯとして、新たな住民自治を形成しつつあるように思われる。

このＮＰＯ「きらりよしじまネットワーク」も、「平成の大合併」の時点で新たな住民自治として、島根県雲南市から誕生した「小規模多機能自治推進ネットワーク会議」に属している。既にネットワーク会議には、東北六県でも二三の加盟自治体が参加し、新たな法人組織が追及されている。組織形態はともかくとして、大型合併による広域化だけでは、現存の地方自治の市町村議会の「間接民主主義」の形骸化が進み、人口減少や高齢化に対応するのは困難だろう。村議会に代わる「村総会」、ＮＰＯ

＝ＮＧＯによる住民自治の組織が、人口減や高齢化に対する新たな「直接民主主義」として、住民自治に基づく地域コミュニティの創生に繋がる可能性に注目したい。（大内秀明）

（７）ＩＣＴによるスマートグリッドの活用

自然エネルギーへのシフトは、地域の再生産の構造的変化をもたらす中で、高度情報化ＩＣＴの活用とも結び付かざるを得ない。ＩＣＴの活用は、九〇年代からの「情報化革命」の進展において、既に流通・金融面を中心に、地域の大きな変貌をもたらした。特に市場経済のグローバル化を促進し、大量生産―大量広告・宣伝―大量流通・販売―大量消費・浪費・廃棄を助長してきた。しかしＩＣＴの活用は、単に流通・金融面のグローバル化の促進だけではなかった。インターネットなどのメディア利用と同時に、携帯電話・スマートフォンの普及をはじめ、ＳＮＳなど内輪的で狭域的なコミュニケーションのメディアとしての利用も盛んである。他方、特にスマートグリッドなど、電気エネルギーの制御活用の可能性にも広がりつつある。そうしたＩＣＴと自然エネルギー利用との結合は、新たなコミュニティ形成のメディアとして活用可能性を提起しているのであり、低炭素化社会Ｌ-ＣＥの形成の技術的基礎として重要な役割を演ずるであろう。二一世紀、さらに二二世紀を見渡した将来型コミュニティの形成は、ＩＣＴ＋Ｌ-ＣＥとして構築されることが十分予想できる。

従来の大量発電は、大規模な発電所から一方的に電力を送り出す送電システムを前提とし、こうした発送電システムが配電網を通してオール電化など、電力の大量消費をもたらすことにもなった。しかし、この種のワンウェイ(one-way)型の発送電システムに対し、地域の自然エネルギーに基づく発電は、小型水力にみられるように地域分散型が特徴である。また、送電についても拠点を分散して、需要と供給の両サイドで、相互に情報を提供しながら電力の調整も可能である。まさに双方向型の送電システムこそ、スマートグリッド(次世代送電網)にほかならない。もともと上記「グリーン・ニューディール」の柱として提起されたようだが、まさしくスマートグリッドこそ自然エネルギーの利用に最も適合的なシステムとして必然的だったと言える。

スマートグリッドを構成するものとして、既に「電力計」が従来のアナログ式誘導型電力量計から、電力をデジタルで計測し、メーターの内部に通信機能を持たせた「スマートメーター」に切り替わり始めた。ソーラー発電など、自然エネルギーの利用とともに導入され、電力会社も検針の手間を省く省力化への思惑もあり、全面的に導入が進み始めた。ソーラーハウスなど、需要家と電力会社との双方向の通信が可能になり、電力消費の「見える化」をもたらしている。需要家の消費電力量や太陽光での発電量がリアルタイムに把握できるし、そのデータで電力の需給調節、自給自足を実現できる。こうした家庭内のエネルギー管理により、家電製品や給湯システムなどをネットワーク化し(IoT、Internet of Things)、自動制御する。それにより省エネ、節エネが実現されるシステムがHEMS(Home Energy Management System)にほかならない。

同様に、業務用ビルなどのエネルギー管理はBEMS(Building Energy Management System)と呼ばれ、既にゼロエネルギー・ビルZEBやゼロエネルギー・スクールZESなど、HEMSよりも先行して実現されている。学校のように、授業時間が昼間の時間に限定され、その他の時間には生産される電力が地域に供給されるなど、各種設備のエネルギーの使用状況を把握し、それをトータルに制御することにより、建物の快適な環境や利活用を維持しながら、節電・省エネの実現が期待できる。また、地域のマンションなどを含めビル群を一括管理する統合的なシステムとしてのBEMS、さらにBEMSとHEMSとの統合へ進む可能性も大きい。

ただ、スマートグリッドの利用から、例えばコンビニなどを拠点にスマートシティとか、スマートコミュニティなども早々と提案されている。しかし、こうしたシステムだけであれば、大規模発電から一方的に電力の送出を図るワンウェイ型の発送電システムに組み込まれるだけで、地域の循環型システムの転換には繋がらない。電力会社の買い上げだけを狙ったメガソーラの乱開発とともに、旧来型の電源構成の一部を構成するだけに終わるし、名前だけのコミュニティにすぎなくなる。スマートグリッドが、ツーウェイ(two-way)型の双方向システムとして機能し、地産地消の自然エネルギーによる生産と消費の循環型地域社会の形成に繋がらなければ、スマートコミュニティの形成に繋がるメディア機能を発揮することにはならない。

例えば、復興事業と合わせて『環境未来都市』づくりを進めている宮城県東松島市では、地域新電力事業者でもある(一社)東松島みらいとし機構(ＨＯＰＥ財団)主導で、「スマート防災エコタウン」の整備を進めている。バイオディーゼル非常用発電機・太陽光発電・大型蓄電池を組み合わせたＣＥＭＳ(Community Energy Management System)を通じて、日常的にはＦＩＴで売らずに地域グリッド内でエネルギーの地産地消に充てる一方で、非常時には周辺の病院・公共施設等への電力供給を行うとしている。(http://hm-hope.org/ecotown/)

仙台市内でも震災復興事業の中で、エコモデルタウンプロジェクト推進事業が田子西地区・荒井東地区で展開されている。二〇〇九(平成二一)年に始まった田子西土地区画整理事業の土地利用計画を大震災後に見直し、復興公営住宅街区に太陽光発電システム、ガスコージェネレーションシステム、蓄電池、スマートメーター等を設置し、(一社)仙台グリーン・コミュニティ推進協議会が、非常時のエネルギー確保の実現、電力使用量の「見える化」、ＣＥＭＳ・ＨＥＭＳの整備・運用事業を展開している。

(8) スマートコミュニティ構想のスケルトン

スマートグリッドが、自然エネルギーによる低炭素化社会のメディアとして機能し、より上位の「タウンマジメント・エリアマネジメント(建物や街区の維持管理や公共施設の運営、地域環境の保全活動、防災・減災活動等を通じて、様々な地域課題を総合的に解決し、地域資源を活用しつつ官民連携で街や集落の活性化を行う活動)の中核をなすためには、既に検討した地産地消のエネルギーに基づく産業構造の転換、そして協働労働や社会的ビジネスにとって、それが有効なメディア特性を発揮しなければならない。もともとスマートグリッドが、自然エネルギーの地域分散型、ツーウェイ双方向性、さらにネットワーク循環型のメディア特性を持つ以上、エネルギーの地産地消、生産と消費の地場型産業構造、そして協働労働と社会的企業、それらをトータルにネットワーク化するメディアとして機能できるはずである。さらに加えて、もともと地域金融としての協同組合組織である「信用金庫」や「信用組合」による貨幣・金融の機能と結び付くことも十分に可能である。こうしたトータルなメディア機能こそ、スマートグリッドがさらに「スマートコミュニティ」を形成することになる点が重要である。

スマートコミュニティは、例えばスマートタウンとか、スマートシティなどとも呼ばれ、それらが地域計画にも乱用気味である。しかし、コミュニティが地域共同体として組織され、機能しなければ、それは単なる町内会など近隣組織の名前だけのものにすぎなくなる。しかし、もともと共同体としての集団・組織は、F・テンニースのゲゼルシャフト（利益社会）とゲマインシャフト（共同体社会）の定義が有名だが、ゲゼルシャフトが市場経済の拡大と営利組織の企業集団であるのに対し、ゲマインシャフトは共同体社会である。家族や友人、近隣や地域などを例として、成員は感情的・全人格的に融合されるものとして、人と人の近代的な分離を本質とする機能的集団のゲゼルシャフトと対立する概念である。共助・互酬の協働労働、非営利組織の社会的企業、そして地産地消の循環型組織・集団としてゲマインシャフト＝共同体社会の再生、復活が要請されている。スマートグリッドが、自然エネルギーの復権とともに、ゲマインシャフト＝共同体社会のトータルなメディアとして活用可能だからこそ、スマートコミュニティの超近代的意義も存在するとみていい。

また共同体の経済は、そもそも人間と自然の物質代謝である経済の原則を実現しなければならない。自然エネル

ミニ解説

ゲマインシャフトとゲゼルシャフト

ドイツの社会学者 F・テンニース（1855-1936）が提唱した社会集団の分類である。市場経済が発展し、人間社会の近代化が進むと、地縁や血縁、友情で深く結ばれた自然発生的なゲマインシャフト（Gemeinschaft、共同体組織）に対して、市場の利益や機能を追求するゲゼルシャフト（Gesellschaft、機能的組織、利益集団）が人為的に形成されてくる。

この 2 つの組織は「対概念」であり、ゲマインシャフトでは、人間関係が重視されるが、原始的・伝統的な共同体社会を離れて、近代的な国民国家、企業、都市などの利益関係に基づく機能面を重視した利益社会を近代社会の特徴としたゲゼルシャフトでは、利益面や機能面が最重要視される。

（大内秀明）

ギーの利用が、その基礎を形成することになるが、その上で①人間の労働力の再生産のための必要労働の確保による「生存権」の補償、②生産財と消費財の再生産のための労働を含む「資源の最適配分」、③社会的な福祉や教育のための「剰余の確保」、などが必要である。共同体と共同体の間に生まれた市場経済は、共同体経済を補完するものとなるだろうが、こうした共同体経済の経済原則の実現・維持のメディアとしてスマートグリッドなどICTが積極的に活用され、L-CE+ICTがスマートコミュニティとして実現されるのである。

以上、名取川・広瀬川水系の豊富な自然エネルギーの賦存を前提条件として、水系によるコミュニティ・ネットワークの形成について検討した。特にスマートコミュニティとして、ICTによるネットワークの制御により、生産と消費の地域的再生産がサポートされるはずである。二一世紀に向けてのコミュニティは、過去の狭域的な閉ざされた自給自足型共同体ではない。L-CE+ICTにより、広域的な自立・分散型ネットワークで結ばれる開かれた共生・共育・共働・共助の共同体として機能することになろう。

参考文献

・岩本由輝編(一九九七)『家と共同体』法政大学出版局
・大内秀明(一九九九)『知識社会の経済学』日本評論社
・岡村健太郎(二〇一七)『三陸津波と集落再編』鹿島出版会

・齋藤仁他編著(二〇一五)『自治村落の基本構造』農林統計出版
・武村公太郎(二〇一七)『水力発電が日本を救う』東洋経済新報社
・みやぎ生活協同組合(二〇一二)『東日本大震災　みやぎ生協の記録』みやぎ生協

3　名取川・広瀬川水系を地域モデルとして選択する主要な理由

二〇一七(平成二九)年は、仙台城の築城、そして仙台の城下町を建設した藩祖・伊達政宗の生誕四五〇年であった。東京・JR御茶ノ水駅前の神田川の土木工事などを伊達藩が請負い、江戸の街づくりにも貢献した記録がある。徳川三〇〇年の「鎖国」主義による平和と安定を、伊達藩が支え続けていた歴史的意義は大きい。また、言うまでもなく名取川・広瀬川水系は、仙台・伊達藩以来の地域資源として開発され、地域の安定と発展を支えてきた。水系モデルを提起するに当たり、これまで、主に戦後日本の高度成長期と東北開発の歴史的軌跡を追いながら検討してきた。ここで視角を少し変えて、地域の自然的・地理的条件、歴史的・社会的条件、さらに東日本大震災に関する防災・復興の視点からも考察し、地域モデル作成の理由を補足しておこう。二二世紀を見据えて、長期的に期待される低炭素社会モデルとして、仙台都市圏の持続可能な発展(sustainability)に繋がることを期待したい。

（1）自然環境・地理的条件

仙台平野は、全体として沖積平野であるが、特に名取・広瀬川の河岸地区の地理的特性は、深い河岸段丘をなしている点にある。したがって、東部の仙台湾・沿岸部や北部の平野・内陸丘陵部のような平坦で広い地域は少ない。その点で、沿岸および内陸の工業団地を別とすれば、大規模な住宅団地の開発や大量生産のための工業団地を確保することは難しかったし、開発の遅れた理由でもあった。

戦後の仙台都市圏の発展は、新産業都市指定に伴う東部・仙塩地区の臨海型工業開発に続いては、主として北部、北西部に向けて都市開発が進められてきた。今日も、特に東日本大震災の津波災害による「減災」志向も加わり、都市開発の方向は、なお北西部に向かっているし、さらに今後も持続することが予想される。

しかし今日、近代的機械制大工業の開発が主導してきた大規模・大量生産の限界が顕在化しているばかりではない。自然環境負荷の著しい輸入化石燃料から、今や低炭素化社会に向けての自然エネルギーへのシフトが強まろうとしている。とりわけ東日本大震災による津波災害や原子力発電事故の発生によって、エネルギーシフトが加速されることは確実である。だとすれば、仙台都市圏のあり方、発展軸についても再検討の時期が到来しているとみるべきだろう。その再検討を抜きに、戦災からの復旧も復興も、また強靭化もあり得ないと考える（図9、図10）。

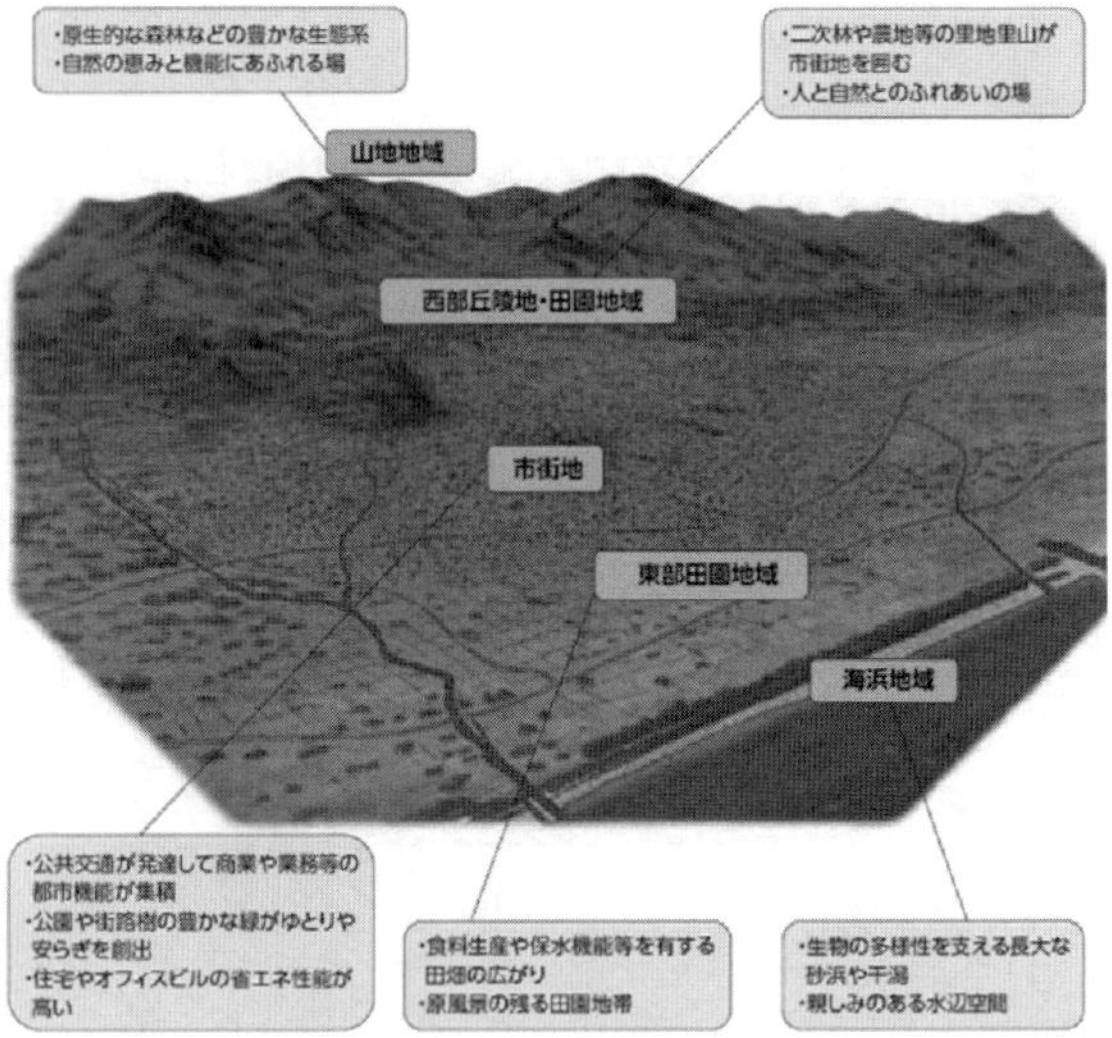

図 9　仙台市「杜の都環境プランにおける都市全体の将来イメージ」
出典：仙台市(2011)「杜の都環境プラン(仙台市環境基本計画)2011－2020」

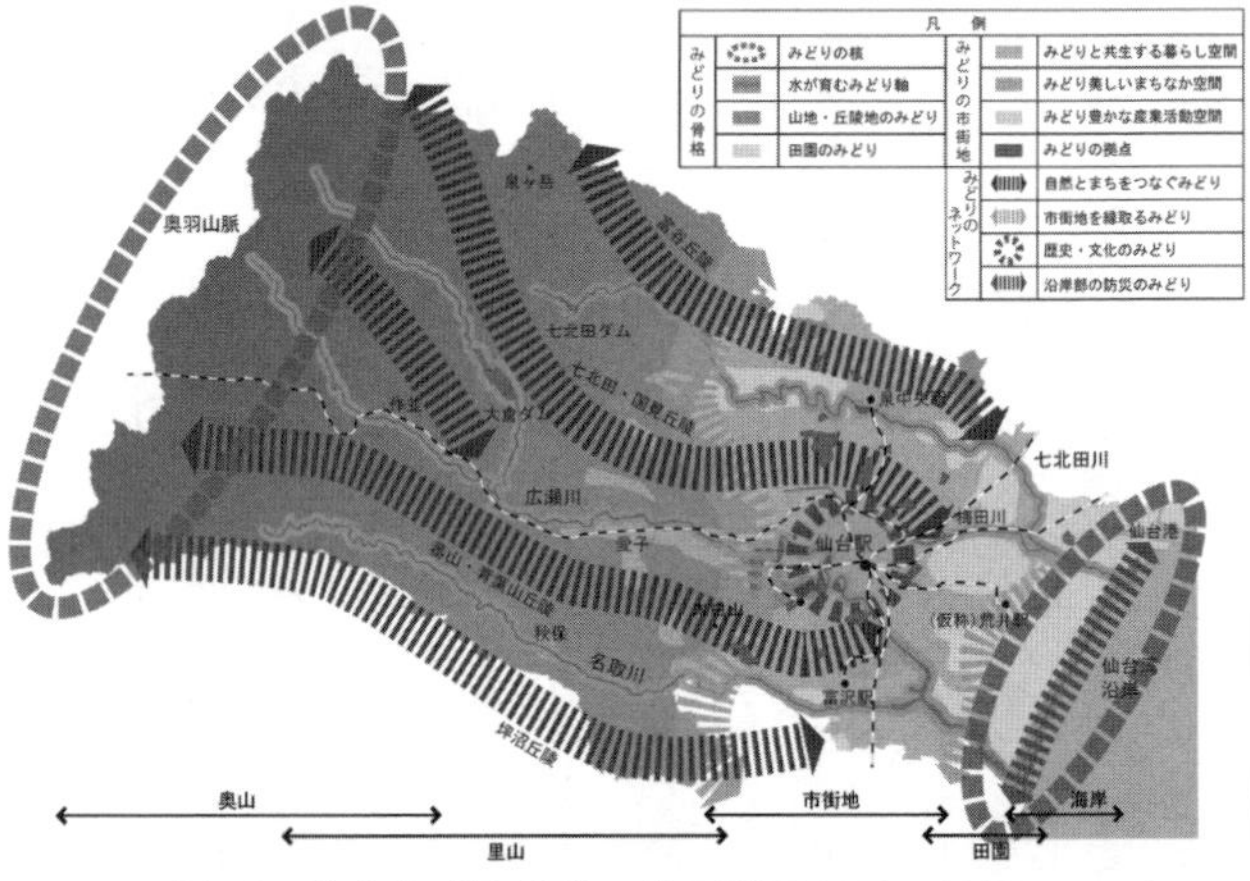

図 10　仙台市「みどりの基本計画 2012～2020」
出典：仙台市(2012)「仙台市みどりの基本計画 2012－2020(概要版)」

河岸段丘と「小地域」の集合体

名取川・広瀬川の水系地区の河岸段丘は、上記の大規模工業化の近代化路線では、開発から取り残されがちであった。しかし、そのことにより、かえって豊かな自然資源に恵まれた土地面積の保全がなされ、自然エネルギーを活用するための新たな発展可能性を秘めている。ある種の「後発の利益」とみることもできるであろう。こうした後発の利を生かした復興でなければならない。

また、この河岸段丘を含む地形的特性においては、西から東に奥羽山系が張り出し、その間を縫いながら広瀬川をはじめとする中小河川が渓谷を深く掘るように走っている。それら渓谷沿いに平地が広がり、自然景観の美しさとともに、生産や生活の基盤を形成してきた。しかし、全体の地域面積に対する平地部の割合は小さく、かつ相互に山地で分断されているために、平地部と平地部の相互依存性が低い。むしろ相互に隔絶されているのが地域特性になっている。そのために、上記の通り大型の工業団地や住宅団地の開発・造成には結び付かなかったのである。

しかし、これらの平地部では、例えば旧宮城町を構成していた七つの郷村(=自然村)に代表されるように、古くからそれぞれ独自の産業、文化、コミュニティが育まれてきた。明治以降は、旧広瀬村および旧大沢村に整理統合され、さらに両村が合併して宮城村、そして宮城町になったが、この統合過程も人為的に上から強制された統合で、郷村相互の自然な結び付きによるものではなかった。そのため、行政の近代化に伴う統合だったにもかかわらず、地域そのものは、長期にわたり旧郷村ごとの独自性が強く護持されてきたのである。「自治村落」と呼ばれる近世の村落共同体の性格を持続してきたとも言える。

したがって、近代化の過程でも、財政力の弱さによる面もあったが、地域の面的な開発がみられず、もっぱら自然的な地勢に従って、点的ないしは線的な開発を主たるものとせざるを得なかった。そのため旧郷村の地域がさらに分割され、それが「小地域」として狭くまとまる傾向が生じ、相互に小地域が群立して分散する地域の「アイデンティティ」が生ずることになった。換言すれば、いわゆる中山間地に特有とも言える「小地域のアイデンティティの集合体が、この地域全体のアイデンティティ」となったのであろう。

こうした地域アイデンティティに対して、仙台都市圏においても、一九六〇年代後半を迎えて、上述の通り中東からの石油を中心に安価な化石燃料輸入による「エネルギー革命」の影響が急速に浸透してきた。それまでの東北に賦存する豊富な自然エネルギーから、輸入化石燃料の輸入によるエネルギー革命が拡大し、仙台都市圏の近代化、都市化、工業化など、地域における再生産の構造的変化が進んだ。例えば仙台市内の住生活でも、伝統的だった地産の「亜炭」風呂が石油風呂に代わり、それがさらにガス風呂から原発利用の「オール電化」に代わったのである。また、「全総計画」による地方中枢拠点都市として、仙台都心部の支店経済の急速な発展など、雇用の拡大とともに、雇用・就労の場と消費・生活の場が地域的に分離し、その分離した職・住を繋ぐ交通手段の急速な変化が、さらに地域の急激な変貌をもたらすことになったのである。

仙台都市圏の地域特性

こうして名取川・広瀬川水系の地域を含めて仙台都市圏は、①新産都市の仙塩地区に連担する臨海部、②仙台都市圏の都心部、それに③西部、北西部の旧宮城町、旧秋保町の地区は、それぞれ大きな変化を余儀なくされたのである。特に③の西部、北西部の地域では、上記の「小地域のアイデンティティの集合体」と呼んだ特性のために、伝統的な独自の産業、文化、コミュニティの急速な崩壊を余儀なくされてきた。仙台への通勤・通学依存度の急上昇、買い物など購買力の大量流出、通勤に伴う若年層の人口流出、同居大家族の崩壊から核家族化、あるいは高齢・独居世帯による「限界集落」、さらに無居住地区への転落などにほかならない。

一方で豊かな自然環境・再生可能エネルギーの賦存、他方では増加する「小地域のアイデンティティ」による過疎の限界集落の増加、これが名取川・広瀬川水系を遡上して広がってくる現風景なのである。同時に、河口の沿海部では、東日本大震災の巨大津波に浚われたまま、復興の遅れの目立つ被災地が広がる。この風景が、これからどのように変貌するのか？　否、どのような地域の創造を目指すのか？　それが今、大きく問われている復興課題である。

（2）歴史的・社会的条件

伊達政宗による仙台の町づくり以前はともかく、政宗の仙台・青葉城の築城そのものが、名取川・広瀬川水系に着眼しての卓抜な事業だった。既に放映されたNHK『ブラタモリ』やBSジャパン『空から日本を見てみよう＋宮城県仙台市』の「町歩き」シリーズでも紹介された通り、徳川家康の江戸城に次ぐ全国でも最大級の築城であり、しかも天守閣を持たない山城、ないし平山城である。奥羽山脈に繋がる青葉山丘陵および麓の広瀬川の河岸段丘を中心に広がる山城、その城壁に繋がる「竜の口渓谷」を一見すれば、広瀬川の深い渓谷が天然の堅固な要塞であることを誰でも理解できるはずである。この青葉城による地域の安全保障と、徳川三〇〇年の「鎖国」政策により、城下町・仙台の平和と繁栄が確保されてきたことを忘れてはならないだろう。その点では支倉常長のスペイン・ローマなど「慶長遣欧派遣使節」が有名だが、それは歴史的な余話にすぎないと思う。

伊達政宗の「四ツ谷用水」

仙台の城下町の街並みは、広瀬川を挟んで東岸に広がるが、広瀬川沿いに南北に通じる奥州街道を基軸にして、重臣屋敷、町人町、その周りに侍屋敷が形成された。次項で示すように、名取・閖上など仙台湾沿岸の港から、あるいは石巻、塩釜と阿武隈川を結んだ貞山運河や「木流し堀」から、それに繋がる広瀬川の水運を利用しての壮大な「町づくり」だった。さらに城下町の生活は、町内を縦横に隈なく流れるように開発された「四ツ谷用水」によって支えられた。この四ツ谷用水は伊達政宗の命で作られた用水路と言われ、その本流は広瀬川から梅田川に通じ、三本の支流と沢山の枝流を備えていた。防火用水、散水、洗濯用水などの生活用水、さらに水車動力など産業用水としても広く利用されていた。

四ツ谷用水は、今日でも宮城県の工業用水道(暗渠)としても利用されているが、さらに広瀬川からの取水口、四ツ谷堰の開口部、大崎八幡宮の太鼓橋下の本流跡、星陵町の支倉堀跡などの遺構を見ることもできる。また、この用水を利用して河口の名取地区から開発した新田の原料米が運ばれ、現在も残る「勝山」など「名水で酒造り精神」が継承されて、地産の銘酒が醸造され広く各地に販売されるとともに、地域の食生活を支えてきた。「杜の都」仙台は、じつは名取川・広瀬川など、また四ツ谷用水の「水の都」でもあったことを忘れてはならないだろう。

〔コラム〕伊達政宗公のまちづくりと四ツ谷用水

仙台藩祖伊達政宗公が慶長六（一六〇一）年に岩出山から居城を移し、城下町を開いた仙台の地は、立地も地形もある特殊性を持っていた。立地については広瀬川の中流域ということだろう。なぜなら当時の大城下町の多くは海沿いの河口に立地し、舟運による物流を構築することで城下の経済活動を支えていたからだ。そして地形についての特色は、海岸平野に比べ一段高い河岸段丘地ということだった。

水運に有利な海岸平野の土地が選ばれなかったのは、洪水や津波などの自然被害を免れるためであろう。実際に慶長一六年の大津波の難も免れ得たからだ。臨海性に乏しい欠点は、貞山運河や御舟引堀などの建設によって水路網を構築し、克服に努めていった。しかし、段丘の町では生活に必要な水の確保に苦労を要す。城下を流れる広瀬川は高い崖を連ね、直接の利水が困難だったからである。

政宗公は町づくりの一環として道路整備と共に、広瀬川の水を上流部（郷六村）で堰分け、城下へと導く四ツ谷用水の建設に着手する。

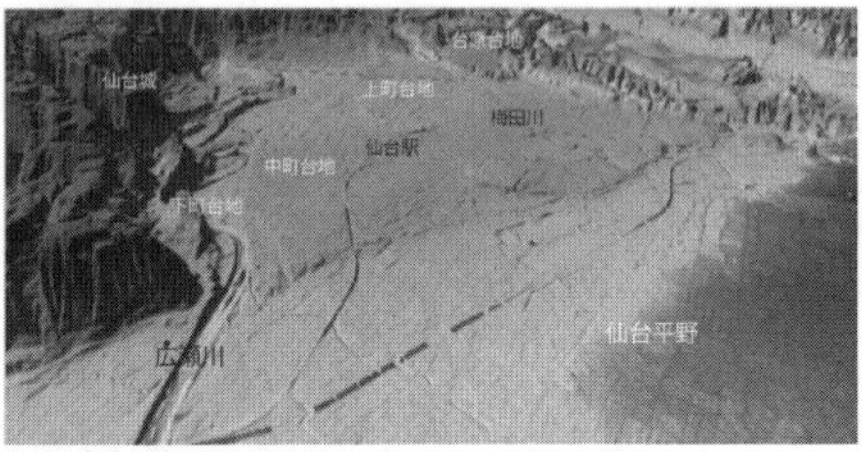

仙台の河岸段丘地形は北東の標高が高く、南東に向かって緩やかな傾斜を持っている。この土地の傾斜を活かしながら、四ツ谷用水は自然流下によって、網の目のような水路を城下町にめぐらせていった。用水を流れた水は、生活用水や消防用水、農業用水、そして水車などにも利用され町の発展に寄与しただけでなく、御舟引堀にも梅田川を介して補水し、仙台ならではの広域な水のネットワークを形成し、大城下町の発展に寄与したのだった。（皆川典久）

貞山運河・東名運河・北上運河

貞山運河は、松島湾と阿武隈川を結ぶ運河として伊達政宗が晩年に建設を命じ、江戸時代に建設が進められ、南から木曳堀、新堀、御舟入堀で構成される。現存の延長は二八・九キロメートルで国内最長である。また明治時代には、松島湾から鳴瀬川間の東名運河、浜市（野蒜築港地区）から石巻の旧北上川間の北上運河も開削され、延長はそれぞれ三・六キロ、一三・九キロである。三運河を合わせて、広義の仙台湾の海岸線約一三〇キロメートルのうち、約六〇キロ（開削部は約四九キロ）に及ぶ日本最長の運河系であり、外洋に出る前の水系を横に繋ぎ、岩手県北上盆地・宮城県仙台平野・福島県中通りまで広がる広大な河川交通・物流（年貢米や木材など）のネットワークの一端を担っていた。仙台平野においては、江戸時代初期の新田開発における灌漑用水路の排水路としての機能も重要であった。震災前には農業用水路、漁港の一部、シジミ漁・シラス漁などの漁場、釣りなどのレジャーにも用いられ、七北田川から名取川にかけての海岸公園では、マツ林の中にサイクリングロード等も整備されていた。

東日本大震災の津波によって、この運河群も堤防や護岸が大きく被災し、津波の引き波で集められた瓦礫で埋没したため、宮城県は貞山運河再生・復興ビジョン(二〇一三)を策定し復旧・復興事業を進めている。また、貞山運河研究所・貞山運河「御舟入堀」プロジェクト・野蒜築港ファンクラブ等の民間団体を中心に、歴史的土木遺産としての利活用策の検討や観光イベントの開催が行われている。また、津波で甚大な被害を受けた市町では、復興計画・防災計画において、沿岸域での避難施設や避難道路のあり方等の検討が進められた。

仙台市の水道事業と「電気事業」

仙台市の水道事業も、広瀬川に流れ込む青下川を水源地として開始された。仙台市の水道が給水を始めたのが一九二三(大正一二)年だったが、広瀬川水系の豊かな自然に恵まれた青下水源地から取水され、その後一九三三(昭和八)年に、青下第一ダムの右岸には水道管理事務所が建てられた。この建造物は、国際様式を志向したゴシック風の建造物であり、一九九六(平成八)年には登録文化財に指定されている。また、ここに水道給水七〇年を記念して、「仙台市水道記念館」も開設されている。さらに、水道事業の拡大とともに、青下川には第二、第三のダムが建設され、こうしたダム建設を踏まえて、さらに広瀬川の水系である大倉川の上流に、仙台市民の水瓶とも言える多目的ダム「大倉ダム」が戦後の一九六一(昭和三六)年に建設され、完成をみたのである。

さらに重要な歴史的事実だが、仙台市の電力事業もまた、広瀬川からスタートした。記録に残るものとしては、日本で最初の水力発電所の一つとして知られる上述の「三居沢発電所」である。一八七九(明治一二)年に明治政府の殖産興業政策でイギリスから輸入したミュール紡績機三台のうちの一台が宮城県に譲与、それをもとに三居沢に宮城紡績株式会社が設立(一八八四年)され、東北最初の機械制紡績事業が開始された。日本の産業革命である。その後、一八八六年に「東京電灯」が電灯事業を開始、それを受けて一八八八(明治二一)年に早くも宮城紡績株式会社が紡績機に水車タービンを取り付けて発電し、紡績工場内の電灯に点火されたのであった。

その後、仙台市内に電灯を供給する電力事業が計画され、宮城紡績株式会社の水車を電力供給源とすることになり、一八九四(明治二七)年に仙台電灯会社が電灯事業を分担して、仙台市内への電力供給が開始された。さらに一九〇二(明治三五)年には、電気事業の拡大もあり、日本最初のカルシウムカーバイトの製造にも成功した。こうして三居沢の水力発電事業は、地域産業とともに都市生活を支える自然エネルギーの供給を担うことになる。ちなみに太宰治の名作『惜別』の中に、仙台医学専門学校で中国からの留学生の魯迅と同級生だった主人公が、医学生時代を振り返りながら、仙台市は「その頃には、もう十万近い人口があり、電燈などもその十年前の日清戦争の頃からついている」と述べるシーンがある。なお、魯迅の医学生時代の建造物、構造物が、歴史的建造物として、今日なお仙台市の観光資源としても保存され、活用されている。

電気事業は、その後も着実に伸びた。一九一二(大正元)年には仙台市が、広瀬川の支流の大倉川を利用した発電所である仙台電力株式会社とともに、宮城電灯株式会社を買収した。広瀬川水系の電気事業は、上述の水道事業とともに、自治体の公共事業の基幹的事業として位置づけられ、三居沢から遡上して大倉川、青下川など、広域的に拡大し、成長発展した。さらに特記すべきは、仙台市の電気部による財政運営が、多大な黒字を計上し続け、第二次大戦に伴う戦時統制による一九四二(昭和一七)年の東北配電株式会社への吸収まで、仙台市の都市基盤の整備、例えば仙台市営の動物園や市内路面電車などの事業にも多大な貢献を果たした役割であろう。名取川・広瀬川水系は、自然エネルギーの供給にとどまらず、都市財政の豊かな財源であり、「宝の川」でもあったことを忘れてはなるまい。

〔コラム〕仙台市営電気事業

仙台市営電気事業とは、一九一一(明治四四)年七月から一九四二(昭和一七)年三月まで、戦前約三〇年間にわたり、仙台市が行っていた市営事業である。それまで仙台市内に電気を供給していた民間の電機会社二社、つまり仙台電力株式会社と宮城紡績電灯株式会社を買収、市営電気事業を行うことになった。日露戦後の工業化、都市化に対応し、仙台市も上下水道、市電敷設、公園整備などとともに、市営の電気事業に乗り出したのである。

仙台市内の電気事業としては、小項目「仙台市の水道事業と「電気事業」」で説明の通り、一八八〇(明治一三)年に宮城紡績会社が発足、一八八八(明治二一)年七月に日本初の自家用水力発電の供給、さらに一八九四(明治二七)年には営業用も供給した。また一九〇七(明治四〇)年には、白石電力株式会社も合併していた。さらに一九〇九(明四〇)年には、仙台市会議員有志による民間の「仙台電力株式会社」が設立、それを踏まえ一九一二(大正元)年一二月に宮城紡績株式会社から事業譲渡が完了、仙台市営電気事業が本格的に展開したのであった。

市営電気事業は、六つの発電所(水力―三居沢、大倉、大堀、碁石川、白石、火力―土樋)を有し、さらに変電所(土樋、宮町、岩沼、角田、沼辺、白石、大町開閉所)があった。加えて送電施設も有し、こうした発送電の広域的施設により、旧仙台市域はもちろんのこと、周辺町村や仙南地域まで電気供給を行っていたのである。

大正中期以降は、仙台市の「財政の宝庫」として都市財政、特に都市計画事業の財源として多大な役割を演じた。まず電力の供給区域が拡大し、仙台市域全域から名取郡、宮城郡、柴田郡、さらに伊具郡、刈田郡、亘理郡の一部にまで及んだ。こうした電灯需用家数の伸びに対応し仙台市は、上記の大堀、碁石川、土樋の発電所を建設したが、さらに宮城送電株式会社、東北送電株式会社など、民間会社からの買電による電力融通も行っていた。

さらに一九二六(大正一五)年からは上記の市電事業の経営にも乗り出し、電気供給事業は仙台市の財政調達手段として重要な役割を演ずることになった。既に一九一八(大正七)年には、市営電気事業(特別会計)の積立金から一般会計へ「運用金」が計上、その後は繰入金の充当が開始された。市電事業にとどまらず、土木費、学校建築費、市立病院改築費、動物公園建設費など、広範な都市基盤整備に電気事業からの繰入金・運用金が充当されたのである。当時、既に電気事業は「財政の宝庫」だったのである。

しかし、仙台市の「財政の宝庫」は、一九三七(昭和一二)年の日中戦争の勃発、続く国家総動員法による電力の国家管理により、国に召し上げられてしまった。一九三九(昭和一四)年の日本発送電株式会社の発足、続く四一年の配電統制令の施行により、全国を九ブロックに分け、各ブロック一つの配電会社に統合する「日発・九配電体制」である。さらに、敗戦による経済民主化にもかかわらず、また大阪、京都、仙台、金沢など「公営電気事業復元県都市協議会」(一九四九年)の働き掛けがあったものの、東北電力を含む「九電力体制」へ移行してしまったのである。

(大内秀明)

以上、水道事業と電気事業を中心に述べたが、名取川・広瀬川水系が自然エネルギーの供給源として、地域の産業と住民の生活を支え、その再生産を担ってきたことがわかる。もちろん産業面では、広く農業用水として水田耕作を中心に利用されてきただけではない。さらに、戦後はニッカ・ウヰスキー工場など工業用水の利用も多角的に行われてきた。その意味で、広瀬川水系は文字通り地域住民・市民の「母なる川」であり、仙台市など地域の自治体の根底を形成し、それを支持する都市基盤だったことを再認識しなければならない。

(3) 防災・震災復興に関連する条件

日本の河川が、絶えず洪水など風水害、土砂災害の危険と背中合わせになっている点では、広瀬川水系も例外ではあり得ない。東日本大震災に際しても、名取市閖上地区など、河口・沿岸部は多大な津波災害を受けた。さらに津波が名取川・広瀬川水系を遡上して、その沿岸部にも被害が及んだ。しかし、今回の3・11大震災に際しては、河川との関係で言えば、深く長く続く河岸段丘のため、沿岸地区の津波被害も、一部海岸部を除けば、さほど大きく広がらなかった。また、地震の震源地との関連でも、水系を遡上するに従い、距離減衰によって地震の震度そのものが低減したため、地震による被害は大幅に減少していた。海岸部の津波災害地区とはまさに対照的に、水系地区は大規模災害から守られていた。そのことが、水系地域が震災時に、背後からのバックアップ機能として果たした大きな役割に繋がった点に注目する必要がある。

ただし、仙台平野の西縁に位置する活断層帯である「長町―利府線断層帯」は、宮城県の宮城郡利府町から仙台市を経て柴田郡村田町にかけて、概ね北東―南西方向に延びており、全体として長さは二〇～四〇キロメートルと考えられている。地震調査研究推進本部によれば、「断層帯全体が一つの活動区間として活動した場合、マグニチュード七・〇～七・五程度の地震が発生する可能性」があり、最新活動時期が十分に特定できていないものの、地震発

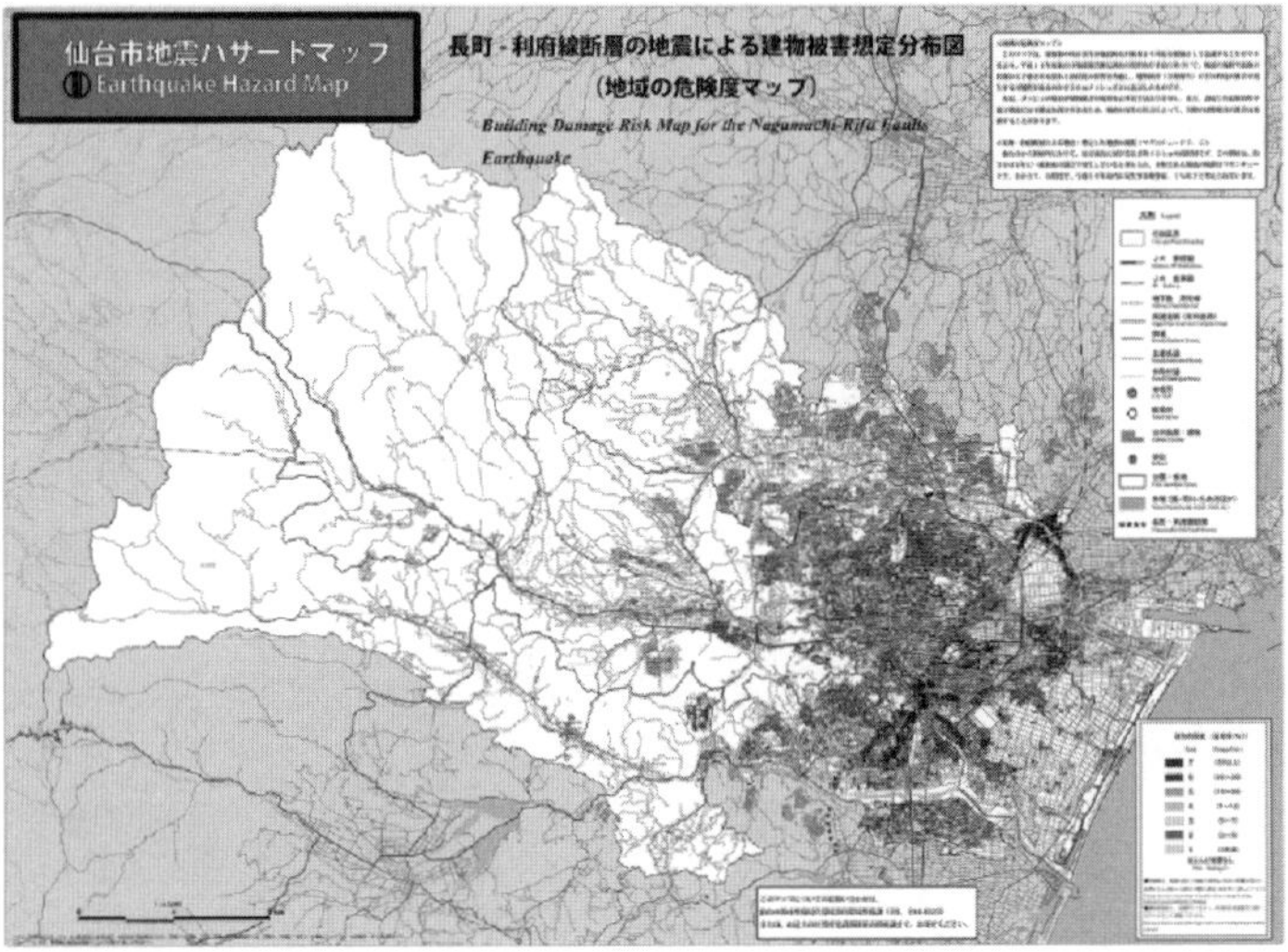

図 11　長町‐利府断層の地震による地域の危険度マップ（建物危険度・全壊率）（仙台市（2002）「平成 14 年度仙台市地震被害想定」）

出典：仙台市地震ハザードマップ
http://www.city.sendai.jp/kenchikubosai/kurashi/anzen/saigaitaisaku/jishintsunami/taisaku/map/rifudanso.html

生の長期確率の最大値を取ると、「本断層帯は、今後三〇年の間に地震が発生する可能性が、我が国の主な活断層の中ではやや高いグループに属する」と評価されている。このような直下での活断層地震が発生すると、内陸部~東部にかけて東日本大震災とは全く異なる被害パターンが想定されていることにも、十分な留意が必要である(図11)。

(http://www.jishin.go.jp/main/yosokuchizu/katsudanso/f020_nagamachi.htm)

震災時にも発電し続けた「三居沢小水力発電」

3・11の大震災では、仙塩地区の新産都市開発計画で仙台新港地区に開発された新仙台火力発電所をはじめ、臨海沿海部の火力発電所は、ほとんど軒並み津波に洗い流され長期にわたり機能停止を余儀なくされた。中東からの安価な輸入エネルギー資源や化石燃料への依存による工業開発の破綻を一挙にさらけ出してしまったことは、既に簡単ながら指摘した。こうした沿岸部の津波被害は、福島第一の原子力発電所の巨大事故の陰に隠されてしまったが、実は東北の太平洋臨海沿岸部の火力発電所の津波災害による機能停止が、この時点で極めて大きかった事実を見逃すべきではない。

ところが、名取川・広瀬川水系の中流部、さらに上流部における震災被害は、上記の通り河岸段丘の地形により、沿海部の津波被害地と比べれば驚くほど小さかった(住宅地造成のために、人工的地形改編を行った丘陵地を除く)。そのため東北電力「三居沢水力発電所」などは、明治以来の歴史的建造物、建築物を含めて被害は少なく、発電機能もほとんど停止しなかった。発電所のホームページにも記載されているが、「二〇一一年の東日本大震災で一度停止したが、三日後には発電を再開した」と述べられている。ちなみに、当発電所は、一九五一(昭和二六)年以降、現在も東北電力の所有で管理されているが、その後一九七八(昭和五三)年以降は無人化され、「東北電力仙台技術センター」から遠隔監視・制御されている。こうした広瀬川水系の自然エネルギーとしての小型水力発電が、東日本大震災の有事にも立派に機能を維持したことは重要であり、地域のエネルギー供給の使命を果たし、災害背後地のバックアップ機能として、十分その役割を演じたのである。

津波被災地の復興——災害危険区域における土地利用の転換

名取市閖上地区の現地再建、岩沼市六集落の玉浦西地区への防災集団移転、仙台市荒浜地区等での複数地区への防災集団移転、仙台市南蒲生地区での現地再建(災害危険区域の指定案からの除外)など、名取川・広瀬川水系を含む仙台平野での津波被災地の復興には幾つかのパターンがある。その中で仙台市は、沿岸部の市街化調整区域内・災害危険区域内において防災集団移転促進事業により仙台市が買い取った土地(集団移転跡地)の利活用を図るため、「集団移転跡地利活用の考え方」「跡地利活用方針」を二〇一六(平成二八)年にまとめ、土地利用についてのアイデア募集や企画提案の公募を始めた。津波災害を受けた東部沿岸地域の約一二〇〇ヘクタールは、住宅の建築や宿泊ができない災害危険区域であり、この跡地を市民や民間事業者などに賃貸し、自由な発想で主体的に利用する道を開こうという試みである。

他方、仙台港近くの市街化区域で災害危険区域を含む蒲生北部地区では、土地区画整理事業により集団移転跡地の整理集約と都市基盤の再整備を行った上で、当該地区への産業集積を図るため、市有地の譲渡(貸付)先となる事業者の募集を開始した。二〇一七(平成二九)年五月に公表された第一次募集では、バイオマス発電所や物流倉庫建設が選定され、仙台市と立地企業との間で立地協定が締結された。その結果、既設分も含め仙台港周辺では三カ所で石炭火力・バイオマス発電所の建設・稼働が始まることとなった。現在では、温暖化ガス(CO_2)や硫黄酸化物・窒素酸化物・煤塵等の汚染物質の排出を巡り、新たな技術導入とともに環境影響評価(アセスメント)やモニタリングのあり方が検討されている。

自然エネルギーの多様性と地域民主主義

災害時は特にそうであるが、平時においても、電気エネルギーの安定供給は必要不可欠である。我が国の電力事業は、その安定供給に定評があり、石油ショック以降の原子力発電へのシフトも、電力の安定供給を第一としつつ、「安全神話」によって補完されてきた。しかし、今回の原発事故は、安定供給以前に、「安全神話」そのものを打ち砕いた。他方、自然エネルギーに対して、改めて安定供給の懸念が取り沙汰されている。特に太陽光発電については、その供給が日照など気象条件に左右される点が批判されている。確かにソーラー発電についてはデメリットに違いないが、その点は地域エネルギー源の多様化、電源構成の組み合わせで十分に克服できる。

電源構成については、首都・東京の霞が関を中心に、全国一律に政府が上から提示する手法は避けるべきである。とりわけ日本列島のように、南北に長く弧を描いて伸びる島国では、気象条件から言っても、太陽光ですら全国一律には扱えない。ましてや水力、風力、地熱や温泉熱などは、地域により賦存条件が著しく異なる。そうした差異がある点こそ、分散型・地域再生エネルギーの特性だろう。電源構成の選択は、地域に賦存の自然エネルギーの差異を考慮し、各地域でベストミックスを選択すべきだし、そうした地域の自立と自治分権こそ、まさに「エネルギー民主主義」ではなかろうか。

とりわけ名取川・広瀬川水系では、太陽光発電は広範囲で利用可能であり、後述するように、既に地元建設資本などによる供給も開始されている。さらに、歴史的に活用されてきた小型水力、秋保・作並の温泉熱、奥羽山脈の森林資源などのバイオマス、さらに一部実用化している風力発電も、河口部の洋上発電まで含めれば可能性はすこぶる大きい。そうした自然エネルギーの多様性と多様な組合せという点で名取川・広瀬川水系は、新たな意味において「エネルギーの宝庫」「宝の川」と呼ぶことができる。また、給水についても、この水系が背後地としての支援機能を十分に果たしたこと、それにより被災地の復旧に寄与したことを付言しておきたい。

国道48号線と「仙山都市圏」の役割

さらに、今回の東日本大震災に際しては、特に震災後の復旧支援として、ＪＲ仙山線・国道48号線を経由した援助物資の輸送やボランティアの派遣、山形県神町駐屯地からの「災害支援隊」等の果たした役割は、極めて大きなものがあった。名取川・広瀬川水系を基軸とした歴史・伝統的な地域圏域としての「仙山圏」の一体性について、その存在意義を改めて提起したのが、ほかならぬ東日本大震災の教訓の一つだったことを指摘しておきたい（ただし、ＪＲ貨物による日本海側路線に迂回する形での横浜市から盛岡市・郡山市への臨時石油輸送列車が行われたものの、その他の東西ルートについては、地形制約や路線運用等の面で、採用にならなかったという）。

なお「仙山圏」について付言するが、伊達政宗が山形の米沢出身であったこともあろうが、名取川・広瀬川水系の上流の作並・秋保地区などは、昔から仙台の「奥座敷」と名づけられ、位置づけられてきた。それにちなんだ史跡も数多く残されている。仙台都心部の「表座敷」も「奥座敷」があってこそであり、背後の「奥座敷」からの支援機能なしに、「表座敷」は十分な機能ができない。豊かな都市機能とは、都心部の限定された都市空間だけに機能が集中化され、集約化され、高層マンション化することで、「コンパクト・シティ」にまとめ上げられることでは決してない。離宮があり、奥座敷があり、保養地や別荘地があって、はじめて次世紀へ向けての新しい都市づくりに繋がるのではないだろうか？　輸入・化石燃料からの低炭素化・自然再生エネルギーへの歴史的なシフトは、二二世紀への都市改造に向けての地殻変動ではなかろうか。

既に東日本大震災による多大な犠牲と教訓を踏まえて、改めて行政サイドでも、仙台と山形の広域的な連携が進み始めている。宮城県の政令市・仙台市と山形県の県都・山形市との「包括的連携協定」が二〇一六(平成二八)年一一月二日に締結され、仙台市役所で締結式が行われた。隣接した二つの県庁所在都市が包括的な連携協定を交わすのは、全国的にみて例のない最初のユニークな試みであり、新たな「仙山圏」の形成として注目されている。協定締結に当たって強調されたのが、東日本大震災の災害対応の教訓によるものであった。すなわち、上述の国道48号線やJR仙山線など交通網整備や産業振興、さらに名取市にある仙台空港へのアクセスや活性化など、名取川・広瀬川水系の開発と今後の発展を見据えたものであった。

参考文献
・大和田雅人(二〇一七)『四谷用水―光と影　仙台・消えた遺産を追う』河北新報出版センター
・雲然祥子(二〇一二)「地域資源を活用したエネルギー開発―仙台市営電気事業の経験から学ぶ」仙台経済界 三〜四号
・宮城県宮城町(一九八六)『宮城町総合発展基本計画―1986』宮城町
・仙台市史編纂委員会編
(一九九八)『仙台市史・資料編五・近代現代一・交通建設』
(二〇〇〇)『仙台市史・資料編六・近代現代二・産業経済』
(二〇〇三)『仙台市史・資料編七・近代現代三・社会生活』

4 「自然エネルギー・スマートコミュニティ構想」のソーシャルデザイン

(1) 地域計画とソーシャルデザイン

ここで「構想」を計画し、デザイン化するに当たって、さらに若干の論点を整理しておきたい。市場原理に基づけば、一部の公共性を持った産業的・生活的基盤整備などを別にすれば、地域の資源(ヒト、モノ、カネ、情報)はすべて市場により最適に配分され、そこには計画し、デザインする余地はあり得ないとの前提があった。しかし、いま地域の計画やデザインが要求されるについては、こうした市場原理による原理的な資源の適正配分が歴史的・社会的限界を迎えていること、特に自然と人間の物質代謝に基づく社会の持続可能性(Sustainability)が問われるに至ったからであろう。そのための低炭素化社会の構築であり、自然エネルギーへの歴史的回帰にほかならない。A・スミスの「見えざる手」や「夜警国家」などの市場原理の原則を超えたソーシャルデザインが要請されているのである。

さらに言えば、二〇世紀の「プロレタリア独裁」型中央集権・指令型のソ連・国家社会主義が一九九〇年代に崩壊した。集権型計画経済の破綻である。さらに国家社会主義に対抗した西欧型社会民主主義の参加介入・同権化の潮流も、そもそも「福祉国家主義」とも言える性格を持ち、それが財政破綻の「ソブリン危機」など、既に行き詰まりをみせている結果も大きいだろう。近代国家の権力を暴力的に奪取する、あるいは議会主義による「参加・介入」による同権化も、要するに権力による集権的指令型の上からの計画化であり、そうした計画化の歴史的限界を克服する必要が高まっている。我が国でも、既に紹介した戦後「国土総合開発法」による全総などの「国土計画」、さらに地域への分権化で自治体などの「地域計画」も作成されてきた。しかし、地域格差の拡大が進み、今や地域そのものの存廃が問われるに至っている。そうした意味で、下からの地域民主主義によるコミュニティ参加型のソーシャルデザイン=「社会計画」の新たな計画手法が提起されるのには、十分な理由がある。そこにまたソーシャルデザインの歴史的意義もあると思う。具体的に検討してみよう。

① 自然エネルギーは、地域に賦存する資源エネルギーであり、地産地消の産業構造の基礎を提供する。むろん地域に存在しないものは、地域で新たに開発し、創出しなければならないが、さらに他の地域から補完するにせよ、それは最小限にとどめられる。地域資源としてのエネルギー・ミックスと省エネ・再エネ・創エネが重視される。

② 労働力・ヒトについても、賃労働から協働労働に転換し、地域共同体としてのコミュニティの復権が図られる。ビジネスについても、労働力の商品化が前提となった賃労働から協働労働への転換に対応してコミュニティ・ビジネスなど、社会的企業のイニシャティヴを積極的に位置づけることになる。

③ 計画対象は、言うまでもなく名取川・広瀬川の水系であり、計画は自然的・地域的空間のデザインとなる。場所的空間に固有な歴史的風土の一体性に基づいた圏域が設定されるとともに、各地区の特性に応じた小圏域(コミュニティ)が、水系＋情報通信ネットワークを介して繋がり合うスマートコミュニティを実現する。その場合、低炭素化 L-carbon＋情報化ＩＣＴを目指して、技術的にはＩＣＴによる映像化など可視化の可能なネットワークと結び付く。

④ スマートコミュニティのネットワーク化は、水系全体の圏域を視野に収め、コミュニティを構成する各主体の受益や負担の調整、さらにヒト・モノ・情報の円滑な域内移動が可能

になる。また、いわゆる外部費用としての社会的負担も可視化される。コミュニティの全体的視点からの計画化がデザインされる意味で、まさに「ソーシャルデザイン」にほかならない。

⑤　ソーシャルデザインとしては、コミュニティの将来像とも言える「あり方」を提案することを含む。マスタープランと共に、さらに将来的ビジョンを提示し、コミュニティを構成する主体の協働、共生、共助によって、地域全体の合意形成による計画の作成、その実現が進められる。まさに「地域民主主義」の実現であるが、こうしたコミュニティの組織、運営、実践については、より具体的で詳細な検討が必要であろう。

(2)　広瀬川の清流を守る条例と「創生プラン」

名取川・広瀬川水系についても、これまで宮城県や仙台市など、様々な地域計画が構想され、策定されてきたし、実施されてもきた。特に環境問題は、政策課題の中心に据えられてきたのであり、ここでそれらの計画を網羅的に検討することはできないが、上記のソーシャルデザインを進める上で、あらかじめ前提されねばならない主要な計画に限定して整理しておきたい。

青葉城の築城、城下町の建設、特に「四ツ谷用水」など、既に述べた通り長い歴史の中で自然資源の開発が進められ、今日も利用されている。そうした歴史的遺構に属する地域の資産の意義を無視できないが、既に歴史的・地理的条件など検討してきたので繰り返さない。ここでは、現状に直接関係する計画だけを取り上げるが、特に広瀬川地区については、「仙台市広瀬川の清流を守る条例」一九七四(昭和四九)年の存在が大きい。この条例は、今日まで生き続けているだけでなく、さらに「広瀬川創生プラン」として積極的な役割を果たしている。

この条例の制定は、全国的にも革新市政として有名であり、7期26年の長期政権だった仙台・島野武市長による「健康都市宣言」が前提になっている。島野市政は一九五八(昭和三三)年、選挙結果をめぐる混乱の中で誕生したが、当時の日本社会党の単独公認であり、自・社対立のいわゆる五五年体制の中で革新市政がスタートすることになった。その点で、島野市政は「革新」色を特に鮮明にすることになったが、一九六二(昭和三七)年に全国に先駆けて憲法二五条の「健康で文化的な最低限の生活」実現を掲げて、「健康都市宣言」をシンボル的に提起した。憲法を市民生活の中に生かす宣言であり、積極的に市民運動を展開した。「地域清掃運動」「緑と花いっぱい運動」「梅田川清掃運動」と展開され、それらの運動が「仙台市民のつどい」に結集された。その上で上記「広瀬川の清流を守る条例」が制定されたのである。

このように単なる条例制定ではなく、市民参加の運動と結び付き、それがまた「市民のつどい」や独自のシンクタンク「仙台都市科学研究会」の政策提言と結び付いた点で、極めてユニークな条例となった。市民運動と政策提言から、さらに「広瀬川創生プラン」(二〇〇五(平成一七)年三月策定)が条例と一体化して機能し、自治体としては珍しい「広瀬川に関する統一部局」を目指す「広瀬川創生室」による「市民協働」の場も置かれている。さらに、東日本大震災を挟み「創生プラン」の「中間見直し」も行われ、プラン策定当初からの「目的」「基本理念」は踏襲されつつ、「暮らし」「まちづくり」の視点を補強した新計画に改定された(二〇一五年三月「広瀬川創生プラン二〇一五~二〇二四　市民協働による川づくり・まちづくり行動計画：悠久の流れ・広瀬川の新たな魅力の発見と創出を目指して」)。また、後述するように「広瀬川市民会議」による「広瀬川一万人プロジェクト」の広瀬川流域一斉清掃など、多くの市民運動が定着している点も注目しなければならない。

(3)　環境基本計画・復興計画・総合計画

東日本大震災により、それまでの地域計画も様々な影響を受け、その見直しなど、今後の計画への影響も予想される。したがって、上記「広瀬川創生プラン」を念頭に置き、ここでは現状について整理するにとどめたい。

仙台市からみれば上位計画に属するが、二〇一二(平成二四)年六月に策定の「みやぎ再生可能エネルギー導入促進計画」がある。震災後の計画であり、震災の被害を踏まえ「震災で再生可能エネルギーの重要性再認識」として震災復興に「エコタウンの形成」を呼びかけ、地域の特性に応じた再生可能エネルギー源の選択、地域産業まで含めた「宮城の復興」を目指し、次の四つの「推進プロジェクト」を提示している。

① 再生可能エネルギー大規模導入プロジェクト
② 住宅用太陽光普及加速化プロジェクト
③ スマートシティ推進プロジェクト
④ クリーンエネルギー産業集積プロジェクト

次に、仙台市の場合、「杜の都環境プラン二〇一一―二〇二〇」を準備し、大震災の直前に諮問、答申が完了していた。その点で、震災への対応が遅れたとも言えるが、計画の理念としては、

① 恵み豊かな環境の保全と創造および将来の世代への継承
② 自然生態系の均衡を尊重した自然との健全な共生
③ 環境への負荷の少ない持続的な発展が可能な都市の構築
④ あらゆる事業活動や日常生活における地球環境保全の推進

さらに分野別の環境都市像として、

① 「低炭素都市」仙台　→まち全体に省エネルギーの仕組みが備わった都市
② 「資源循環都市」仙台→資源や物が大切に、また循環的に利活用されている都市

③「自然共生都市」仙台→自然や生態系が大切にされ、その恵みを享受できる都市
④「快適環境都市」仙台→市民の健康、快適さや地域の個性、魅力を体感できる都市
の四つを掲げ、「他の分野の計画プラン」や「土地利用計画」など『仙台市総合計画』との整合性を図り、「低炭素都市づくり」の背策の方向づけを提示している。
①「エネルギー効率の高い都市構造・都市空間」では、都市緑化、コージェネレーションなど高効率エネルギーシステムに加えて、「再生可能エネルギーなどによる小規模で分散型の電源の有効な活用のため、電力を融通し合い効率良く利用するためのスマートグリッド・スマートコミュニティの技術の活用を検討。
②「エネルギー効率の高い交通システム」では、地下鉄東西線の整備など、主要事業の見直し。
③「低炭素型エネルギーシステム」でも、再生可能エネルギー利用の次世代自動車、給湯器、家庭用燃料電池について、情報提供、相談窓口、導入支援、「公共施設」への計画的導入と民間への普及拡大、「バイオ燃料」の利用促進、再生可能エネルギーなど発電の推進、自動車や自転車の充電施設の整備などを提起。
④「低炭素型のライフスタイル・ビジネススタイル」まで踏み込んで言及。
後述するように、その後に経験した東日本大震災は、仙台市の社会経済状況を大きく変える

とともに、「杜の都」の環境資源に対しても多大の被害を及ぼしたため、計画が目指す都市像の実現に向けた施策のあり方の見直しを行い、二〇一六(平成二八)年三月に改訂を行った。

さらに二〇一一(平成二三年)年十一月には、「仙台市震災復興計画」が策定をみたが、そこでも「市民力」の結集による「市民協働」が謳われ、特に「一〇〇万人の復興プロジェクト」の中で、「津波防災・住まい再建プロジェクト」などと並んで、「持続的なエネルギー供給を可能にする省エネ・新エネプロジェクト」が提起された。「エコモデルタウン」「次世代エネルギー研究・開発拠点づくり」などが目指されている。さらに、上記「広瀬川創生プラン」の中間見直しから、二〇一五(平成二七)年三月には、新たな「創生プラン」(二〇一五—二〇二四年)が策定されている。ここでも上記の理念継承とともに、特に「広瀬川に関心を持つ多くの市民やNPO等が参加できるネットワーク組織として平成一六年に設立された〈広瀬川市民会議〉では、平成二五年度までの平均で年間約九事業を実施してきました」と述べ、「広瀬川で遊ぼう」「作並かっぱ祭り」、さらに参画団体一〇〇に上る流域清掃作業「一万人プロジェクト」の成果などが強調されている。

こうした市民運動の継承といっそうの発展が目指されているが、ただ従来からの「環境保全」の拡大強化や「親水」などの催事、イベントなどを超えて、上記「震災復興計画」などでも提起されている、自然エネルギー活用や産業構造の転換、働き方やライフスタイルの見直し、さらに新エネ・エコモデルタウンなどへの運動の具体的な発展・展開が期待されているのではないだろうか？　その点で、今回の創生プランでは、これまでの運動の継承やその成果の総括に重点が置かれてはいるが、さらに「持続可能な市民活動の仕組みの再構築と広瀬川市民協働基金(市民ファンド)の設置や運営方法等について検討・提言する」と述べられた点が注目される。「広瀬川市民会議」の組織再構築とともに、進んで「広瀬川市民協働基金」による財政面の強化によって運動の一層の発展を期待したい。

その一方で、震災の発生は、環境基本計画の達成を困難にもした。仙台市環境基本計画(二〇一一)の定量目標の進捗状況をみると、下記のような厳しい状況が確認できる。

① 低炭素都市づくり(定量目標1)

震災後の電源構成の変化により、火力発電による排出が大幅に上昇したため、目標値未達

② 資源循環都市づくり(定量目標2～4)

震災後の人口増加・社会経済活動の活発化(復興特需等)のため、目標値未達

③ 自然共生都市づくり(定量目標6、7)

震災における津波の影響等により、沿岸部樹林地等での環境が変化し、目標値未達

④ 快適環境都市づくり(定量目標8)

光化学オキシダント、COD(化学的酸素要求量)、騒音で、環境基準を一部未達成

（仙台市（二〇一六）「杜の都環境プラン（仙台市環境基本計画）二〇一一～二〇二〇改訂版」、二一ページ）

中でも温暖化防止については、一九九五（平成七）年七年に「仙台市地球温暖化対策推進計画」を策定（二〇〇二（平成一四）年に改訂）し、その計画期間が終わる二〇一〇（平成二二）年度末に向けて計画の再改定の作業を進めていたところ、翌年三月の東日本大震災で、電気・ガス・ガソリン等のエネルギー供給の途絶、原子力発電所の事故に端を発した電力供給のあり方の問い直しなど、計画の前提となる状況が大きく変化したため、改定を一時見合わせ、二〇一六（平成二八）年三月に新計画を策定した。

以上、仙台市を中心に地域計画の現状を点検した。地球温暖化による低炭素社会への転換として、自然エネルギーシステムの政策選択は、かなり明確に提起されたし、さらにそれを基礎に産業構造の転換についても、政策目標としては提起されている。また、ビジネスモデルやライフスタイルの転換に踏み込むところまできている。こうした視点から、自然エネルギーの地産地消を基礎とする地域循環型モデルの構築に向けた政策提起が具体的に要請されていると言えよう。

特に仙台市の都市形成としては、既に具体的に説明した通り、伊達政宗の青葉城の築城、そして城下町としての仙台の町づくりが歴史的な骨格を形成してきた。戦前の近代的な都市形成をかえりみても、名取川・広瀬川水系の自然エネルギーを都市基盤とした都市の発展だった。また戦後、異常な冷戦体制の下で、化石燃料による「エネルギー革命」による新産都市などの「臨海モデル」から都市膨張が進んだものの、今や東日本大震災の多大な犠牲を払いながら、歴史的「水系モデル」への回帰を図らざるを得なくなっている。「一〇〇万人の復興プロジェクト」が訴える通り、「広瀬川の清流を守る条例」と長い市民運動の蓄積こそ、新たな「水系モデル」の「市民協働」の実践主体として期待されている。

(4) 名取川・広瀬川自然エネルギー水系モデルの主要スポット

水系モデルのソーシャルデザインを試みるに当たり、現状からみて、特に注目に値する主要なスポットを最後に挙げておきたい。ただ、東日本大震災からの復興の途上でもあり、今後計画の実現に当たり、不確定な要素が少なくない。また新たな計画が浮上する可能性もあり、あくまでも現時点での主要スポットの選択にすぎない点をお断りしておく。なお、宮城県は、県内で再生可能エネルギーなどを活用した地域づくりや施設整備の事例を集めて、「平成二八年版みやぎ復興エネルギーパークガイドブック」を発行している。ぜひ、参考にしていただきたい。

(https://www.pref.miyagi.jp/soshiki/saisei/h28energyparkguidebook.html)

被災学校の再建と「ゼロエネルギー・スクール」

仙台都市圏に位置する名取市閖上地区は、名取川の河口地区であり、津波による被害が大きく、小・中学校の校舎が全面的に浸水した。そのため復興計画に当たり、校舎の移転と全面改築のため、既に旧校舎が解体されている。二〇一八(平成三〇)年四月の小・中一貫校の開学に向けて、建築工事の入札が二〇一六(平成二八)年六月に行われた。小・中学校再建に当たり、「地域の防災拠点としての学校づくり」が目指され、避難所機能等の施設整備とともに、「地域との相互連携、学校施設の開放」の目標を掲げている。その点で、既に文科省が提起している「学校ゼロエネルギー化」も検討されるべき大切な課題で、その早期実現が期待される。

学校でのエネルギー消費の特徴として、照明のエネルギー消費の比率が大きく、使用時間が短い(長期休み、放課後など)、冷房の期間が短い、生徒の移動などが多い、などが挙げられている。したがって、ソーラー発電など、校内で生産される電力エネルギーを、地域の水産加工や農産物のハウス栽培などに利用しやすい利点が指摘されている。

学校は、単なる防災拠点だけでなく、郵便局もそうだが、学区など地域コミュニティの拠点としての役割が大きい。したがって、コミュニティとしての地産地消の循環型地域社会を支える自然エネルギーの供給として、「ゼロエネルギー・スクール」の果たす役割は極めて大きい。その点で、被災地の復興とともに循環型地域社会のモデルとして、特に注目すべきスポットになり得る。

名取市・旧沼部落跡地に再建された「伊澤神社」

昔から名取と仙台との結び付きは極めて強く、現在も両市は広域仙台圏を構成している。特に名取川・広瀬川水系による結び付きは広く、かつ深い。現在、仙台空港の滑走路拡張により名取市の旧沼部落は、平成元年三月に名取市植松字入生に二三戸が移転したが、そこに「伊澤神社」も移転されて、現在も集落の重要な拠点となっている(**写真3**)。

もともと旧沼部落の開墾は、一八五七(安政四)年にさかのぼり、伊達家御用達「日野屋」中井新三郎が出資の町人受新田として出発した。明治期に至り、地主が石巻の戸塚貞輔に移り、さらに一八九四(明治二七)年には、伊達家御用達の酒造家で仙台の有力者である伊澤家五代目・三代平蔵に替わった。この当時、耕作者として集められた人々も

写真3　伊澤神社

新たに集落に加わり、沼部落の居住者の祖先になっている。

伊澤家は、一九二三(大正一二)年、居住者への宅地の譲渡や、自ら経営する「勝山」酒造から酒粕などを提供した。一九三七(昭和一二)年「農地解放」を行い、これを徳として翌年に伊澤平蔵、平左衛門、平馬の三人を「伊澤神社」に祀り、創建された。さらに一九八五(昭和六〇)年に仙台商工会議所会頭を務めた伊澤平勝を合祀し、二〇一七(平成二九)年、創建八〇周年を迎えている。

このように、旧沼部落の供給する酒造米の原料と伊澤酒造の酒粕などが、上述の「四ツ谷用水」とも繋がり、まさに地産地消の「経済循環」を形成していたのであり、こうした地域の循環が、今日でも強い心の拠りどころとなっているのである。

東北大・環境科学研究科「エコラボ」、東北福祉大エネルギーセンター

震災に先立つ二〇一〇(平成二二)年六月、東北大学・大学院・環境科学研究科(青葉山キャンパス)の木造の校舎「エコラボ」がオープンした。地場の職人が地産地消の杉間伐材をふんだんに使った温かみのある建物の中で、自然エネルギーを活用する様々な研究成果が応用されている。特に家庭用台所が設計され、まさに「キッチン革命」と呼んでいい自然エネルギーを活用する消費スタイルのモデルが提供された点が注目される。

具体的には、ソーラー発電による直流電力を交流電力に変換せず、直流により節電を図る。蓄電システムも一〇キロワット時から二〇キロワット時に増強され、ロビーのLEDすべてとDCルームが、完全に蓄電された自然エネルギーで点灯している。「省エネ」を「創エネ」に結び付け、さらに「蓄エネ」との三位一体を図る、その点でエコラボの役割は、太陽光発電・蓄電池・直流給電によるキッチン革命から、さらに環境科学による自然エネルギーに基づく新しいライフスタイル、新しい街づくりの創造の場を提供しようとしている。

また東北福祉大エネルギーセンターでは、NEDO（新エネルギー・産業技術総合機構）の実証実験の公募に応じて、ガスエンジン・燃料電池・太陽光発電による分散電源の発電実験を行った。その後、廃熱を回収し、近隣の「せんだんの里」「せんだんホスピタル」への給湯・冷暖房に供給している。

東北電力・三居沢発電所「電気百年館」

三居沢発電所は、既に紹介の通り一八八八（明治二一）年、宮城紡績会社により設立された。日本でも最初の水力発電所と言われ、一八九三（明治二六）年仙台電燈株式会社、さらに一九一二（大正元）年には仙台市電気部に吸収された。同時に、市営電力として小型水力が広く開発された。しかし、一九四二（昭和一七）年、戦争の激化により国家総動員法による電力国家管理体制の登場で東北配電に統合され、戦後は東北電力が現在まで所有し、管理している。

出力は認可最大出力一〇〇〇キロワット、常時出力二九〇キロワット、水量は最大使用水量五・五七立法メートル、常時使用水量二・二七立法メートル(毎秒)、落差は最大出力時有効落差二六・六七メートル、常時出力時有効落差二七・〇一メートルであり、小水力発電に分類されている。なお現在は無人化され、仙台技術センターからコンピュータ操作されて発電が続けられている。

なお、発電所の建屋など、「電気百年館」が設置されていて、建屋そのものが登録有形文化財に指定されている。一階は「電気百年・玉手箱」として、東北で初めての発電機、電気と暮らしの歴史、発電所百年の歩みなどとともに、リトグラフなどの作品も展示されている。二階は「水と森の宝箱」として、広瀬川の水、青葉山の森を紹介する意味で、「水と森のアトリエ」「水と森の図鑑」「水と森のライブラリー」が整備されている。さらに機械遺産第二六号、近代化産業遺産群などが登録認定され、仙台市の観光スポットとしても活用されている。

ソーラー発電「くじらのメガソーラー」「おおぞら発電所」「雲の上の発電所」

ソーラー発電については、既に具体的に発電を開始している主要な事例を紹介するが、まず「くじらのメガソーラー」は、仙台市内の大手ゼネコン(株)橋本店が、青葉区芋沢の社有地に二〇一四(平成二六)年二月に開所したものである。市内では最大規模と言われ、年間一五七万キロワットの発電で、約三万四九〇〇平方メートルの敷地にソーラーパネル一万枚を取り付けている。

「おおぞら発電所」も同じ芋沢地区であり、こちらも地元ゼネコン(株)後藤工業が関連会社として設立した。二〇一四年三月末に発電開始、こちらは年間一八三万キロワットの発電で約四七〇世帯分の電気使用を賄うとされている。太陽光パネルについては、七三六四枚が設置されている。

さらに、仙台の西北部JR仙山線愛子駅の南に造成された大規模な住宅団地「錦ヶ丘ニュータウン」の東側隣接地、約二万七四〇〇平方メートルにも同じ二〇一四年三月に「雲の上発電所」が開発された。こちらの開発は、ニュータウンを開発している不動産業「錦エステート」によるもので、年間約一五六万キロワットの発電、ニュータウンの一般家庭約四五〇世帯分を賄えるとしている。中国製のパネルを使用している。

以上、最初期の三カ所だけを紹介したが、ソーラー発電による電力は、現在のところいずれも東北電力に売電されている。また、東北電力自身でも、八戸(二〇一一年一二月～)、仙台(宮城県七ヶ浜町、二〇一二年五月～)、原町(福島県南相馬市、二〇一五年一月～)で、太陽光発電所を運営している。今後、電力事業の改革により、送電・配電など地産地消の地域エネルギーとしての利用が問われることになるだろう。

〔コラム〕 仙台市エコモデルタウン推進事業と東北復興次世代エネルギー研究開発機構

前述したように、仙台市では震災時に長期にわたる停電(電源喪失)を経験したことを教訓に、エネルギー地産地消のまち「エコモデルタウンプロジェクト」において、エネルギー源の多様化と効率的な自給率の向上を目指して、民間との協働によるまちづくりを進めている。エコモデルタウンでは、非常時のエネルギー確保や、平時の高いエネルギー効率と経済性の両立を図る地域モデルの実現に向けた取組みを試みるため、二〇一三(平成二五)年度末に、田子西土地区画整理事業地内の復興公営住宅と戸建住宅、荒井東土地区画整理事業地内の復興公営住宅に、様々な方法で発電した電気を効率良く組み合わせて供給するためのエネルギーマネジメントシステムとHEMSを導入した。現時点では、実証研究の面も強いが、二〇一四〜二〇二二年度末までの運用実績を踏まえて、同モデル事業の事業性の向上と、他地域への展開を踏まえた事業の標準化の可能性を検証するとしている。

(http://www.city.sendai.jp/kankyo/jigyosha/kezai/sangaku/project/modeltaun/index.html)

また、東日本大震災の被災地の復興と我が国のエネルギー問題の克服に貢献するため、被災地の大学等研究機関の強みを生かしたクリーンエネルギー技術の研究開発を促進することを目指した組織で、二〇一二(平成二四)年度から、以下のような研究テーマに取り組んでいる。

① 三陸沿岸において活用が期待される波力など海洋再生可能エネルギーの研究開発

② 微細藻類のエネルギー利用に関する研究開発

③ 再生可能エネルギーを中心とし、人・車等のモビリティ（移動体）の視点を加えた都市の総合的なエネルギー管理システムの構築のための研究開発

例えば、研究テーマ②では、震災で壊された南蒲生浄化センターの再建とともに、仙台・南蒲生 藻類バイオマス技術開発実験室において、屋外パイロットプラントでの実証実験に向けた藻類培養等の基礎研究が進められている。

（増田 聡）

青下水源地「水道記念館」・「南蒲生浄化センター」（仙台市水道局・下水道局）

広瀬川の支流として大倉川、青下川などがあり、水系に重要な地位を占めている。大倉川は、既に紹介したが仙台市営の電気事業として、六つの発電所の一つを担い、仙台市民に電気供給を行っていた。隣接の青下川は、水源涵養林と共に、第一、第二、第三ダムと、水源確保のため現在もダムとして機能している。

仙台市の給水事業は、一九二三（大正一二）年であり、その後の水の需要増加で一九三一（昭和六）年から第一、第二、第三の拡張工事が始まり、三四年に完成した。この水源地内に、昭和の初期一九三三年に建てられたダムの管理事務所が残り、階段室や丸窓などのゴシック風のレトロな建造物が登録文化財に指定されている。さらに一九九八（平成五）年には、仙台市が水道給

写真4　仙台市水道記念館（旧館）

水七〇年を記念して、水道の仕組みや歴史、自然環境との関わり等を展示した「水道記念館」を開設している（**写真4**）。

特に、水道局が二〇一三（平成二五）年に取り組み始めた小型水力発電事業（上追沢沈砂池・計画発電量は年間約一二八万キロワット時）の模型なども展示された。戦前からの歴史でも、仙台市の電気事業は、もともと水道事業と一体で進められた経緯もあり、名取川・広瀬川の水系の小型水力発電事業の歴史について、全般的な展示が期待される。さらに水道事業だけでなく、自然エネルギーを総合的に対象とする「水の博物館」、さらに「自然エネルギー博物館」への拡張・発展も望まれよう。

なお、水道用水の利用による小水力発電事業は、宮城県内でも県企業局が「アクアパワー東北」（仙台市）により、仙南・仙塩広域水道の高区調整池（太白区茂庭)に「馬越石水力発電所」を開設した。さらに仙台市は「下水道震災復興推進計画」の一環として、熱源に下水熱を活用、被災地の「南蒲生浄化センター」において、ヒートポンプによる熱エネルギーの供給の実証事業を行っている。

ニッカウヰスキー・宮城峡蒸留所

ニッカウヰスキー・宮城峡蒸留所は、北海道・余市蒸留所と共にＮＨＫ連続ドラマ『マッサン』で話題になったが、仙台工場は広瀬川の上流、新川の合流地点に、一九六九(昭和四四)年に竣工を迎えている(**写真5**)。「ハイランド余市とローランド宮城峡」と表現されているが、工場の敷地面積は二〇万平方メートル、工場のほかにも「ゲストホール」などもあり、既に観光のスポットとなっている。

建設に当たり、「付近に水のきれいな河川があり、できれば平坦な土地であること」の条件にかなう適地であった点から、奥羽山脈からの伏流水が利用されている。さらに重要な点は、広瀬川に

ミニ解説

仙台・南蒲生浄化センター

仙台市の北部地区を流れる七北田川の河口にあり、仙台市の下水の約7割を浄化してきた。東日本大震災の津波で壊滅的な被害を受けたが、早急に復旧が行われた。復旧に当たり津波など防災面に配慮されたが、さらに最新の省エネルギーの導入はもとより、創エネルギーとして、太陽光発電および小水力発電設備が導入された。一般家庭約 390 世帯分を発電しているが、この発電装置により、電源喪失時にも必要電力の確保が可能になる。このように環境に配慮し、自然エネルギーの積極的活用、さらに災害に強い施設の誕生となった。（大内秀明）

写真5　ニッカウヰスキー仙台工場

は朝早く川霧が発生し、それがウイスキーの醸成、貯蔵に適している。緯度の点でも、ここはイングランド北部、スコットランドとほぼ同じで、地政学的利点があり、地域に固有な資源に密着した食品加工業である。ちなみに宮城県は、東京都についで一人当たりウイスキー消費量が全国第二位四（二〇一二年度）であることから、「地産地消」型産業の側面もうかがえる。また、自然保護の観点から「山女」の稚魚の放流など、緑化保護の優良工場として表彰されている。

なお、工場建設は一九六七（昭和四二）年であり、上述の一九七四（昭和四九）年の「広瀬川の清流を守る条例」の制定との関連にも触れておきたい。一九六〇年代後半から、仙台でも工場進出が進み始め、全国的には公害問題が大きな社会問題になる中、百万都市を目指しつつ「鮎の泳ぐ」広瀬川の清流を守る市民運動と共に、ニッカウヰスキーの仙台工場が迎え入れられた。仙台工場の役割が、自然環境保全のモデルケースである。

作並・秋保温泉

名取川・広瀬川の源流には、それぞれ秋保温泉、作並温泉があって、観光地として著名であり、既に全国的に紹介されている。ただ、自然エネルギーの利用としては、まだ地熱発電は開発されないし、さらに福島市土湯温泉で開始された中高温熱水資源(バイナリー発電)も着手されてはいない。現状では、秋保温泉は温泉の温度が低いという事情はあるが、今後の技術開発の進展により、温泉熱による発電や温水による地域暖房など、観光資源としても温泉エネルギーの多角的利用の可能性は大きい。

ただ両地区とも、河川の水流を利用した小水力発電の可能性は極めて大きく、今後の開発が期待されている。小水力と共に、さらに開発可能性が高いのが、背後に広大に伸びる奥羽山脈の森林資源に賦存する木材バイオマスの利用であろう。特に国有林の比率が高く、その維持管理のためにも、残材や間伐材等の利用による木材バイオマスの開発が期待されている。こうしたバイオマス開発により、農業と共に地域産業としての林業の復活が図られ、広く地域の地場型産業の再生に繋がることになろう。

第Ⅱ部　各　論

第１章　エネルギー選択の視座──自然エネルギーの意味と意義
第２章　ご当地エネルギー事業の現状
第３章　地域循環型社会としての新たなコミュニティの創発
第４章　エネルギーの面から「暮らし方」を見直す
第５章　地域の住まいを省エネ、健康・快適性の視点から考える
第６章　「水系モデル」のソーシャルデザイン

第1章　エネルギー選択の視座
——自然エネルギーの意味と意義

本章では、そもそもエネルギーと総称されるものはどのように捉えられるかを概観し、現代におけるエネルギー浪費社会の問題点と、今後の方向性を示したい。こうした思考に至る原点は、言うまでもなく「3・11大震災」、とりわけ福島第一原発事故に対する認識にある。まず、福島第一原発にまつわる直近の状況を示すことから始めたい。

1　福島第一原発、昨今の深刻な状況

いかなる意味でも、福島第一原発の事故は収束とはほど遠い状況にあることは多言を要しまい。ここでは、原発作業員の労災認定の問題、「凍土壁」の構築失敗の問題(1)、原子炉内の核燃料デブリの問題、そして、進められつつある避難指示解除の問題などに絞って、最近の状況をまとめておく。

まず第一に、原発作業員の労災認定の問題である。二〇一六年八月、厚生労働省は、福島第一原発事故の作業に当たっていた五〇代の男性作業員が白血病を発症したことについて、それを被曝したことによる労災であると認定した。この男性は約四年間にわたり作業に従事し、これまでの被曝線量は五四・四ミリ・シーベルト(mSv)だという。こうした労災認定は、二〇一五年一〇月に続いて二例目だが、この二〇一五年一〇月に認定された男性の作業員の被曝量は、一九・八ミリ・シーベルトであった。

これからも被爆による白血病や癌などの発病は避けられず、労災認定は続くと予想されている。これが原発の労働現場の一端を示していることは言うまでもない。また、後にみる避難指示解除の問題に関係するので、労災認定された従事者の被曝線量が約二〇〜五〇ミリ・シーベルトであることに留意しておきたい。

第二は、いわゆる「汚染水」と「凍土壁」にかかる問題である。増え続ける汚染水対策として、二〇一四年に着工された凍土遮水壁は、二〇一六年三月から段階的に凍結作業が進められたが、開始から二カ月が経過した時点で完全に凍結していない部分が発見された。「壁」ではなくいわば「スダレ」状態の箇所があるということであり、周辺にセメント系の材料を注入したと伝えられた(「産経新聞」二〇一六年六月二五日)。その後、二〇一七年八月には、凍土壁の遮水効果は不透明という記事が新聞各紙に掲載された。すなわち、凍結作業は順次進められ、この時点で九割以上の凍結が完成したが、凍土壁による遮水効果は二割強に留まり、敷地内に流入する地下水の多くは約四〇カ所に設置されたサブドレンからポンプで汲み上げられていて、むしろこれが対策の軸になっているとの報道であった(「日本経済新聞」二〇一七年八月二二日など)。

そして、一〇月には台風による豪雨の影響もあって、一時は建屋内への流入量が急増し、「頼りなさ露呈」(「朝日新聞」二〇一七年一二月一日)とも表現された。「凍土壁の効果が見通せないなか、地下水対策の軸足は井戸からのくみ上げに移りつつある。…東電は年明けまでにポンプや設備の処理能力を倍増させる計画」(同上)といわれた。嘉門雅史・京都大学名誉教授は「凍土壁のみで地下水をせき止めるのは無理があった。」と指摘している(同上)。

もちろん、汚染水対策の切り札とされた凍土壁がこのような状態であることは、事実として認識しなければならない。しかし、汚染水が日々増加しつつあるのが現実の問題である以上、その対策として、例えば複数の工法を組み合わせるなどは別に考えなければなるまい。

また、これまで凍土壁構築に三四五億円という莫大な費用がすでに投入されてきたことに加え、凍土壁を維持するためには、およそ人口四万人の地方都市の消費する電力が日々使用され続けることも知っておくべきであろう。省エネや節電が叫ばれ、実行されつつある昨今において、こうした電力の浪費は許されるはずがない。凍土壁の効果の有無にかかわらず、この点にも疑問を感じざるを得ない。

第三は、原子炉内の核燃料デブリの問題に関してである。二〇一六年八月、国際廃炉研究開発機構(IRID)は、第一~三号の各機における核燃料デブリの推定分布量を初めて公表した。これは、人間が入ることのできない炉内を、物質を透過する性質を持つ「ミュー粒子」を活用して計測されたものである。これまで東電は、第二号機では圧力容器の底に多くのデブリが溜まっていると推定したのに対して、今回の調査では、第二号機も第一、三の両号機と同様に炉心部にほとんどデブリが残っていないことが明らかになったのであり、この点が注目される。今後は、さらに詳しい分析を進めるとのことである。

いずれにしても、廃炉にはデブリの位置や状態を確定することが大前提になるが、それがわずかながら明らかになりつつあるといったところである。一説では、たとえデブリの位置がかなり確定したとしても、これまで把握されている状況から判断して、最終的な廃炉、つまり彼の地をグリーン・フィールドに戻すことは、少なくても数十年単位では不可能であるとされている。もっとも、そうだとしても、原子炉内の状況を把握することは今後ともに追求されるべきであろう(2)。

そして、第四は、進められつつある避難指示解除の問題に関してである。政府は、原発事故によって、福島県で一一市町村、人口にして八万人以上の住民に避難指示を出してきた。避難指示区域外も含めて、今でもおよそ九万人近くが実際に避難しているという。こうした中で、政府は、二〇一七年三月に、「帰還困難区域」（放射線量が最も高い区域）以外で避難指示を解除した。その際の避難指示解除の線量基準が、年間二〇ミリ・シーベルトである。先にみた労災認定の被曝量を考えると、あまりに高い基準の線量である。事実、原発事故以前では一般の人の被曝限度として年間一ミリ・シーベルトを基準にしており、この間、その基準をなし崩し的に上げてきたという経緯がある。

これまでも、二〇一四年四月には田村市都路《みやこじ》地区、二〇一五年九月には楢葉町で避難指示が解かれ、二〇一七年に入ってからは、六月には葛尾村のほか川内村の全域で、また七月には南相馬市南部で避難指示が解除された。住民に帰還を促していると言える。これまで避難指示解除の対象者は約二万人に上るが、実際に帰還したのは五パーセントほどであり、帰還はほとんど進んでいない。それには、除染作業によって部分的には放射線量は低下したとはいえ、そもそも、その線量基準が高く、また、あまりに部分的であるがゆえに一時的でしかないという不安は解消されないこと、そして、既に五年も「避難」を続けたことによって生活の場が移ってしまったということも理由として考えられている。

政府によれば、自然減衰と除染作業によって放射線量は下がってきたので、帰還を望む住民の意向も配慮して、生活基盤を整えた後に避難指示を解除するということである。また、二〇二〇年の東京オリンピックに間に合わせるという目論見もある。しかし、避難指示解除をめぐっては、そうした計画は現実とほぼ遠い状態にある(3)。

こうした直近の状況を見ただけでも、福島原発事故の後始末が進んだとは言い難い。原発の災害が他のそれと決定的に異なるのは、その収束には、世紀単位ないしは千年万年単位の時間がかかる点にある(4)。原発という代物が人間の手に余るという一端はここにある。そうだとしたら、エネルギーの選択を考える場合には、原発に頼らない、それと対極のものを構想するしかないだろう。言うまでもなく、それは自然エネルギーにほかならないが、その実現に向けては、技術の上でも制度の上でも、急激に現実味を帯びてきている。自然エネルギーの問題を直接に論ずる前に、近代社会がエネルギーをどのように開発し、それをどのように消費ないし浪費してきたかを歴史的に確認しておきたい。

2　エネルギーの意味と現代社会

日常的にエネルギーという場合、石炭や石油、あるいは原子力のエネルギーを思い浮かべる。しかし、生態系の物質循環という広義のエネルギー概念に視野を広げてみよう。

そもそも物質の質量とエネルギーは等価のものであり(5)、地球の生態系を前提とすれば、植物と動物の食物連鎖を通して、炭素や窒素が循環している。太陽からの光エネルギーを所与のものとして最初の有機物を生産する植物群と、それを消費し、またさらに消費されるという動物群の調和的な関係が形成されている。こうした生産者、消費者、さらに分解者を含めた複雑な食物網が形成され、エネルギーが循環していると言えよう。

植物界と動物界との関係をこのように理解して、動物界に焦点を絞ると、また視野に入るものがある。動物といっても、原生的なものから、ヒトのように高等なものまで多種にわたり存在しているが、哺乳類に限定して、エネルギーの観点から「サイズ」を考えたい(6)。

まず、哺乳類のサイズとエネルギーの関係を見てみよう。例えば、体重の軽いネズミから体重の重いゾウまでの哺乳類の体重と標準代謝量(エネルギー摂取量)の関係をグラフ化してみると、この両者には簡単な相関が成り立っているという。体重と標準代謝量を対数グラフで表示すると、その相関は直線で表される。サイズが大きくなれば、対数的にだが、代謝量すなわちエネルギー消費も大きくなるということである。

次いで、哺乳類のサイズと時間の関係を見てみよう。ゾウはネズミより平均的に寿命が長い。これは物理的な時計で計ったものだが、ここで心拍数という時計で計れば、ゾウもネズミも同じ時間の寿命を全うすると考えられる。サイズによって拍動などの体内で生じるあらゆる現象のテンポが異なるので、それに対応した時間、すなわち寿命が存在すると言えるわけである。

つまり、生物をめぐる時間には、そのサイズに規定された時間(生物時間)と、我々が普段に用いている時間(物理時間)の二つがある。ネズミは短命で、ゾウは長寿だというのは、物理時間を前提とした理解なのである。

以上のことをまとめると、生物のサイズと消費エネルギーに相関があり、また、サイズと時間(物理時間)や寿命に相関があるので、三段論法的にエネルギーと寿命にも相関があることになる。もっとも、哺乳類には特異なモノがいる。

その特異なモノとは、いうまでもなく現代の「ヒト」にほかならない。ヒトを除いて、すべての哺乳類の消費エネルギーは、「食」によってもたらされる。食べることによってエネルギーを摂取しているのである。しかし、現代のヒトは「食」ばかりではなく、「衣」や「住」などにも様々なエネルギーをつぎ込んでいる。サイズを前提として食料のみを考えれば、ヒトと他の哺乳類とではエネルギー消費に大差はないものの、ヒトの場合には、食料以外でのエネルギー消費が極めて大きい。食料とそれ以外に消費されるエネルギーの合計がヒトの標準代謝量と言える。そうだとすると、現代のヒトの標準代謝量は、ゾウのサイズに匹敵することになるという(7)。

これは、重要なことを示唆している。サイズと寿命には相関があることを述べた。その観点からすると、ヒトの寿命は二六年程度だと考えられる。体重が六〇キログラム程度のサルの仲

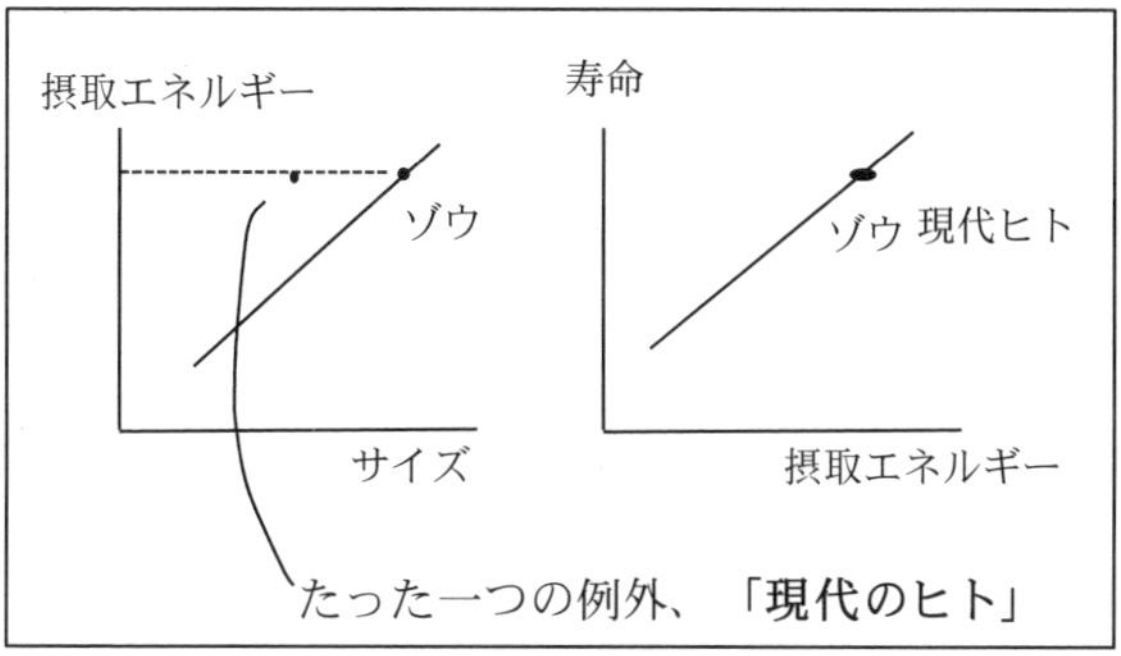

図１　現代におけるヒト

間と同じである。しかし、ヒトは、太古の時代においてはそうでなかったが、現代おいては、極めて長寿になった。なぜか。

その謎解きは既にできている(図１参照)。ヒトは、サイズとしてはゾウよりも小型だが、現代ではゾウと同程度のエネルギーを消費している。それゆえ、現代のヒトは、そのサイズにもかかわらず、ゾウ並みの寿命を獲得したというわけである。

ヒトは、食料以外のエネルギーの消費によって長寿を獲得してきた。食料以外のエネルギーの消費とは、文明や文化に関連し、それらを支えるものといってよい。事実、ヒトのエネルギーの消費は、文明の「発展」に歩調を合わせるように増大してきた。近現代に近づけば、それだけエネルギーの消費は大量になってきたのである。

サイズからいうと、ヒトは、生命を維持するために食物として一定のエネルギーを必要とするが、数百万年ほど前に地球上に現れて以降ずっと、ほぼそのようなレベルのエネルギー消費で生き延びてきた。だが、四〇～一〇万年ほど前から暖房や料理に薪による火力を使い、そして、七〇〇〇～六〇〇〇年ほど前から穀物を栽培し、家畜のエネルギーも使い始めたと言われる。「農業革命」と言ってもよい。さらに、一〇世紀以降に水車や風車が登場し、暖房用に石炭、輸送用に家畜なども使用するようになる。利用されるエネルギーが質的に多様化するとともに、量的にも拡大した。

そして、一八～一九世紀に起こった産業革命以降は、爆発的なエネルギー消費の拡大に至った。石炭という化石燃料が大量に消費される時代を迎え、さらにそれは石油へと移っていった。数百万年もの長きにわたって生き延びてきたヒトの歴史の中で、二〇世紀の一〇〇年だけで全人類の消費してきた約六〇パーセントのエネルギーを消費したと言われている。産業革命から始まり原子力の利用までに至る過程は「工業革命」と名づけられよう。

世界的な人口の増加と平均寿命の伸長は、具体的には食料や公衆衛生、医療、住環境など様々な要因によるが、抽象的にいえば消費エネルギーの増加によるものと言えよう。人口に関して言えば、人類誕生から産業革命までの間、世界の人口増加はほんのわずかなものだった。しかし産業革命以後は凄まじい勢いで増加している。ヒトの平均寿命も劇的に変化している。近代以前の世界の平均寿命は二〇歳代であった。産業革命時代の欧米や江戸時代の日本では、それは三〇歳代にまで伸長した(8)。もっとも、平均寿命とは出生時の平均余命であり、生まれてからしばらくの死亡リスクの高い期間を乗り切った人間の平均余命が二〇歳代ということはなかった点には留意が必要である。それにしても、平均寿命が急伸するのは二〇世紀に入ってからである。

広義のエネルギーという観点からすると、世界の人口の増加や寿命の伸長もエネルギーによっていると言える。時間軸を独立変数とした人口のグラフも、平均寿命のグラフも、あるいはエネルギー消費量のグラフも、全くの相似形をなしている。人類史規模での現代人へと発展した道程は「エネルギーの関数」であったとも言えよう。

近現代に限ると、石炭、石油、原子力などのエネルギーに負うところが大であり、これらが近現代文明を支えてきたと言えるが、それが今日、危機的な状況を迎えつつある。これまでのような加速度的なエネルギー消費と、そのためのエネルギーの生産には限界があることを多くの人が感じつつある。「3・11大震災」は、そのことを我々に刻み込んだ。人類規模でのエネルギー生産・消費の抑制、あるいは人口爆発への対応も考えなければならない。抽象的に言えば、エネルギー浪費社会からの脱却、言い換えれば、「エネルギーの関数」からの超出が求められているのである(9)。

3 エネルギー浪費社会からの転換

前節では、人類史的パースペクティブでのエネルギーの問題、つまり、現代のヒトとエネルギーの問題をみてきた。抽象的に言えば、人類史規模での現代人へと発展した道程は「エネルギーの関数」と言えるが、その最後の一局面が今日の、石炭から石油へ、さらに原子力へのエネルギーの転換と拡張であった。そして、その無理が露呈したのが、「3・11大震災」と福島原発事故であった。

以上のように小括できるとすると、これまでのエネルギーを巡る枠組みからの転換とは、一方で、「エネルギーの関数」からの超出、つまり、エネルギー消費の増大を食い止めるという需要側面と、他方で、続いて明らかにする「自然エネルギー革命」、すなわち、質的に量的にエネルギー源を再生可能な自然に求めるという供給側面との両面に関わってくる。

まず前者であるが、既に明らかにしたように、エネルギー需要の側面からみて哺乳類という視野に立つと、現代の「ヒト」に至る人類の「発展」はエネルギーの関数と考えられた。そこで、例えば、「省エネ」や二酸化炭素削減などを問題にする場合には、エネルギー消費を、単に何年か前の水準に抑えるということでは済まない(10)。これまで人類がたどった軌跡を自省し、その超出を志向する議論が必要である。すなわち、生態学的な問題にまでさかのぼった上での

表1　再生可能エネルギーの導入ポテンシャル

太陽光発電	1億5000万（kW）
風力発電	19億0000万（kW）
中小水力	1400万（kW）
地熱	1400万（kW）

資料：環境省「再生可能エネルギー導入ポテンシャル調査」（平成22年度）より作成

現代のエネルギー消費の異常性の認識が共有されなければならない。その上で、これまでの人類の発展史が「エネルギーの関数」という必然の歴史であったならば、それを超出する生活や産業のスタイルが求められよう(11)。

次いで、後者の問題である。この間、原子力はもとより、これまでの化石燃料からの脱却を目指した自然エネルギーの開発が進んでいることは周知のことである。とりあえず発電に限定すると、太陽光、風力(陸上・洋上)、小型水力、地熱、海洋(潮力・海流・波力)、バイオマスなどの発電技術が進みつつある。

既に環境省では、「再生可能エネルギー導入ポテンシャル調査」(平成二二年度)(12)を公表している(**表1**参照)。この調査は、「3・11大震災」前にまとめられたものであって、太陽光発電、風力発電、中小水力発電、地熱発電のそれぞれについて、「導入ポテンシャル」(13)とともに現実的な「シナリオ」(14)を示している。それによれば、「導入ポテンシャル」つまり発電可能量は、太陽光発電で一億五〇〇〇万キロワット、風力発電で一九億キロワット、中小水力発電で一四〇〇万キロワット、地熱発電で一四〇〇万キロワットである。風力発電のポテンシャルが特に大きいことが注目される。ちなみに、現在の電力一〇社の発電能力が二億キロワット程度なので、風力発電によってこの九～一〇倍の電力を供給できることを意味している。自然エネルギーのポテンシャルがいかに大きいか明らかであろう。しかし、この値は、あくまでもポテンシャルであり、必ずしも現実的ではない。そこで、エネルギーの全量固定価格買取制度や近未来的な技術革新を加味した「シナリオ」が示されるが、それによると、現時点での自然エネルギーの供給量は、現在消費されている電力量の約四〇パーセントに達すると試算されている。さらに言えば、東北ではとりわけ自然エネルギーの可能性が高いことも示されている。

これらは電力に限定したものだが、それ以外にも、例えば、「地中熱」を用いた冷暖房、太陽熱温水器、そして、地下鉄や変電所、ゴミ焼却場などでの廃熱など、熱ないし冷熱そのものにも注目が集まっている。これらは、電力の需要を減少させる方向に向かう。

ここでは、具体的な紹介は割愛するが、各地で開始されている自然エネルギーの開発は、「自然エネルギー革命」の提起と捉えられる。石炭から石油への転換は「エネルギー革命」などと呼ばれているが、昨今の動向はそのようなスケールを遥かに超えている。これまでの「エネルギー革命」や原子力は、石炭・石油・ウランなどの天然資源消費型のエネルギーだったが、自然エネルギーへの転化は、これらとは次元が異なるのである(15)。

経済発展との関わりで産業構造という概念がある。これは、ある国の産業全体の中での産業間の関係、具体的には、全産業を第一次・第二次・第三次産業の三つに分類し、その構成を取り出すことによって、経済発展の指標とするものである。一般的に、経済が発展すれば、産業の軸が第一次から第二次・第三次産業へとシフトすると考えられ、これを産業構造の高度化なども言う。こうした観点で、自然エネルギーを位置づけると、それは、第一次産業的でもあり、また第二次・第三次産業に属する場合もある。

そうだとすると、自然エネルギー革命は、単に産業構造の高度化といった次元で把握できない様相を呈していると言える。まさに革命であり、既に示唆したように、「農業革命」、「工業革命」に次ぐ「自然エネルギー革命」として位置づけられるのではなかろうか(16)。

4 まとめ

最後に、こうした状況の変化の意味するところをまとめておく。これまでのようなエネルギー多消費型の社会が既に限界に来ていたこと、それは単に量ばかりではなく、質においても化石燃料や原子力に無理があることを示した。それが、この「3・11大震災」で多くの人々の共通認識になった。「3・11大震災」の衝撃は、空間的には一地方の、時間的には一過性のものではない。世界性と永続性を持った衝撃であるといえよう。そうした中で、一方では「節電」がかなりの程度に浸透し、他方では様々な代替エネルギーが模索されている。

それらは「エネルギーの関数」からの超出と「自然エネルギー革命」と把握することができる。これがエネルギー問題を理解する上での基本的な視座となる。また、そうだとすると、これらの推進は文明の転換を意味することになろう。こうした表現は大言壮語に聞こえるが、既にそうした胎動は静かに始まっている。以下の各章で、エネルギー産業はもとより、生活や消費、そしてコミュニティなどの問題が明らかにされよう。

注釈

(1) ここで「失敗」とは、そもそも凍土壁が完全に凍結するのかという意味と、そうだとしてもそれによって地下水を遮断できるのか、という二つのことを意味している。

(2) 放射性物質は、基本的には核燃料棒内に閉じ込められているはずであるが(第一の壁)、その外側には圧力容器があり(第二の壁)、さらにそれを包む格納容器があり(第三の壁)、三重に遮断されている。核物質が、核燃料棒の被覆を溶解しその外部に露出することをメルト・ダウンと言い、圧力容器をも溶かしその外側に漏れ出すことをメルト・スルー、さらにその外側の格納容器の外部にむき出しになったことをメルト・アウトと言うが、福島原発の事故は、三つの壁をすべて破壊した最悪のメルト・アウトの状態にあるのではないかと懸念されている。

(3) 今、稼働している原発は川内原発一、二号機と伊方原発三号機であり、この再稼働をめぐって、事後の際の避難の問題が報道されている。どのように安全に速やかに避難をするかが取り上げられることが多いが、問題はそれにとどまらない。原発災害においては、避難が長期化することが問題なのであり、その点の対策はあまりに不十分と言わざるを得ない。福島の現実で明らかなように、原発事故の避難は、いわゆる「一時的な避難」ではなく、いわば「恒久的な移住」に近いことになるのである。

（4）放射性物質は、自然に崩壊し最終的には無害な物質になる。しかし、完全に無害化するには一〇万年という時間を要する。例えば、今から一万年前は縄文時代であり、一〇万年という時間がいかに長時間かが想像できよう。

（5）ここでは、E=MC²（エネルギー＝質量×光速の２乗）を想起されたい。原爆によって多くの犠牲者を出した広島市立第一高等女学校（現、広島市立舟入高校）にある慰霊碑の少女が抱えている箱には、この「E=MC²」が刻まれている。

（6）以下は、主に本川達雄（一九九五）『ゾウの時間ネズミの時間』（中公新書）による。また、環境省（一九九五）『環境白書、平成七年版』も参照されたい。この版では、「地球生態系における人間の位置」といった項目（節）を設けるなど、かなり野心的な考察がなされている。

（7）本川（一九九五）、四一ページを参照されたい。

（8）A・マディソン（二〇〇四）『経済統計で見る世界経済二〇〇〇年』柏書房

（9）例えば、ローマ・クラブ（一九七二）『成長の限界』（ダイヤモンド社）、E・F・シューマッハー（一九八六）『スモール・イズ・ビューティフル』（講談社学術文庫）を参照されたい。

（10）例えば、気候変動枠組条約締約国会議ＣＯＰ（Conference of the Parties）などでは、ある年を基準とした削減率が議論されている。

（11）『資本論』の言葉をもじって言えば、「必然の歴史」から「自由の歴史」へ、ということになる。

（12）環境省のＷｅｂページで閲覧することができる。http://www.env.go.jp/earth/report/h23-03/ なお、同省は、『再生可能エネルギーに関するゾーニング基礎情報整備報告書』を二〇一三年に発表している。参照されたい。http://www.env.go.jp/earth/report/h26-05/full.pdf

（13）エネルギーの採取・利用に関する制約要因による設置の可否を考慮したエネルギー資源量。

(14) 対象エネルギーごとの事業収支シミュレーションにより、内部収益率が八・〇パーセント以上となるもの。つまり、採算がとれる前提の下でのエネルギー利用の可能量。

(15) ここでエントロピーの問題に関説すべきだが、別稿に譲る。

(16) 太陽光発電、風力発電などの自然エネルギーには、不安定性という致命的な欠陥がある。これを補完するには、蓄電と共に制御の問題が重要である。だが、制御は情報技術の得意とするところであり、IT革命と呼ばれたものは、自然エネルギー革命へと合流するだろう。スマートグリッド構想などを考えれば明確である。もっとも、より具体的になれば、様々な規格の問題や、直流化の問題など、超えなければならないハードルは多い。A・トフラー(一九八〇)『第三の波』(日本放送出版協会)やJ・リフキン(二〇一二)『第三次産業革命』(インターシフト)も参照されたい。

参考文献

・飯田哲也・鎌仲ひとみ(二〇一一)『今こそ、エネルギーシフト』岩波書店
・石黒武彦(二〇〇七)『科学の社会化シンドローム』岩波書店
・北村朗、高橋博子編著(二〇一五)『核時代の神話と虚構』明石書店
・小出裕章(二〇一一)『隠される原子力・核の真実』創史社
・高木仁三郎(二〇一一)『原子力神話からの解放』講談社
・田中史郎(二〇一一)「脱原発メモランダム」別冊『Niche』Vol.3、批評社
・田中三彦(一九九〇)『原発はなぜ危険か』岩波新書
・ニュースなるほど塾(二〇〇七)『核兵器と原子力』河出書房新社
・本川達雄(一九九五)『ゾウの時間ネズミの時間』中央公論社
・吉岡斉(二〇一一)『原発と日本の未来』岩波書店
・S・クック(藤井留美訳)(二〇一一)『原子力 その隠蔽された真実』飛島新社

・E・F・シューマッハー（小島慶三、酒井懋訳）（一九八六）『スモール・イズ・ビューティフル』講談社
・A・トフラー（鈴木健次ほか訳）（一九八〇）『第三の波』日本放送出版協会
・K・ポパー（久野収、市井三郎訳）（一九六一）『歴史主義の貧困』中央公論社
・A・マディソン（金森久雄ほか訳）（二〇〇四）『経済統計で見る世界経済二〇〇〇年史』柏書房
・J・リフキン（田沢恭子訳）（二〇一二）『第三次産業革命』インターシフト
・ローマ・クラブ（大来佐武郎訳）（一九七二）『成長の限界』ダイヤモンド社
・環境省（一九九五）『環境白書、平成七年版』
・環境省（二〇一〇）「再生可能エネルギー導入ポテンシャル調査」
https://www.env.go.jp/earth/report/h23-03/
・環境省（二〇一三）「再生可能エネルギーに関するゾーニング基礎情報整備報告書」
http://www.env.go.jp/earth/report/h26-05/full.pdf

第2章　ご当地エネルギー事業の現状

1　はじめに

福島第一原発事故の直接的被曝県となった福島県は、二〇一二年三月に福島県自然エネルギー推進ビジョンを策定し、「二〇四〇年頃を目途に県内エネルギー需要量の一〇〇パーセント以上を自然エネルギーで生み出す県を目指す」ことを掲げた。そもそも福島県にとって震災復興は喫緊の課題であり、ご当地エネルギー(Community Power)事業は新産業分野として雇用創出に繋がるだけでなく、自然エネルギー(太陽光、風力、水力、地熱、バイオマスなど)を対象とした固定価格買取制度(以下、ＦＩＴ)は、発電さえすれば有利な条件で最大二〇年間買取保証される仕組みになっているため、その安定した売電収入は震災復興事業を支える一つの有力な資金としての効果も期待されている。本章は震災当日、偶然にも福島市内で被災したことがきっかけとなり、複数の自然エネルギー事業の立上げに関わることとなった自らの体験を基に、震災復興を目的としたご当地エネルギー事業を紹介する。さらに、未曾有の有事に呼応した自然エネルギー事業にもかかわらず、震災後もまるで平時のように横たわり改革を阻害する具体的問題点も指摘する。

〔コラム〕第1回世界ご当地エネルギー会議

二〇一六年一一月三・四日の両日、福島市で「第1回世界ご当地エネルギー会議(The 1st World Community Power Conference)」が開催され、パリ協定(COP 21)の発効日であった一一月四日に「福島ご当地エネルギー宣言」が発表された。同「宣言」の中で"Community Power"は「ご当地エネルギー」と訳され、〈自然エネルギー導入の計画から設置、運営において地域コミュニティとその担い手が民主的に参加し管理すること、そして地域コミュニティとその担い手が経済的・社会的便益の多くを得ること、それを実践する際には地域のニーズや優先順位に加え既存の社会・文化・環境の状況に配慮しなければならない〉と定義された。

そして、「第1回世界ご当地エネルギー会議」は、「一〇〇パーセント自然エネルギーの未来」を世界的に達成するために、次のような宣言を採択した。

「お互いに協働し、特に地方自治体と協働し、各国政府や世界的関連機関にも働きかけ、開発途上国へそのノウハウの移転を促進しよう」

会議の主催団体は、一般社団法人全国ご当地エネルギー協会(佐藤彌右衛門代表幹事)、認定NPO法人環境エネルギー政策研究所(i-SEP―飯田哲也所長)、世界風力エネルギー協会(WWEA―ステファン・ゼンガー事務局長)であった。彼らは、従来から〈一〇〇パーセント自然エネルギー世界キャンペーン〉を牽引し、世界的エネルギー分散化やエネルギー構造改革のうねりの中で〈主役は地域の人々!〉と訴えてきたメンバーであった。キャンペーンの結果、世界各地で一〇〇パーセント宣言に名乗りを上げる地域や一〇〇パーセント達成した地域が次々に現れた。それらのさらなる加速化を図るため、一〇〇パーセント自然エネルギーに関する貴重な情報の共有と戦略の水平展開の強化が求められた。その実現を図るべく「国際的ネットワークの発足」を目的に開催されたのが「第1回世界ご当地エネルギー会議」であった。

一回目の開催場所には、エネルギー問題について、世界的な広がりで最大の象徴ともいえる福島(FUKUSHIMA)が選ばれた。二回目(二〇一八年)は、アフリカのマリでの一一月開催が予定されている。マリは、電力普及率が約三〇パーセントに過ぎず、自然エネルギー開発が喫緊の課題となっている国を象徴している。

(千葉訓道)

2 ご当地エネルギー事業の事例

(1) 福島市土湯温泉発電事業

本事業は、一つの地域で温泉熱発電(バイナリー方式)と小水力発電を同時に稼働させた日本で唯一の事業であり、その発想の斬新さと共に実現可能性の高い復興事業として早くから注目され、多くのマスコミが報道してきた。平成二五年度版環境白書には「被災地における復興の取組み」として取り上げられ、こども環境白書二〇一四では「自然と調和した復興の取組み」として三陸復興国立公園計画とともに紹介された。さらに、復興庁が平成二五年三月に作成した〈被災地での55の挑戦―企業による復興事例集〉の事例三―二に、「土湯温泉町でのバイナリー発電を活用した地域再生」として紹介され、その成功要因として、

①　地域活性化への強い思いと、経営者としての才覚に優れるキーパーソンの存在。

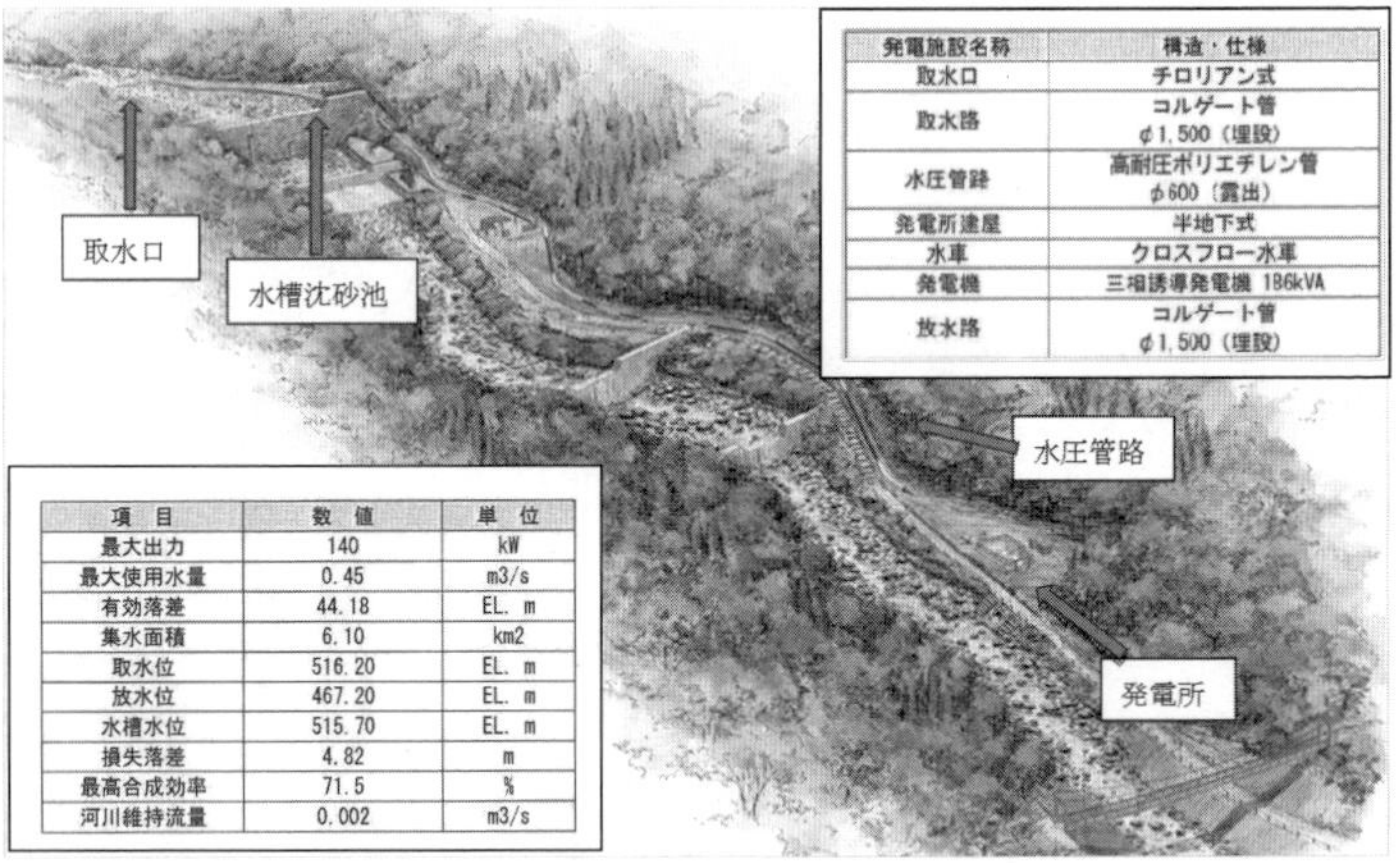

発電施設名称	構造・仕様
取水口	チロリアン式
取水路	コルゲート管 φ1,500（埋設）
水圧管路	高耐圧ポリエチレン管 φ600（露出）
発電所建屋	半地下式
水車	クロスフロー水車
発電機	三相誘導発電機 186kVA
放水路	コルゲート管 φ1,500（埋設）

項　目	数　値	単　位
最大出力	140	kW
最大使用水量	0.45	m3/s
有効落差	44.18	EL. m
集水面積	6.10	km2
取水位	516.20	EL. m
放水位	467.20	EL. m
水槽水位	515.70	EL. m
損失落差	4.82	m
最高合成効率	71.5	%
河川維持流量	0.002	m3/s

［土湯温泉町東鴉川水力発電事業］

総事業費：約3億円（うち補助金は約1億円）、年間発電量：約80万kWh（一般家庭約160世帯分）、売電収入：年間約3,000万円、請負事業者：富士電機（株）（発電機）・田中水力（株）（水車）・清水建設（株）（土木）・（株）ニュージェック（企画設計）、工期：平成26年4月着工・平成27年5月竣工

図1　土湯小水力発電施設全体図

［土湯温泉十六号源泉バイナリー発電事業］

総事業費：約7億円（うち補助金約7,000万円）、年間発電量：約260万kWh（一般家庭約500世帯分）、売電収入：年間約1億円、請負事業者：JFEエンジニアリング（株）（企画・設計・施工）・米国オーマット社（熱交換器・発電機）、工期：平成26年8月着工・平成27年11月竣工

写真1　土湯バイナリー発電装置

② 温泉街の復興計画の中心に自然エネルギー事業を組み込み、国の支援策を導入。

③ 事業化に向け、多岐にわたる実務作業を担う有為な人材確保。

を挙げている（**図1**、**写真1**）。

土湯温泉町は福島市の南西に位置し、約九〇〇年前に書かれた『吾妻鏡』にもその名を残す、長い歴史を持った温泉である。震災前一六軒あった旅館は、建物の崩壊や震災後の観光客の激減により廃業や倒産に追い込まれ、二〇一一年の九月には一一軒にまで減少した。温泉街に旅行客の途絶えた姿を目の当たりにした街の人々は、その年の一〇月二日には町内有志による

「土湯温泉町復興再生協議会」を立ち上げ、次のようなビジョンを掲げた。
① 自然エネルギー発電施設を観光資源化し、流動人口の増加を図る。
② 天然資源はもとより、発電廃熱などの連続(カスケード)利用で二次産業と雇用を創出し、定住人口の増加を図る。
③ 「非日常的エコタウン(省エネ・蓄エネ・創エネの実践及び自然エネルギーによる災害対策を実現する町)」を観光客に体験させる。
④ 「自然エネルギーパーク」を「産官学金民+マスコミ」(後述)と連携して実現し、国内外からの誘客を図る。
⑤ 将来は温泉街の「エネルギー地産自立」を実現する。
⑥ 自力震災復興のシンボルとなるべく、大手資本に頼らず地元事業者だけの力で実現する。
ここで特筆すべきことは、温泉街に古くから存在する天然資源すなわち、
① 高温高圧で良質な源泉
② 豊富な湧水
③ 急流と砂防堰堤が創り出す落差
を利活用し、バイナリー発電所と小水力発電所を同時に建設して、その売電収入(年間約一億三〇〇〇万円)を二次産業に再投資する、といったシナリオである。さらに、発電施設自体も誘客

のための観光資源として活用し、震災以前を上回る街に生まれ変わることも謳われた。また平成二六年度からは福島市の都市再生整備五カ年計画（総額二一億円）も加わり、自然エネルギーによる町おこし事業が継続中である。

土湯の今後の課題としては、

① 発電事業に要した一〇億円余りの投資の回収を果たす。

② 自然エネルギーの連続（カスケード）利用による二次産業の立上げと雇用創出を実現する。

③ 福島市の投資による都市再生整備計画で生まれ変わる温泉街と、観光資源としての発電施設との相乗効果で、どれだけリピーターを増やせるか。

などがある。その解決には町の地元事業者だけの力では限界があり、だからと言って行政の補助金頼りでは従来の体質は改善できず、長続きも期待できない。エネルギーの地産自立事業と昔からの生業である観光業を「公共的事業」と位置づけ、ドイツのエネルギー都市公社（Stadtwerke）にあるような、当該自治体と一体化した「エネルギー&観光都市公社」として運営するモデルも検討する必要がある。

（2）飯舘村発電事業

福島県相馬郡飯舘村は福島市の南東に位置し、森林や田畑が広がり牛が遊ぶ美しい村であった。原発の交付金にも無縁であった約六〇〇〇名の村民は、原発事故当事者と政府の不手際が重なり、事故発生から一カ月以上も避難指示もないまま多くの人々が村内で被曝し、あげくの果て全村避難を強いられた村である。人災である原発事故の被災者が、全村避難、失職、家族崩壊、除染による農地破壊、風評被害など、波紋のように広がる複合厄災で更なる被災者になっていくシンボルとして、多くのマスコミにも取り上げられてきた。

震災から三年が過ぎた二〇一四(平成二六)年、村と国による除染が進み帰村が現実的に近づいてくると、子供は安全に住めるのか、営農再開はできるのか、コミュニティは回復するのか、若者は戻ってくるのかなど、飯舘村で生活することの不安がますます拡大してくる中、村民を中心とした有志が集まり「村民の村民による村民のための発電会社」である飯舘電力株式会社を立ち上げた。また設立当初から、会津電力(株)の佐藤彌右衛門社長と環境エネルギー政策研究所の飯田哲也所長から支援を受けており、次のような双方のリーダーのビジョンを引き継いでいる。

① 人間が生きるために最低限必要な「食料、水、エネルギー」は、地産自立すべきである。
② 自然エネルギー事業は、地域循環型経済の中で育てるべきである。

現在、資金は四十三名の村民を含む民間出資（約四四〇〇万円）と地元信用金庫からの融資を基に、地元ＥＰＣ（Engineering Procurement and Construction）の手によって、村内約五〇カ所に低圧太陽光発電所の建設（総事業費約七億五〇〇〇万円）が始まっている。飯舘村では、六年以上にも及ぶ全村避難が広大な荒れ果てた遊休地を生み、除染のため肥沃な表土を一律深さ五センチ剥ぎ取られた農地も、意を決して帰村してくる農民の営農再開を阻んでいる。さらに、帰村とは将来損害賠償や補償金が途絶えることをも意味し、利潤を生まない土地の固定資産税も新たな重荷となって圧し掛かってくる。

飯舘電力（株）としては、遊休地に五〇キロワット未満の小規模な低圧太陽光発電所を設置し、その売電収入から地権者には地代を、村には納税と寄付により利益を還元している。また営農再開を希望する村民と一緒になって、パネルの下での営農と太陽光発電が共存できる「ソーラーシェアリング」方式を活用し、得られる売電収入をその普及に再投資しながら村民の生業の復活と雇用の創出を目指している。これらの事業を成功させるためには、やはり農民と自治体（飯舘村）が共に出資する公共的株式会社を作り、発電と営農のシナジー効果が期待できるソーラーシェアリングを軸にした「エネルギー＆営農都市公社」として生まれ変わる必要がある。

3　ご当地エネルギー事業の業務と課題

ここでは、ご当地エネルギー事業にこれから挑戦される方々の参考となるよう、前述の土湯温泉と飯舘村で実際に必要となった事業立ち上げに関わる業務を分類し、次に小規模事業者が直面する自然エネルギー発電特有の問題点と、パラダイムシフトを阻害する特筆すべき事業化の壁を紹介する。

(1)　事業立ち上げ業務

土湯温泉と飯舘村発電事業において発生した主な業務は、以下のように分類できる。

①　ＦＳ(Feasibility Study)調査

土湯では、ＦＳ費用として温泉熱発電は環境省から五五〇〇万円、小水力発電は福島市から約一七〇〇万円、ともに補助率一〇〇パーセントの補助金が採択され大変幸運だったが、多くの挑戦者にとってはこのＦＳ資金が大きな負担となる。また補助金の採択を受けても、ＦＳ調査自体が工数を要する一つの小さな事業との覚悟も必要であり、業者選定から始まり、調査実施、合意形成、調査報告書作成、融資(補助金は清算払いのため)など様々な業務があった。

② 自力学習

この事業を進める過程で、様々な分野の専門家と合意形成を重ねていく必要がある。小規模事業者にとって、自らの専門分野以外はすべて自力学習して対応するほかない。特に歴史の浅い自然エネルギー事業には、関係者の中ですら教えを乞う経験者や専門家が少ないだけでなく、ワンストップで相談できる公的機関すらない。さらに補助金を利用すると採択前の発注や契約行為ができないため、最後は入札が待っている業者にとっては、素人の施主からの相談や補助金の採択審査対応は限定的とならざるを得ない。

③ 合意形成

登場する関係者が多種多様なため、小規模事業者にとって最も大変な業務の一つである。中でも大切な業務として、復興再生協議会(これは土湯特有)、取締役会、株主総会、定例会議、戦略会議、開催通知&議事録、広報、関係者への説明会、記者発表、視察案内、周知化手段としての文化事業、イベント開催などがあった。

④ 会社設立

地域発電事業特有のものは少なく、事務所開設、出資・寄付集め、各種登録手続き(弁護士、税理士、司法書士、行政書士、社労士)、経理&会計体系の構築、子会社&ＳＰＣ(Special Purpose Company)設立、就業規則、役員会、株主総会、会社案内&広報、ＩＴ環境、記録&ファイリング、各種教育、リクルーティング、などの業務があった。

⑤　ファイナンス

復興支援と自然エネ普及促進は重要な国策と謳われ様々な助成が林立するが、タイムリーに採択条件が合致するものは少ない。その中から補助金、債務保証、融資、出資&寄付を組み合わせ利用したが、ファンド(市民、グリーンなど)、リース、利子補給などは活用できなかった。

⑥　許認可

縦割り行政の矛盾が凝縮した分野であり、関係する許認可はすべて取得する必要があり、さらに認可までの期間も不透明なため、事業実施計画を最も揺り動かす原因となる。分野としては、建設許認可、設備&運用許認可、設備認定、系統連系、権利(用地と資源の賃貸借権、漁業権、水利権など)、農地法などがあった。

⑦　パートナー

コンサルタント、メーカー、ＥＰＣなどがある。機種の選定により決定したパートナーと、入札・発注・契約・設計・調達・建設工事・検収・支払い・保守・損害保険契約などを行った。

⑧　収益活動

運転資金として、売電収入開始までは資本金以外にも現金収入の道を図る必要があり、視察案内料、ご当地サイダーの開発と販売、ビル賃貸&管理料、他社からの業務委託料などを充てた。

⑨　広報

各種イベント参加、セレモニー（起工式、竣工式など）、講演活動、ホームページ管理、マスコミ対応（記者クラブ投込み、記者会見、取材対応、雑誌投稿など）、視察案内、出資希望者ツアー、広報用パンフレット作成など。

（2）特有の問題点

①　多種多様な業務に比してマンパワー不足

売電収入開始までは無収入のため、柔軟な人的投資や経費投入が困難である。土湯の事業は温泉熱と小水力発電を同時進行させたため、四種の金融機関、三種四本の補助金、ＥＰＣ四社、保守会社二社、親会社二社、子会社二社のコントロールをわずか二名で対応することとなった。さらに発電事業の観光資源化をゴールとしていたため、一〇〇〇名を超える国内外の視察者の対応と各種マスコミ対応が、日常の重要な業務として加わった。

②　不安感

不安定な天然資源、小規模事業者にとっては過大な事業投資額、信用・資金・組織力のない個人事業者、揺れ動く自然エネルギー政策、有事に対する関係者それぞれの意識のずれなど。

③　高額

ＦＳ調査費、総事業費、競争原理や製品標準化によるコストダウンが不可能、事例の少ない保険料、震災復興特需で人件費と材料費が高騰、地元中小企業は請負能力と経験が乏しいため大企業しかＥＰＣになり得ない、系統連系費用と送電網増強費用が事業者負担、など。

（3）　特筆すべき事業化の壁

直接自然エネルギー事業を立ち上げた経験に基づけば、自然エネルギー事業は「この三枚の壁を乗り越えれば誰でも事業化できる」と言い切れるほど突出した事業化の壁がある、と言える。それは①合意形成、②ファイナンス、③許認可の壁である。

合意形成について

合意形成を求める対象としては、一般的に「産官学金民＋マスコミ」が挙げられる。「産」とは、発電稼働前のＦＳ調査、設計、調達、施工などを行うメーカー、コンサル、ゼネコンなどや、稼働後の運営、保守、廃材処分などの会社、および売電先としての電力会社がある。ここで特質すべき問題点は、大企業論理の壁である。温泉熱と小水力発電の場合、地元の中小企業は請負側としてのノウハウも経験も持たないため、必然的に事業の骨格業務はすべて大企業との契約となり、小規模事業者はあらゆる場面で大企業の論理にさらされることとなる。ビジネスボリュームが小さければ採算割れするため、大企業は手を出さない。また取引ルールは大企業間をベースに出来上がっている。すなわち、承認規定やコンプライアンスなどが、信用度の低い小規模事業者を対象としていないため、しばしば大切な場面で会社の承認が出ない。要は、大企業ほどリスクに対する糊代がないのである。さらに、我々が電力会社関連の会社と競合する場面では、電力会社を得意先とする大企業に辞退され、企業共同体としての提案を断念せざるを得ないこともあった。今後自然エネルギーを裾野広く普及させるには、大企業に取捨選択権を与えるのではなく、地元企業がオーナーシップを持ち、地域循環型経済が回るような仕組みを、行政の力で育てる必要がある。

「官」とは、震災復興、自然エネ普及促進といった国策に関係する国、県、市町村などの行政や外郭団体であり、具体的には経済産業省、資源エネルギー庁、国土交通省、環境省、復興庁、福島県、福島市、飯舘村などとコンタクトした。

ここで痛感したのは、問題解決に特化した政策の選択と集中の欠如である。行政のエネルギービジョンと実行計画に関するリーダーシップの欠如は、無秩序な再生エネルギー事業展開、後追いの規制や制度変更の繰り返し、送電容量のパンクなど多くの矛盾を生み出している。その責任の所在は、縦割り行政に電力会社も加わりますます特定できず、誰も問題解決のオーナーシップを取ろうとはしない。したがって問題解決は期待せず、必然的に補助金と許認可などの話し合いだけとなる。そのときの有効な手段としては、事業関係者との定例会議の席にできれば初回から官に参加してもらい、事業関係者の確固たる一角を担ってもらうことである。その成功例は土湯の震災復興再生協議会である。初回から参加を要請した産官学金民の出席者の間で、広範囲な合意形成が維持されたことが、ずいぶんと事業を後押しした。これは、土湯温泉が重要な観光地であり、協議会参加者にとっても大切な地域であり、自然エネルギー事業がまさに国策と合致していたから成功したとも言えよう。

「学」については、まず視察に訪れた様々な学術機関の関係者を挙げたい。特に、事業の内側からではなかなか気づかない外から見た評価、また外に及ぼす価値、さらには素人では考えも付かないリスク対応策など、専門的アドバイスをもらえたことは大変貴重であった。例えばある大学教授は、「土湯小水力発電の全国的価値は、砂防堰堤に穴を開けたことにある。この実績が全国に六万六〇〇〇カ所ある砂防堰堤すべてに地域小水力発電所普及の可能性を与えた」と賞賛した。以後、新たな挑戦者の喚起を意識して、講演や視察者案内時には必ずこの言葉を紹介している。地元の福島大学地域イノベーション協議会のメンバーからは、機種選定委員会への参画、自然エネルギーのカスケード利用に関するアドバイス、全国への発電事業紹介、外部関係事業者の土湯への紹介、マスコミ対応などの協力をもらった。

「金」とはファイナンスに関わる機関であり、融資、補助金、債務保証、リース、市民ファンドなどについて合意形成を図った。融資は地元信金、公庫、地方銀行、補助金は福島市、福島県、資源エネルギー庁、NEPC、環境省、国交省、復興庁、債務保証はJOGMEC(独立行政法人石油天然ガス金属鉱物資源機構)/ABL協会などがあった。

この中のリースと市民ファンドは、ファイナンススキーム構築の中で学習し検討したが、利用には至らなかった。しかし、自然エネルギー事業者にとって有力なファイナンス手段の一つである。リースの特徴は、①資産にならない、②事業開始当初から黒字、③固定金利、④保険料不要、⑤業務の省力化など、資金力や労働力が乏しい小規模事業者にとって、メーカーとの直接取引に比べ利益は減るが、それ以上に様々なリスクが回避できる。リース会社にとっても、発電した翌月から長期にわたりFITによる売電収入が保証されている事業であるため、魅力あるリスクの少ない物件である。ただし、担保も保証人もない我々へのリース会社の条件は、JOGMECによる債務保証であった。JOGMECの債務保証対象は、預金機能を持つ民間金融機関であったため、リース会社に対する債務保証は実現しなかった。地熱発電普及のためにも、ぜひ債務保証対象の緩和を強く要望したい。

また市民ファンドは一般市民に出資を仰ぎ、出資期間中はその配当以外にも地元産品や宿泊割引券を季節ごとに届けるなど、事業に対する一体感の醸成が可能となる。土湯の観光業にとって、また飯舘村の周知化のためにも、観光リピーターの囲い込みや復興支援者との協働意識が持続できる有力な手段と考えた。逆に不安要素としては、①ファンド会社に支払う立上げ費用と管理維持費が安くはない、②期待通り資金が集まる保証がない、③ファンドの維持管理の工数と人件費が必要、④契約条件が更なる事業展開の足枷になり得る、などが挙げられる。

「民」とは、天然資源を利用する場所に利害関係を持つ地域住民、広く投資や寄付を仰ぐ出資者、市民活動により自然エネルギー事業を立ち上げる場合の有力な協力者になり得るNPO／NGOであり、これらは産官学金民の中で最も重点的に合意形成を果たすべき人々である。地域住民との合意形成について、土湯温泉町と飯舘村とでは極端に大きな違いがあった。土湯の場合は、震災半年後には温泉街から宿泊客が消え、震災による町の破壊だけでなく旅館の廃業や倒産を目の当たりにして、すべての住民が高いレベルの不安感を覚え、何とかしなくてはとの必死な思いが共有された。その一カ月後に結成された震災復興再生協議会の初回会議で、「鉄は熱いうちに打て」の格言通り、皆から要請を受けて就任したリーダーが提案したミッション&ビジョン&戦略が合意された。すなわち、長い時間を掛けて合意形成を熟成したのではなく、瞬時に合意形成を果たしたと言える。さらに素晴らしいのは、その協議会メンバーとして初めから産官学金民関係者が参画しており、その場面を多数のマスコミが取材&報道したことは、まさに理想的合意形成だったとも言える。

対照的に、約六〇〇〇名の村民が様々な場所に全村避難している飯舘村の場合は、①村民同士の日常対話がない、②迅速で効果的広報手段がない、③多くの村民が避難場所で新しい生活を立ち上げることが最優先課題である、といった状況下では、我々のような小さな自然エネルギー事業に関する合意形成など不可能であった。したがって、村民からの確かな感触が得られないままの不安な事業展開が続いている。

「マスコミ」は、広報力のない小規模事業者にとって欠かせない存在であり、広報だけでなく信用創出にも大きな貢献をしてくれた。例えば、日経新聞の全国版の朝刊に特集記事として掲載された事実が、融資審査の潤滑油になったこともある。また、全村避難となった飯舘村村民に対する広範囲な広報手段として、村役場が月一回発行する『広報いいたて』があるが、一民間事業会社の活動などはその記事対象として適さないと判断された。そこで会社設立説明会や起工式、竣工式などのイベントのたびに、記者会見や取材の時間を設け、積極的にマスコミ対応を心掛けた結果、ＴＶ、新聞、雑誌などが長期間にわたり様々な切り口で報道してくれたため、国内外からの視察者の増加や未知の方々からの出資や寄付にまで繋がっている。このようなマスメディアによる成功体験を発展させて、次はソーシャルメディアの活用にも挑戦したいと考えている。

ファイナンスについて

震災復興と自然エネルギー導入促進は国策だとはいえ、担保も信用もない新規小規模事業者に億単位の融資をすることは金融機関にとってハイリスクに違いない。しかしＦＩＴにより、売電開始の翌月から長期間安定的に売電収入が保証される自然エネルギー事業に対する融資は、必ずしも無謀な融資ではなかったはずである。

飯舘では第一期事業に約二〇〇〇万円、第二期事業に約二億円、土湯では小水力とバイナリー発電合わせて約一〇億円の融資を受けたが、あらかじめ差し出せる担保はなかったため以下のような融資スキームとなった。

① 飯舘第一期事業(約二〇〇〇万円)—信用金庫一行が、太陽光発電設備を動産担保(以下、ＡＢＬ)、東北電力からの売電収入を債権担保とした。

② 飯舘第二期事業(約二億円)—信用金庫と地方銀行の協調融資で、ＡＢＬと売電債権担保とした。

③ 土湯バイナリー&小水力発電事業(約一〇億円)—内訳は小水力発電が約三億円、バイナリー発電が約七億円である。経済産業省と福島県から補助金合計約一億六〇〇〇万円を受けたが、補助金は清算払いのため、信用金庫と日本政策金融公庫からは短期長期融資合計で約一〇億円余りの協調融資を受けた。公庫からは無担保&無保証人の「資本性ローン」

を紹介された。信金は融資額の八〇パーセントはＪＯＧＭＥＣの債務保証、残り二〇パーセントはＡＢＬを担保に、メインバンクとしてＪＯＧＭＥＣとの交渉、公庫との協調融資交渉に尽力してくれた。地産地消を目指す自然エネルギー事業は、地域民間事業者の手で立ち上げるべきだが、事業者に密着して支援してくれる地元信金の存在は重要である。

ここで発生した問題は、複雑なファイナンススキームが原因であった。各関係機関は固有の審査条件を有するが、その一部がお互いに矛盾している場合それらが複雑に絡み合い、結果として、どの機関からも承認が凍結してしまう現象が発生した。

① ＪＯＧＭＥＣの債務保証の条件は「金融機関の融資証明書」
② 金融機関の融資条件は「ＪＯＧＭＥＣの八〇パーセント債務保証」
③ 補助金の採択条件は「融資証明書入手前の契約と発注、工事開始などの禁止」
④ ＥＰＣは「正式発注なしでは最終事業価格は確約できない、融資証明書なしでは発注は受け付けない」
⑤ 金融機関の協調融資条件は「事業費の確定と協調融資額の配分の確定と両行同時期の融資承認」

このような事態が発生したのは、我々のようなファイナンスの素人が、その時々に世の中に存在している制度に飛びつき、個々の採択条件に取捨選択された結果行き着いた融資スキームだったからである。このような現象の再発防止は、個々の制度を少しずつ見直す前に、全体をワンストップで見渡せる専門家を一日も早く育てることと考える。

最後に、補助金制度とＪＯＧＭＥＣ債務保証制度を、事業者側からみた長所と短所で比較してみたい。

補助金は、

（長所）国の厳しい審査の末採択された事実は、信用力のない小規模事業者にとって様々な場面で信用保証となる。また万人にとって、返済する必要がない金ほど魅力的なものはない。

（短所）しかし、事業者に「ぜひ事業を成功させて返済するのだ！」といった意欲を醸成させない。また、行政側の主要な業務が補助事業の「募集・審査・分配・監査」になってしまい、事業の成功に向けて事業者に寄り添う姿勢はない。特に国の補助金は、公募条件が厳しい、手続きが煩雑、タイムリーでない、審査業務が冗長、審査担当者の顔が見えない。補助金こそ、より現場に近い地方自治体に早期に権限移譲すべきである。

ＪＯＧＭＥＣの債務保証制度は、

（長所）十分な担保を持たない事業者にとって、債務保証は大変ありがたい。また、事業者側が作成した事業計画書とＦＳ調査書を、審査の過程でファイナンスと技術各々の専門家グループが再点検することとなり、問題点の改善、経営体質の強化、リスク未然低減策、さらに万が一リスクが発生した後のリカバリープランに至るまで、事業が失敗に至らぬよう事業者に寄り添い個別対応に徹してくれた。年二回の債務保証料を支払いながら、継続的に監視されることにはなるが、融資完済まで事業者の緊張感が維持される。

（短所）　審査内容が重厚長大なので、事業規模に応じた審査内容の質と量の調整能力（Scalability）が必要である。

許認可について

太陽光発電が短期間に加速度的に普及した大きな要因の一つは、この許認可手続きが簡素であったからと言える。しかし現在は、経済産業省と電力会社によるエネルギー政策（ＦＩＴ制度見直し＆出力抑制＆系統接続拒否＆送配電網増強費用の事業者負担など）の度重なるルール変更に翻弄され、事業性に暗雲が垂れ込め始めている。ここでは縦割り行政を象徴する各種関係法令の許認可の種類が、太陽光と比べ圧倒的に多い地熱と小水力に関する許認可に限定して実例を紹介する。

当初から予想された主な関係法令としては、

①設備認定、②系統連系、③電機事業法、④河川法、⑤砂防法、⑥自然公園法、⑦森林法、

⑧文化財保護法、⑨温泉法、⑩漁業法、⑪消防法、⑫国有林野法、⑬労働安全衛生法などがあった。

我々が採択された経済産業省の「福島県市民交流型」補助金の採択条件は、自然エネ普及のための見学体験施設の併設であった。関係法令である⑦森林法によると、保安林解除には三年ほどかかるが、線形構造物は一メートル未満、建物は五〇平方メートル未満、総面積は合計五〇〇平方メートル未満であれば、解除手続きは不要である。補助金採択後に県から指摘を受けたため、解決策は採択された見学体験施設の基本設計内容の縮減しかなかった。急な山道の階段は、小学生が自由に行き交えない幅九九センチに、屋根があると建物扱いになるため発電装置はむき出しとなり、隣接する視察スペースの上にも屋根を設置できないことになった。さらに、採択内容変更に要した補助金の計画変更届け出手続きも、大変手間の掛かるものであった。

また⑪の消防法関連の危政令(危険物の規制に関する政令)には「保有空地確保義務」がある。標高約五〇〇メートルの源泉エリアは、高温源泉の安全管理のため一般人の出入りは職員によりゲート管理されている。そのゲートからさらに奥の源泉に続く山道の窪地にバイナリー発電装置が設置されるが、普段は保守の職員しか往来しない場所である。発電装置は第四類危険物である低沸点媒体ペンタンを使って熱交換するため、その装置の外周をなぞるように幅五メートルの消火用保有空地の設置を求められた。消防本部との話合いは収束点を見いだせず、我々の作成した嘆願書を消防本部→県→消防庁→総務省まで上げてもらったが、しばらくして戻ってきた回答は「減免に値しない」であった。その結果、窪地の大掛かりな造成が必要となり、想定外の追加造成費用の発生と、造成に伴う新たな許認可(保安林伐採や砂防法や市条例など)手続きの発生に繋がった。

その他、進めていく中で新たに発生し対処が必要となったものとしては、

⑭白抜き地、⑮水質汚濁法、⑯煤煙濃度、⑰橋梁耐重量、⑱電線移設、⑲福島市との土地と温泉資源賃貸契約見直し

などがあった。

⑭の白抜き地の例では、一級河川の支流のさらに上流の水路(水利権もない)に、取水口を建設するため測量した結果、既存の公図や字切図と照合すると、地権者不明の細長い土地が水路脇に浮き出てきた。測量図は上記法令の④⑤⑥⑦などの申請書に添付する必要があるため、関係する民地所有者、国交省、河川所有の市河川課と協議したが、解決策は見いだせないまま、財務局、法務局と渡り歩き、申請書提出までに四カ月を要した。

以上、許認可の壁の一部を紹介したが、高い理念を掲げ有事を克服しようとする事業者にとって、震災後もまるで平時のように横たわるこの許認可の世界が、最も挑戦する意欲を削ぐ壁であることは間違いない。

4　まとめ

以上、既に稼働しているご当地エネルギー事業の事例および問題点を紹介した。一〇電力会社による中央集中型大規模発電体制の下で、自然エネルギーによる地域分散型小規模発電を普及させるために「良きも悪しきも成功例に学べ」となると、自然エネルギー先進国ドイツの九〇〇社にも及ぶStadtwerke（エネルギー都市公社）に行き着く。住民と自治体が出資したその地域に適した規模の都市公社が、エネルギーを中心とした公共サービスを担い、役所に代わる地域行政の実行部隊として活動し、その収益は地域ニーズに即した公共サービスに再投資される。まさに「地域循環型経済」が自治体自身の体質を強化する仕組みである。元来、ご当地エネルギーは、その地域の中心的生業と、ＦＩＴを活用した自然エネルギー事業とのシナジー効果を目指しているので、その生業とは農業でも観光業でも構わないわけである。さらに、小規模事業体制で自然エネルギー事業に手を出した筆者としては、次はぜひ自治体と手を組み都市公社の一員として、地域ニーズに合致した公共サービスの提供や、地球温暖化対策にまで貢献できる活動がしたいと、心から念じるばかりである。

第3章　地域循環型社会としての新たなコミュニティの創発

1　はじめに

本書を貫く問題意識は、仙台・広瀬川水系モデルを具体像とする「地域循環型社会」を構想することにある。その背景にあるのは、以下の三点である。

一つは、「3・11」（東日本大震災）という複合厄災（大地震・大津波・地盤沈下・原発災害）が、エネルギーの面では何よりも再生可能エネルギーすなわち自然エネルギーへの転換の必然性を明らかにしたこと。二つ目は、そもそも主要資源を輸入しながら、工業製品を輸出する高経済成長モデルの終焉が鮮明になっていること。三つ目は、グローバリゼーションの浸透により地域社会の破壊・解体傾向が急速に進んでおり、その単なる再建を超えて、あるべき地域社会を構想することの意味が問われており、そのために、それぞれの地域に賦存する資源を明らかにすることが不可欠となること。

そこで本章では、地域コミュニティの再生について地域循環型社会の創発という視座から考察を試みることにする。

2　地域循環型社会の創発と地産エネルギー

(1)　地域循環型社会と自然資源

地域循環型社会の創発を試みようとすれば、まず見定めるべきことは地域(圏)内に理論上潜在的に存在する資源についてであろう。周知のように東北には豊かな自然資源が賦存することはよく知られてきた。水資源、森林資源、建設材料資源、鉱物資源をはじめ現在の技術を前提とすれば水力、地熱、温泉熱、バイオマス、風力、太陽熱、バイナリーなどのエネルギー資源がそうである。

もちろん、いわば自立可能なコミュニティとしての地域循環型社会が成り立つためには、エネルギー資源だけではなく、食糧／食料や水、住居(建築材料)および地域文化等についての自存自立も重要課題となる。そのためには、賦存する各種資源を適切に活用するための工夫が不可欠であるのは言うまでもない。仙台・広瀬川水系モデルを構築するとすれば、このような視点からの発想が必要となろう。

もともと広瀬川は、名取川水系の名取川支流の一つであり、その中流域がちょうど仙台の中心部を西から東に貫流する形をとっている。ただし、仙台の市街地は広瀬川が刻んだ河岸段丘の段丘面に位置し、市街地と川面には数十メートルの段差がある。仙台の市街地と広瀬川が、このような地形的・地勢的な位置関係となった背景には、一七世紀に仙台城（青葉城）を築城した伊達政宗の意向が反映していた。政宗は、東と南が断崖をなす天然の地形を生かしながら、標高およそ一三〇メートルの山の上に築城し、その対岸の広瀬川が造出した河岸段丘に城下町を建設したのであった。

河岸段丘と広瀬川との間に数十メートルの段差があるということは、河岸段丘の上に立つ城下町が広瀬川から直接利水することは不可能だったことを意味した。政宗の時代に、こうした状況への対策として山岳にトンネルを掘り、渓谷を跨いで広瀬川の水を城下町まで導き入れながら全体に行き渡らせる大掛かりな工事が進められた。それが、地元仙台で長く活用され重宝されてきた四ツ谷用水である。水田の灌漑等の農業用水、飲料をはじめとする生活用水や消防用水などに使われ、藩政時代には醸造・染物・湯屋などの産業用水としても、さらに明治期には数多くの製糸工場の工業用水として利用されたという記録が残っている。

また、流れの速い用水は、一八世紀には水車の動力源としても使われ、特に手挽きや踏み臼に代わって精米用に用いられたことも伝わっている。さらに広瀬川とエネルギー活用の関わりという意味では、燃料の調達にいわゆる木流しが行われていたことが注目される。広瀬川の上流域の大倉山等で伐られた木は広瀬川に投じられて城下まで運ばれ(広瀬川流木)、他方、仙台の中心部から見て西南西に位置する秋保の山奥で伐られた木は名取川に投ぜられて城下に集積された(名取川流木)。

地域循環型社会という視点からは、さらに仙台城付近の山林に、食用植物すなわち栃・楢・櫟《くぬぎ》・栗などの木の実や蕨・葛・野老《ところ》・山ゴボウ・ミズ・ウルイなどの山菜が育っていたことが自給体制という点において銘記されてよいだろう(佐藤昭典(二〇〇七))。

すなわち、現代にそのまま当てはまるわけではないが、江戸期の仙台藩において、その藩運営が自然資源を基盤としつつ行われていたことは大いに注目に値するとみられる。

〔コラム〕 四ツ谷用水から発想する都市の未来像

広瀬川が町なかを流れ、四ツ谷用水をはじめとする広域の水のネットワークを持つ仙台において、流れる水を活用した地産地消エネルギーによる都市の将来像が描けるのではないかと考えている。

化石燃料の枯渇や地球温暖化など、我々が抱える問題解決の糸口は、自然の恵みを利用することに見いだせると思う。流れる水はまさに再生可能エネルギーそのものであるし、水によって涵養された大地や育まれた緑はヒートアイランド抑制にも効果的である。すなわち都市のエネルギー負荷を抑制する効果も期待できるのだ。さらには、わずかな流れからもエネルギーを取り出せる小型水力発電技術や、年間を通じて温度変化の少ない河川や用水の水を熱源とした効率の良い冷暖房システム、さらには地下水が豊富な仙台の特徴を生かしての地中熱利用など、未利用の自然エネルギーを活用する現代技術は年々進歩している。地球環境にやさしく環境負荷の少ない持続性のある都市像の実現に、豊かな水環境を手がかりとした具体案の策定に本気で取り組んではいかがだろうか。

土木遺産にも認定され、四〇〇年にわたって使われ続けている四ツ谷用水の水を活用することができれば、防災的見地からも極めて有効であるし、省エネ・低炭素、循環型のまちの仕組みを構築できれば、まさに「仙台らしさ」にも繋がるだろう。河岸段丘という傾斜を持った土地ポテンシャルに恵まれ、広瀬川や四ツ谷用水などの「清流」があるからこそ達成可能な「仙台モデル」は、復興を象徴づける都市の未来像として、世界が羨望するに違いないと考えている。

（皆川典久）

（2） 東北における自然エネルギーの賦存

環境省の調査によれば、「3・11」後も、「資源豊国」東北の自然エネルギーの賦存に変わりはないという（環境省（二〇一三）『平成二四年度再生可能エネルギーに関するゾーニング基礎情報整備報告書』)。具体的に示せば、東北の自然エネルギーの導入ポテンシャルは、全国の太陽光の一二・七パーセント、風力(陸上＋洋上)の一七・三パーセント、地熱の二四・四パーセント、中小水力の三〇・四パーセントとかなりの高水準が見込まれている(環境エネルギー政策研究所(二〇一四)。しかも、自然エネルギーとしては種類が極めて多岐にわたるバイオマス資源が加わる。

特に東北は、森林率が七〇パーセントと高く(全国平均は六七パーセント)、木質系(林地残材、切り捨て間伐材、果樹剪定枝、竹)の利用可能性が大きい。もちろん東北における農業地域というもう一つの特徴(二〇一〇年の産業別構成比は、第一次産業が二・六パーセントと全国平均の一・一パーセントを大きく上回る)は、農業残渣(稲わら、もみ殻、麦わら等)や草木系(ササ、スキ等)の資源をベースとするバイオマス発電の可能性を示唆する。またバイオマスには廃棄物系として分類される木質系(製材廃材、建築廃材、公園剪定枝、竹等)や家畜ふん尿・汚泥(牛・豚・鶏・ブロイラーのふん尿、下水汚泥、し尿等)、さらに食品系(加工廃棄物、家庭系や事業系生ごみ)もある。言うまでもなく、こうした資源の賦存はそれぞれの地域ないし地域社会の構造・特性・固有性によって規定されている。

したがって、自然エネルギーの賦存を根拠としつつ、本来的に地域資源立地型産業である第一次産業をはじめ地域資源活用型産業を基軸とする地域循環型社会の創発を展望することは、十分に現実性を有していると言える。

しかも、自然エネルギーの地産地消の実現は、情報技術に支えられながら、既に断熱・日射遮蔽・自然換気・昼光利用等による建築設備の高度化が図られる一方で、自然エネルギーを積極的に導入するZEH(Zero Energy House)やZEB(Zero Energy Building)などとして具体化されている。

すなわち、発送電の分離などの電力改革の進展に加えて、情報技術を技術的基盤とするスマートグリッドとして展開しつつある技術が、地域資源に基づくエネルギーの「地産地消」による地域循環型社会形成への展望を切り開いていると考えられるのである。

言い換えれば、地域資源としての自然エネルギーの「地産地消」を基盤とする地域循環型社会は、L-CE+IT(低炭素化経済社会と情報技術の結合)による新たな地域産業の創発を伴うようなときに、現在の社会とは異なる、その意味においてオルタナティブな社会を展望し得る視座を与えることになろう。すなわち地域に固有の資源に淵源するエネルギーが、もっぱらその地域社会の再生産(=地域に根ざす人々の持続する暮らしの保障)のために利活用されるいわば共同社会がその輪郭を現すことになる。

もちろん、もともと地域社会が必要とするのは電気それ自体というよりも、光であり、熱であり、運動エネルギーである。しかも自然エネルギーは、概してエネルギー密度(単位重量ないし単位容量当たりの取り出せるエネルギー量)が低いと言われる。したがって、いわば標準的な形で現在行われている、必要なエネルギーをまず電力の形にして使用するというスタイルからの転換を必然的に要請するとみられる。

自然エネルギーの開発や利用は、資源の賦存する自然環境に依存し、かつ自然エネルギーを生かそうとする地域社会の意思やその構造に規定されるという意味で優れて土着的(vernacular)な性格を持つ。言い換えれば、必然的にそれぞれの地域の必要に応じて供給が図られる分散型エネルギーシステムになると考えられる。

もちろん、前述したように地域循環型社会においては、エネルギーだけではなく、食糧(料)やその再生産に不可欠な水が、人々の日常の暮らしと有機的に繋がり、依存し合っているとみなければならない。地域社会を構成する様々なファクターが、相互に多くの関係性で結ばれており、その関係性を健全化し、生かすことがエネルギーの利活用を通した地域の豊かさに繋がるからである(新妻弘明(二〇一一)。ここで「関係性の健全化」というのは、人々の生活に関わる関係が、例えば権力による強制を伴う関係や商品経済的な関係ではなく、相互扶助ないし互助による関係として結ばれることを指す。

すなわち地域社会におけるエネルギーの自給は、地域の人々の相互扶助の仕組みがあってはじめて実現し得る側面を持つが、オルタナティブ社会を透視するとすれば、相互扶助に関しては都市との連携・交流をも包摂した仕組みを取り入れる必要がある(新妻弘明(二〇一一)。それは、これまでの都市と農村の二項対立的関係とは異なる、新たな関係、融合ないし相互浸透する高度な関係の構築にほかならない。

もともと日本で生み出された産消提携(生産者と消費者の提携)のアイデアがヨーロッパを経由してアメリカに渡りＣＳＡ(Community Supported Agriculture)となったのであるが(第6章のコラム「コミュニティ支援型農業ＣＳＡ」を参照)、地域循環型社会は、ＣＳＡのようなメンバーシップを前提としつつ、消費者が生産者と連帯し、自らが摂取する食料の生産に積極的・主体的に関わり、相互扶助の関係をベースとするときに現実的となるだろう。むろん、こうした相互扶助のダイナミズムは、いわゆる協同労働の形を取りながら進展し、協同組合などのいわゆる社会的企業のダイナミズムと合流するときにその本領が発揮されると言えよう。

3　新しいコミュニティの具体例

地域循環型社会という現代の新しいコミュニティの創発を試みるのであれば、まずは基本的コンセプトにおいて、いわばそのプロトタイプを示唆する具体例を参照するのが有効であろう。ここでは二つの事例を取り上げることにしたい。

一つは〈自然〉をそっくり受け入れ、自然との共生を実践している「置賜《おきたま》自給圏」（山形県置賜地域）であり、もう一つは、ＰＰＰ（Public Private Partnership）の手法を駆使しながら、基本的には〈民間の力〉を地域の一体性の形成に生かそうとしている「オガールプロジェクト」（岩手県紫波町）である。

（1）置賜自給圏―山形県南部地域の事例

「自立した持続可能な地域」を旗印に実践されている「置賜自給圏」は、山形県南部の八市町（米沢市・南陽市・長井市・高畠町・川西町・小国町・白鷹町・飯豊町）から構成され、面積は約三〇〇〇平方キロ（東京都区の約五倍）、人口約二一万人で、幕藩体制の米沢藩の版図と重なる（**図1**、**図2**）。

運営主体である「一般社団法人置賜自給圏推進機構」を構成している八部会のあり方自体に、その理念が浮き彫りになっている点が興味深い。八部会は、①再生可能エネルギー部会、②圏内流通（地産地消）推進部会、③地域資源循環農業部会、④教育人材育成部会、⑤土と農に親しむ部会、⑥食と健康部会、⑦森林等再生可能資源の利用活用の研究部会、⑧構想推進部会である（以下、菊地富夫（二〇一五）および菅野芳秀（二〇一五）を参照）。

図１　置賜自給圏の位置

図２　江戸末期の米沢藩　(数字は万石)
出典：小野榮(2006)『シリーズ藩物語 米沢藩』現代書館

すなわち、暮らしに必要な資源を置賜地域の森や川や田畑に頼ることで、生活全体の地域自給を高めながら、同時に地域社会の甦生を実現し、それを通して地域住民の健康で文化的な生活を実現する、という考え方が表現されているといってよいだろう。これを、エネルギー、農(業)、自給圏(圏外との関わり方)の三点に絞って、敷衍してみる。

第一に、エネルギーについては、大前提として「山は川を育て、川は海を育てる」があり、地域に賦存する森林や水などの再生可能エネルギー(木質のバイオマス発電や小水力発電)の地産地消を追求するとしている。特に注目されるのは、「循環型エネルギーの町」を目指し、再生可能エネルギーの地産地消に取り組んでいる飯豊町である。同町では、木質ペレット燃料の製造に加えて、山形大学や山本製作所(天童市)と連携し、「飯豊型ペレットストーブ」を開発している。

第二に、農(業)については、戦後日本の農業がたどり着いたケミカル農業というべき現実を批判的に捉えた上で、「土はいのちのみなもと」の徹底を図っている。いのちを支える土の健全性が第一であり、この土といのちとの関係を抜きにして、面積・規模・効率だけを追い求め、結果としてケミカル農業に行き着いた現実農業からの脱却は不可能であることを提起する。

日本農業の実態は「家族農業か企業農業か」の二項対立となってきたが、これを超えて農を志す都会の若者、農を生活の一部に組み込む市民、自給的生活を志向する人々などに農地を開放する仕組み（農民的土地所有と市民的土地利用の共存の仕組み）の構築を目指している。

この農のあり方によって、第三に、自給的生活圏の形成が現実性を持つとされる。自給的生活圏は、地域農業が地域社会に安全な食材を提供し、地域社会の範囲に地域農業の農作物が積極的に取り入れられる関係を組み上げることを追求しようというものである。地域の田畑と人々の暮らしを結び付けることを通して地域の豊かさを取り戻そうという点にその核心がある。

自給圏の形成は、地域資源と直結するエネルギーはもちろん、基本的には食と農について圏外に依存しない体制であるという点で農業を基本とする循環型地域社会の構築という側面を持つ。言い換えれば工業を軸とした産業社会が、地球全体を一つの市場と捉えいわゆるグローバル競争の渦に巻き込まれるのとは対照的な特質を持っている。

工業は、製造の位置と市場との距離という問題は抱えるとしても、場の固有性からは「自由」である点に特徴がある。そのような性格を持つ工業が、グローバルな競争に直面した場合に、労働力や地代がより安い国や地域に製造の場を移転することが近年加速してきた。それに対して農は、仮にこれを産業レベルで捉えるとしても、すなわち農業として捉えるとしても、それぞれの地域に根付いた産業として、その地域の地形や土壌や気象条件などに拘束されながら、それに対応した展開を行い、継続することを原則としてきた。

なぜならば、農業を工業と同様にグローバリゼーションの渦の中にさらすとすれば、農業技術の次元にとどまることなく、化学肥料や農薬の大量使用という点で文字通りケミカル農業の側面を全面化し、さらには生物の示す化学反応を技術的に利用するバイオテクノロジーの採用にまで至ってしまうからである。もちろん遺伝子組み換え食品、食品添加物、食肉へのホルモン剤投与なども陸続きとなってしまうことも否定できない。

置賜自給圏は、「おらが国」の風土によく適合する作物を作り、それを食べ、豪雪地帯という自然に対してはこれに逆らうことはせず、あくまでもその環境の中で生成した産業や文化を受け入れながら、これを圏外に発信していくことが基本だとしている。地域で育った木で家を建てる原則とともに銘記されるべき点である。

こうした自給圏のあり方との関わりで、さらに注目すべきなのは、積極的にグローバル化の動きに対して一線を画そうとしている点である。やや具体的には、例えばTPPやFTAなどのいわゆる国際ルールに組み込まれることを拒否してきたことが挙げられる。このような圏内のいわば一体性を重視するあり方は、例えばドリーム農園(西置賜郡白鷹町)という産直市場において、年間二億五〇〇〇万円の売り上げから、肥料、資材など三〇パーセント相当の生産費を控除した残りすべてを地元に還元している事例にみてとれる。

さらに自給圏の性格を増幅している実践として、長井市における試みがある。同市では、市民と行政が一丸となって、市部から出る生ごみを堆肥にして市内の農地に還元し、その農地でとれる作物（コメや野菜など）が、市民の食卓や学校給食、市内のレストランなどで供されるレインボープランと呼ばれる仕組みが作られている。

以上、エネルギーの地産地消を見据え、土着であることを前面に押し出しつつ、農のあり方を追求し、自給的生活圏の形成という形で地域の一体性を目指すという点において、「置賜自給圏」が、地域循環型社会の構想にとって参照すべき内実を備えているのは明らかであろう。

（2） オガールプロジェクト──岩手県紫波町の事例

岩手県紫波町は、盛岡市と花巻市との間にある、農業（コメと果物と畜産）が主産業の人口約三・四万人の町である。同町は、二〇〇〇年六月に「一〇〇年後の子どもたちに紫波の環境をより良い姿で残す」ことを目指して「新世紀未来宣言」を発表した。それは、町内に暮らす人と人、人と食べもの、人と自然などの関わりを見直し、町内外の人々と広く連携しながら、将来の世代によりよい紫波を引き継ぐ努力をすることを宣言するものであった。

しかも同宣言が契機となって町民の環境に対する意識が高まり、二〇〇一年六月に「紫波町循環型まちづくり条例」が制定された。その基本は、①農業を基本とする紫波町の、健全な土づくり、それに基づく地産地消による有機資源循環、②町産木材を使用した公共施設・住宅の建築による森林資源循環、③焼却ゴミの削減を図る無機資源循環、などとして実行されている。

こうした動きの一環として二酸化炭素（CO_2）排出削減を目的とする、一一の「循環型エコプロジェクトの推進事業」が展開され、低炭素社会の実現に向けた活動も行われてきた。町民の日常の実践活動が、対象事業の趣旨に合致した場合、紫波町内のエコ・ショップしわ認定店で利用できる「紫波エコｂｅｅクーポン券」が交付されるという試みがその具体例である。

まちづくりに関しては、〝協働のまちづくり〟を軸として推進されてきた点に、その理念が凝縮されている。市民が主役の自治の仕組み、市民の公益活動に基盤を持つ環境づくり、地域ごとの課題を明確にしつつ、その解決を通した形での地区コミュニティづくりなど、〝協同〟を前面に押し出したまちづくりが行われてきたとみられるのである。

オガールプロジェクトの中心—オガールプラザ

ここでは、こうした〝まちづくり〟のフレームワークを押さえた上で、町の中心部の活性化を町全体の隆盛に結び付けようというプロジェクト、「オガールプロジェクト」を取り上げよう（紫波町について、猪谷千香（二〇一六）のほか参考にしたＷＥＢ資料は後掲のＵＲＬを参照。ちなみに、オガールというのは紫波の方言で「大きくなる／成長する」を意味する「おがる」とフランス語で駅を意味する〝Gare〟をかけて作られた造語である）。

同プロジェクトは、端的に言えば、町の逼迫した財政により開発が頓挫していた町の中心部

写真１　紫波マルシェ（オガールプラザ）

の町有地をＰＰＰの手法で「更生」させ、町内外から多くの人々を吸引する場に高めることによって、町全体の底上げを図ろうというプロジェクトである。

　同プロジェクトを象徴するのが、文字通り中核施設をなす「オガールプラザ」であり、とりわけその中心に位置する「情報交流館」の中の図書館である。図書館が、同プロジェクトを象徴するというのは、いわばどこにでもある無料の公共施設にすぎない図書館に、より多数の利用者・訪問者（年間九〇万人）を惹きつける工夫を施すことによって、オガールプラザ内の商業施設も含めた他の施設に人々を誘い込む効果を上げているからである。他の施設というのは、子育て支援センター、民営の産直販売所（紫波マルシェ）、カフェ、居酒屋、クリニック、学習塾などであるが、これらのほとんどは県内の事業者がテナントとなっている（**写真１**）。

数多くの利用者を呼び込む図書館を実現するために仕掛けられた工夫を二つ確認しておこう。一つは地元の基幹産業である農業関連の図書を充実させ、農業専門データベース（Ｒｕｒａｌ電子図書館）を構築し、農業にまつわるイベント等を実施して、さらに町民と農家が形成する新しいコミュニティの場としても使えるようにしたこと。もう一つは、図書館とともに「情報交流館」を構成する施設として音楽スタジオやアトリエスタジオ、市民ギャラリーを配置し、趣味・嗜好をともにする町民同士の交流の場を設けたことである。

ここでは、この公共施設としての図書館とそれに隣接する諸施設の関係と構造に注目したいと思う。図書館が人を吸引し、その入館者が、図書館にいわばシームレスに接続している有料の諸施設の利用者＝客となり、集客を実現した施設は手にした収益を税として町に納めるという循環が形成されているとみられるからである。

「オガールプロジェクト」は公共施設という中心を持つが、その中心は市場原理（営利）に対しては基本的に中立である。すなわち、「オガールプロジェクト」の中心は、消費（のトレンド）に対しては超然としており、したがって時間を超えて存続する可能性を持ち、そのことがそこを訪れる人々に自らの気分・機嫌に応じて隣接する商業店等での出費をいとわないように思わせていると解釈できる。ただし、同プロジェクトを推進してきた中心人物（岡崎正信氏）の基本的な考えが、まちづくりのポイントは不動産（土地）「価値」を高めることとしている点は改めて検討する必要があろう。図書館という普遍的「集客装置」を「人気」ある空間に仕立て上げ、多種多様な人々を吸引することができれば、周辺の商業施設等が活性化し、そのことがエリアの不動産「価値」を高め、それが「価値」の上昇した土地を購入できる層を呼び寄せ、町がより活気づくという図式にはたして問題はないかと思われるからである。それは一種の土地の囲い込みであり、場合によっては不動産を巡るマネーゲームを招来してしまう可能性もある。しかし、囲い込みとは違う、むしろ誰でも利活用のできる共有地としての値打を高めることを第一とすべきだと考えたい。地域コミュニティの真髄は、そこにこそあると思われるからである。

オガールプロジェクトの全体構成

オガールプロジェクトは「オガールプラザ」を中心とするが、その他七つの諸施設が全体を構成する形を採っている。

その一つが紫波町役場である。老朽化した旧庁舎から西に、国道四号線、ＪＲ東北本線をまたいで移転した。ＰＦＩ（Private Finance Initiative）の手法で建設し、庁舎は地域材を活用したという特徴を持つ。さらにオガールベースと呼ぶ民間複合施設があり、その中では特にバレーボール専用体育館が際立っている。バレーボールというメジャーとは言い難いスポーツに対する全国のファンをターゲットとしているということだからである。トレンドとは一線を画した、少数ながら確実な層を取り込むという点で、いわゆるロングテールの「安定性」を狙ったものとして注目されるよう。ほかには宿泊施設、コンビニがある。

さらにオガール地区の南には、岩手県フットボールセンターがあるが、これは雨水貯留浸透施設の上に設けられている、日本サッカー協会公認のグラウンドである。このフットボールセンターの西には、多目的体育館（サン・ビレッジ紫波）がある。

このほかには、オガール広場、オガール大通公園が公共事業として整備され、地区の北には紫波町が産業政策の一環として普及を目指すエコハウスを前提として造成、分譲した住宅（オガールタウン）がある。また、オガールプラザのすぐ西側にはエネルギーステーションが配置されており、オガールベース、庁舎、オガールタウンに対してバイオマスによる熱供給を行っている。エネルギー資源の地域循環の試みの第一歩とでもいうべき役割を果たしている。

以上が、ＪＲの駅に接続する町の中心部を活性化することによって町全体の隆盛を図ろうという岩手県紫波町のオガールプロジェクトの概略である。もちろん、上記の「不動産価値の上昇」によるまちづくりの問題と並んで、公共サービスを含む各種事業をＰＰＰの手法で実施してきた点については、全体のスキーム、各事業の内実と運用実態などの踏み込んだ分析と評価が不可欠となろう。

例えば、民(Private)といっても、民間企業だけでなくＮＰＯや市民を含むことを考えれば、どの立場、どのビジョンがＰＰＰをリードするのかによって、全体の動向が左右されるだろうからである。行政が最初の基本計画を作り、そのファイナンスの側面を民間企業が担当するＰＦＩとは違って、ＰＰＰは事業の基本計画そのものにも民間企業が関わる手法にほかならないからである。したがって、民といっても、むしろ抑制されいわば手なずけられた市場原理としての〈民間の力〉が形成されたときに、紫波町が目指してきた〝協働のまちづくり〟という花が開くことになると捉えるべきであろう。すなわち、地域循環型社会の形成を展望するに当たっても、協同性・協働性が地域の凝集性を実現するような仕組みをいかに構築するのか、それが問われることになると考えられるのである。

4　まとめ――地域循環型社会の前景化ないし現実化

（1）　地域循環型社会「現実化」の経緯

本章の冒頭に述べたように、地域循環型社会のデザインを試みようというのは、「3・11東日本大震災」という複合厄災（大地震・大津波・地盤沈下・原発災害）に遭遇したことがきっかけであった。

いわば近代技術文明の象徴ともいうべき「耐久消費財」が、大津波によってさらわれ一瞬にして瓦礫と化しつつ、次々に人々を強襲する状況に息をのみ、戦慄を覚えたことが大きく関与していた。しかも、「耐久消費財」というのは、クルマを別にすればその大部分が、いわゆる電化製品が中軸であった。電力を前提とする生活様式があまねく広がってきたことがその背景にあった。したがって「瓦礫からの脱出」は、いわば所与の電力供給圧力をかわすこととも深く関わる。言い換えれば近代技術文明の相対化を追い求めるとすれば、少なくとも電力エネルギーについては主体的・自覚的に、再生可能エネルギー、すなわち自然エネルギーを選び取ることが基本となろう。それは、改めて人と自然との共生を追求する課題に取り組むことを意味する。

前節では、人と自然の共生を射程に入れた循環型地域社会形成の試みを概観したが、取り上げた二つの事例は、もちろん「3・11東日本大震災」の発生以前から取り組まれてきたものである。

本書の問題意識は、仙台・広瀬川水系モデルを具体像とした「循環型地域社会(スマートコミュニティ)」を構想することにあるが、「地域」における自然環境の骨格をなす河川を軸とした流域圏としての地域社会の構想という点では、既に第三次全国総合開発計画(三全総、一九七七年)の中で、定住圏構想としての「流域圏構想」というアイデアが提唱されていた。また、歴史的に農耕社会と一体的に形成されてきた流域圏を基盤とする水循環システムに焦点を定めた「自然共生型流域圏」(吉川勝秀・石川幹子・岸由二)や「流域都市論」(吉川勝秀)などの議論も行われてきた。

一方、一九八〇年代には、地域で生産された食糧農産物をそのまま地域社会で消費し、しかも食品の安全性や品質について、生産者(地域農業)と消費者(地域生活)が完全に同一の価値基準を持つような、いわば協同に基づく地域社会を意味する「定食圏構想」(吉田喜一郎)なども提唱されていた。

しかし、これらのいわば先駆的な地域社会構想は、多くの人々に受け入れられ、全国各地で広く、その具体的実践が行われてきたわけでは必ずしもなかった。むしろ一九八〇年代から九〇年代に「暴走」を続けたグローバリゼーションの波に、産消提携/域産域消による一体的地域形成という理念は呑みこまれ、かえって地域社会の解体が急速に進んだのであった。

もちろん、このような地域社会の解体という現実に直面して、地域社会の再生や地域自給圏の形成を構想する試みが湧き出てきたのは、まさに市場原理主義が牽引する形で浸透するグローバリゼーションがもたらす負の側面を解消するということがあったがゆえと考えられる。負の側面というのは、グローバル化の内実を表す農業の国際分業化および農産物貿易自由化が、農業の本質をなす生産者と消費者の連携を分断し、人を育む人と自然の関係を消滅させ、さらに生物多様性や生態系の形成・維持を実現する自然の連関を断ち切ることなどを示す(蔦谷栄一(二〇一四))。したがって、こうした状況から脱すべく、グローバル化を相対化し、産消提携の関係の中で直接農産物を供すような小さな循環、地域循環社会を構想する試みが前景化したと言えるだろう。

このような中で、地域循環型社会構想にとって、「3・11東日本大震災」が決定的な要因となったのである。特に注目されてきたのが、内橋克人氏の「FEC自給圏」構想であろう。大震災からの復旧後の本格復興に際して、「Foods(食糧)」「Energy(エネルギー)」「Care(人の育成・福祉)」について地域内自給を実現すべきという「自給圏」を提案したのであった。

「FEC自給圏」構想を、具体化しようとしているのが山形県庄内地方の「庄内FEC自給ネットワーク」である。既にF(食糧)の領域での地域内資源循環の試みが進み、E(エネルギー)領域では、太陽光発電事業の計画が進み(遊佐町)、さらにC(福祉)では酒田市において「日本型CCRC(Continuing Care Retirement Community)構想」を実施に移そうというところまで至っている。CCRCは、コミュニティの形成・維持の目的を持ち、まだ十分活動できる段階での高齢者の移住が前提となる「継続ケア付き定年退職者コミュニティ」を指す(『季刊　社会運動』二〇一六、一〇号)。

（2）地域循環型社会「現実化」の時代状況

以上にみたような、人々がその生活日常を、完結する地域社会において営むことをむしろ積極的に選びとろうとする傾向は、いわゆる共同体に対する社会意識ないし時代意識の変化を示すものにほかならない。

それは端的には、例えば共同体を封建遺制とみなし、したがって否定ないし超克の対象と捉える視点から、むしろ近現代の様々な負の側面を相対化する契機をそなえ、人と自然との共生を実現し得る可能性を持つものとして、再生ないし、より積極的に創発(Emergence)すべき対象として捉える視点に転換したことを表している。言い換えれば共同体が、人類の歴史のある段階に特有のものとする見方から、人間社会にとって普遍的であり、したがって歴史貫通的な性格を持つものだとする見方に転換したことを意味する。

しかも、日本の共同体は、その底流に自治の仕組み、それも自然と人間の自治という点に本質を持つ自治の仕組みを持続させてきた点(内山節(二〇一五))は注目に値する。あくまでも人間社会の自治でしかないヨーロッパに生まれた自治とは差異化される性格を持つからであり、特に、大震災後に前景化している人と自然の共生としての地域循環型社会の創発にも大いに関わると思われるからである。

自然と調和する形で共同体としての地域社会が持続し得る仕組み、それは自然に支えられながらその地域社会を創発するための労働の繋がりによって担保されると言えよう。それは本書が追求する、仙台・広瀬川水系モデルを具体像とする循環型地域社会の構想にも通じるものがあると言えるのではないだろうか。

参考文献

・石川幹子(二〇〇五)『流域圏プラニング―自然共生型流域圏・都市の再生』技報堂出版
・猪谷千香(二〇一六)『町の未来をこの手でつくる―紫波町オガールプロジェクト』幻冬舎
・井口隆史・桝潟俊子(二〇一三)『地域自給のネットワーク』コモンズ
・内橋克人(二〇一一)『共生経済が始まる―人間復興の社会を求めて』朝日文庫
・内山節(二〇一五)『増補　共同体の基礎理論』(内山節著作集一五)農文協
・環境エネルギー政策研究所(二〇一四)『自然エネルギー白書二〇一四』
・菅野芳秀(二〇一五)「地域が自立するということ―置賜自給圏づくりの思想」(『季刊　変革のアソシエ』No.20, 社会評論社)
・菊地富夫(二〇一五)「私の置賜自給圏―村で豊かさと便利を問い直す」(『季刊　変革のアソシエ』No.22, 社会評論社)
・国土庁計画・調整局編(一九八三)『定住構想と地域の自立的発展―三全総フォローアップ作業』大蔵省印刷局
・齋藤仁・大鎌邦雄・両角和夫編(二〇一五)『自治村落の基本構造―「自治村落論」をめぐる座談会の記録』農林統計出版
・佐藤昭典(二〇〇七)『利水・水運の都―仙台』大崎八幡宮
・清水純一・坂内久・茂野隆一(二〇一三)『復興から地域循環型社会へ』農林統計出版
・庄内ＦＥＣ自給ネットワーク(二〇一六)「『共生経済』を地域で回す!」(『季刊　社会運動』No.424, ほんの木)

・蔦谷栄一（二〇一四）『地域からの農業復興』創森社
・中村太和（二〇〇一）『自然エネルギー戦略』自治体研究社
・新妻弘明（二〇一一）『地産地消のエネルギー』NTT出版
・半田正樹（二〇一三）「共同体的編成原理の射程」（『季刊　経済理論』Vol.50, No.3, 桜井書店）
・吉川勝秀（二〇〇四）『人・川・大地と環境―自然共生型流域圏・都市に向けて』技報堂出版
・吉川勝秀（二〇〇八）『流域都市論―自然と共生する流域圏・都市の再生』鹿島出版会
・吉田喜一郎（一九八三）『定食圏型農業の実践』家の光協会
・横山明彦（二〇一五）『新・スマートグリッド』一般社団法人・日本電気協会新聞部

オガールプロジェクト　WEB参考資料

・猪谷千香「岩手県紫波町『オガールプロジェクト』補助金に頼らない新しい公民連携の未来予想図」
http://www.huffingtonpost.jp/2014/09/10/shiwa_n_5795002.html
・HOME'S PRESS 編集部「【岩手県紫波町　オガールプロジェクト①】この〝公民連携モデル〟の何がすごいのか？」
http://www.homes.co.jp/cont/press/reform/reform_00209/
・HOME'S PRESS 編集部「【岩手県紫波町　オガールプロジェクト②】オガールタウン、紫波型エコハウスの実力」
http://www.homes.co.jp/cont/press/reform/reform_00211/
・鎌田千市「紫波中央駅前都市整備事業　～オガールプロジェクト～」
http://www.eu-japan.eu/sites/eu-japan.eu/files/Kamada_JP.pdf
・黒田隆明「一〇年以上放置された駅前に、年間八〇万人―オガールプロジェクト（1）公ができなかったから民がやる」
http://www.nikkeibp.co.jp/article/tk/20150216/435677/

・黒田 隆明「なぜ「消費を目的としない人」を集めるのか？—オガールプロジェクト（2） 仕掛け人・岡崎正信氏に聞く」
http://www.nikkeibp.co.jp/article/tk/20150216/435648/
・木下斉—まちビジネス事業家「リアルな地方創生は、補助金に頼らない」
http://toyokeizai.net/articles/-/56603?page=2

第4章　エネルギーの面から「暮らし方」を見直す

1　はじめに

一八世紀後半から一九世紀初めの産業革命以後、人類は石炭、石油などの化石燃料をエネルギー源として現代文明を築いてきた。過去数億年かけて固定した太陽エネルギーをわずか二〇〇年ほどで、つまり蓄積された速度の一〇〇万倍以上の速度で消費したことになる。そのため急激に温室効果ガスの濃度が増え続けながら、今日に至っている。

近年、地球温暖化によると言われる海面上昇・洪水・ゲリラ豪雨・干ばつなどの異常気象による被害が多発しており、このままでは、今後も更なる不安定な気候変動による水や食糧の不足などで、生命に関わる深刻な状況が予想されている。

本書では二一世紀に入った今、「水系モデル」の自然エネルギーを基調とした地域循環型社会システムを提起することを踏まえ、本章では自然エネルギーの恵みに寄り添い、地域での循環型システムに見合った「暮らし方」の見直しを提案するものである。

二〇一六年一一月四日、新しい地球温暖化対策の国際ルール「パリ協定」で世界が脱炭素社会へ向けて舵を切った。二〇五〇年までに地球規模で温室効果ガス排出ゼロを目指す。世界第五位の排出国である日本は「二〇五〇年までに二〇一〇年比で八〇パーセント削減」の長期目標を決定した。かなりの努力を要する目標値である。

世界自然保護基金(WWF)は、世界中の人々が日本人と同じような暮らしをした場合、世界中で必要な食料や水、木材などの自然資源の量は、地球が安定的に供給できる量の二・三倍になってしまうと警告をしているが、私たちはその自覚なく毎日を過ごしている。

二一世紀に入った今、私たちは多様な科学技術に支えられ便利な生活を送っている。クルマ、家電製品のみならず、ペットボトル一つでも機能性向上や省エネ化といった名の下で次々に新製品が開発され、便利な生活を営むことが可能となった。

しかし、科学技術開発や商品の流行は、得てして大量生産・大量消費を目指し、その結果として大量廃棄という行き過ぎを伴う。資源が限られ、国土も狭い我が国では資源を輸入に依存しており、ごみ処理場も逼迫する中で、容器包装リサイクル法(二〇〇〇年)を皮切りに、家電リサイクル法(二〇〇一年)、食品リサイクル法(二〇〇一年)、建設リサイクル法(二〇〇二年)、自動車リサイクル法(二〇〇五年)、小型家電リサイクル法(二〇一三年)と個別リサイクル法が施行され、限られた資源を社会の中で循環していく仕組みが業界ごとに整えられつつある。

一方で、各家庭での資源・エネルギー管理についてはそれぞれの暮らし方に任せられていることもあり、市民意識の見直しは簡単ではない。しかし、危機的な自然環境を回復させるためには、地域社会の当事者として自然資源の循環の輪に参加しながら、脱炭素社会に向けた暮らし方を見直すことが喫緊の課題である。

2 便利な生活によるエネルギーの過剰消費

二〇一一年三月一一日に発生した東日本大震災と、それに伴って起きた東京電力福島第一原発事故は、便利な生活がどういうものであったのかを浮き彫りにした。地震・津波という人命をも奪う自然災害の恐怖は然ることながら、原発事故によって生命の基本となる水・空気・国土が放射能で汚染され、当り前の生活が成り立たなくなる脅威について、改めて考えさせられた瞬間であった。

私たちの暮らしを改めて見回してみると、全国ほとんどどこにでもコンビニエンスストアと自動販売機があり、二四時間利用可能である。道路はラッシュアワーや休日には、クルマで溢れ渋滞となる。家庭では電化製品に囲まれ、家事の電化が当たり前となった。このような便利な暮らしは、地球全体から見るならばエネルギーの大量消費の上に成り立ち、ＷＷＦの警告の通り自然資材の過剰消費であり、地球温暖化の原因となっているのである。

ちなみに、我が国の部門別二酸化炭素排出量の推移を一九九〇年比でみると、二〇一二年には産業部門でマイナス一三・四パーセントとやや減少しているものの、民生(住宅・業務)部門では六三・一パーセントと大幅に増加している。市民の生活に関わる部門で増加していることがわかる。

また、便利な生活が一般化した今日では、新素材で商品化された物の行く末を、あえて意識することが少なくなったが、どのような商品も差こそあれ、ライフサイクルの中で隠れた様々な環境負荷を発生させている。

例えば、フリースの着衣。洗濯が簡単で乾きやすく暖かく、しかも安価であるため、好んで利用される。しかし、一日一着のフリースの洗濯で、二〇〇〇本の化学繊維がマイクロプラスチックとして、紫外線で分解されたレジ袋やペットボトルと共に環境に放出されており、世界中の魚や塩から検出されている(東京農工大高田秀重教授)。また、再生可能エネルギーとして普及している太陽光パネルは、耐久年数(二〇～三〇年)を過ぎると大量廃棄されるが、処分の方法や安全性(鉛やセレンといった有害物質を含んでいる場合もある)が明確ではない。

消費者は、どのような暮らし方、商品の選択で環境負荷を削減できるのかを十分に学び、適切に選ぶ必要がある。とりわけ、自然エネルギーを基軸とし、地域での生産と消費が循環するシステムにおいては、環境への負荷削減は市民みんなが当事者として循環の輪に参加することで、はじめて滞りなく実現する。市民一人ひとりの暮らし方の見直しこそが問われていると言えよう。どのような見直しが必要なのか、具体事例を幾つか挙げてみたい。

(1) クルマ社会

住宅地が郊外へと拡大するようになり、各家庭で何台ものクルマを持つようになった。大型スーパーマーケットが郊外に出店するケースも増加し、クルマなしでは生活が成り立たない地域も多くなっていることは否めない。その一方で、僻地だけではなく市街地の住宅地でも、一人暮らしの高齢者が昔から利用し慣れた近くの個人商店の閉店で、買い物に支障をきたすケースも増えている。少子高齢化と人口減少の中で取り残された高齢者の買い物難民化は、クルマ中心の街作りによる影の部分とも言える。

クルマによるガソリンのエネルギー消費量は非常に大きく、家庭からの二酸化炭素排出量の二三パーセントを占める。クルマの使用は、可能な場合は次のような対処法で最小限にしていきたい。

① 郊外の住宅地における「パーク&ライド」(地下鉄駅などでクルマから公共交通機への乗り換えシステム)で市街地へのクルマの量と排ガスを規制する。

② 公共交通機関(バス、地下鉄、鉄道など)を最大限に利用する。
③ 自転車道を整備し、自転車を活用する。
④ カーシェアリング利用でクルマの利用が大幅に減少する。
⑤ エコドライブ(加減速の少ない運転、エアコン使用控えめ、アイドリングしない、トランクの荷物を最少に)で一五パーセントの燃費改善。

人は誰であれ、障害者になり得るし、長生きすれば高齢者にもなる。いつまでもクルマを運転できるとは限らない存在である。今後、人口減少・少子高齢化がさらに進むことから、クルマに代わって自転車や公共交通機関が暮らしを支える、コンパクトな街づくりへの視点が必要であろう。

(2) 家電製品

家庭でのエネルギー消費で二酸化炭素排出量が最も多いのが電気であり、全体の約半分(四九パーセント)を占める。家庭における排出量増加の要因は、家電製品の種類や核家族化での保有台数の増加による。その中でも消費電力量の多いものは電気冷蔵庫(一四・二パーセント)、照明器具(一三・四パーセント)、テレビ(八・九パーセント)、エアコン(七・四パーセント)電気温水器(五・四パーセント)、エコキュート(三・八パーセント)で、その他電気機器(四六・九パーセント)

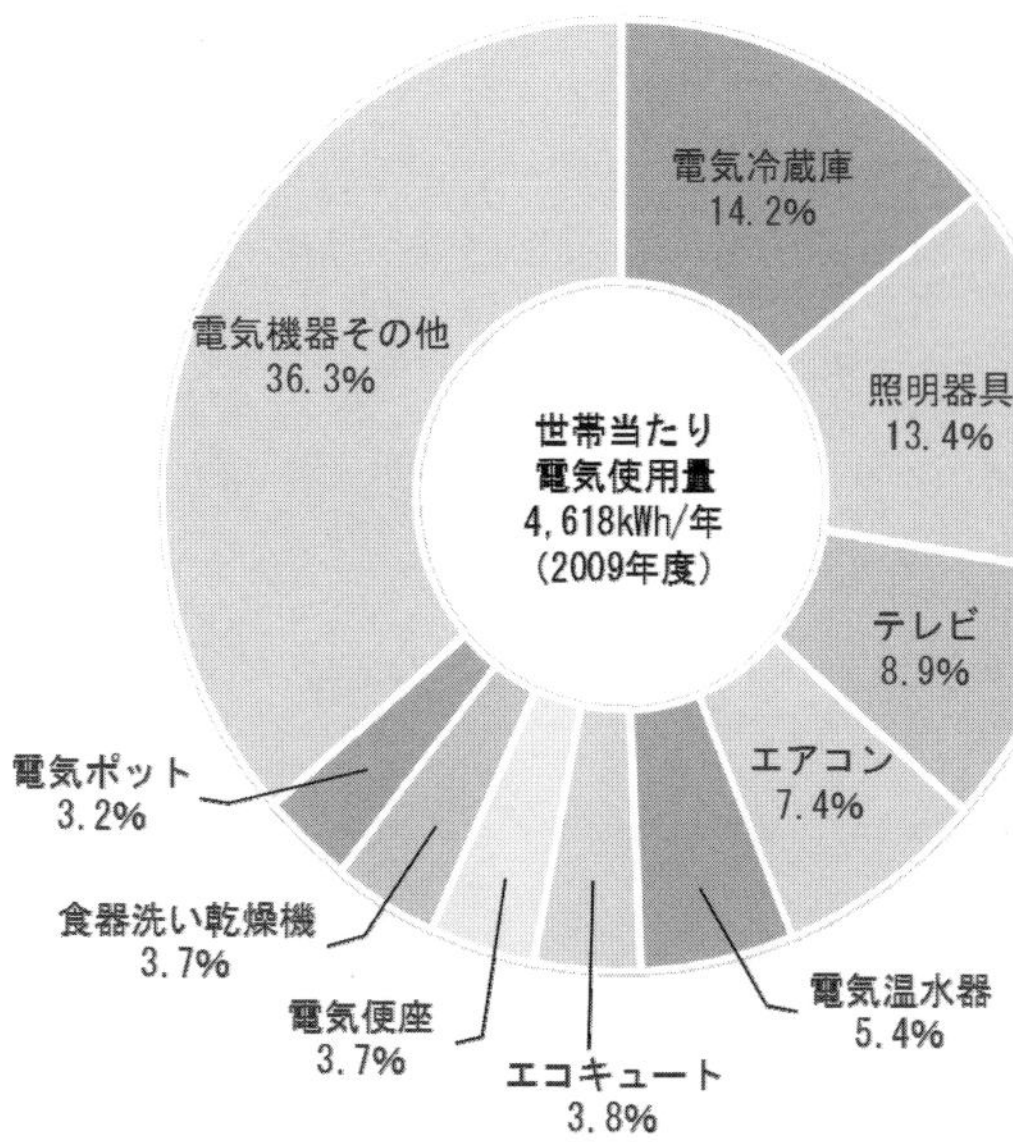

図1　世帯当たり機器別電気使用量
出典：総合資源エネルギー調査会

となっている（**図1**）。家庭により、また季節によっても使用機種や使用量も異なるが、一般にどの家庭でも使用量が多い電気冷蔵庫、照明器具、テレビは省エネへの配慮が特に必要である。

電気冷蔵庫は一〇年前と比べると七二パーセントの省エネになっている製品もある。特に最新の大型冷蔵庫には、効率良く運転するインバーター制御と高性能断熱材の技術が搭載され、省エネ効果を発揮している。電球型LEDランプは一般電球より八五パーセントの省エネであるだけでなく、ランプの寿命は四〇倍と長持ちする。一家団欒のリビング・ダイニングルームでは全体照明にし、個室では部分照明にするなど、電気を適切に使用する習慣を各家庭で身につけたい。無駄な灯りは小まめに消し、テレビなど長時間使わないときはリモコンではなく、壁スイッチで電源をオフにすると待機時消費電力ゼロに対応できる。

近年、家電製品の省エネ化は目覚ましい進化をみせているため、長時間使用する家電製品の買い替えは省エネ効果も大きい。しかし、長年使用している冷蔵庫などは愛着もあり、手放し難いものでもある。何らかの不具合を生じたときが替え時であり、買い替え時にはトップランナー方式の最も省エネが進んだ機種を選び、簡単にリサイクルに回すのではなく、修理をしながら大切に使用し続けたい。

一方、家電製品の中には機能的に、手放しに便利とは言えない製品もある。例えば、電気炊飯器はガス自動炊飯と比較し、約三倍の時間がかかるものもある。また、家庭での床や畳の掃除において、電気掃除機は昔ながらの「棕櫚《しゅろ》のほうき」で掃除をする場合と比較すると、仕事の質がそれほど変わらない。「はたき」と棕櫚のほうきで騒音もなく静かに、ゆったりと家事を行うのも、省エネであるだけでなく、心地良い豊かな時間の過ごし方にもなる。ちなみに、職人が自然素材で丁寧に作った棕櫚のほうきは、一般的な電気掃除機と同様の価格であるが、故障することもなく、長期にわたり安心して快適に使用可能である。

電気のある所では必ず低周波の電磁波が発生するものの、日本消費者連盟での電磁波測定実験では、三～一〇年前のＩＨヒーターや電子レンジで、共に電磁波の値が４マイクロテラス（疫学調査の安全値は〇・一マイクロテラス）と高い測定結果であった（消費者リポート№一五九一）。ＩＨヒーターは火災のリスクがなく、電子レンジは短時間で調理可能ということで便利ではあるが、狭い台所での毎日の作業であることから、ガスコンロでの調理作業の方が安心であろう。また、クーラーの代わりに簾《すだれ》や打ち水、つる性植物による「緑のカーテン」での暑さ対策など、バブル期に見捨てられたものにも、まだまだ多くの可能性が潜んでいるものがあるが、これらはその一例である。

生活する上では、「手間が省けて便利」であることを最優先しがちであるが、それ以上に安全性や心地良さこそを大切にしたい。画一的に家電に頼るのではなく、各家庭に合った省エネ方法や暮らし方を比較、工夫し、昔ながらの心地良さを再認識することも暮らし方の見直しには大切な過程である。

（３） コンビニエンスストアと自動販売機

地域社会での「よろずや」的な存在が定着しているコンビニエンスストアであるが、そのサービスの種類は年々増え続け、食料品、生活必需品のほか、出版物の種類も多く並び、コピー、証明写真撮影、宅配や振り込み、ＡＴＭのサービスまで可能となった。以前は若者の利用が主であったが、地域から個人商店が減少する中、高齢者の利用も少しずつ増加の傾向にある。今後も更なるニーズに対応した商品・サービスの増加も推測される。

一方で、二四時間営業の是非、消費期限に近いお弁当などを「三分の一ルール」（3節（4）項で詳細を説明）で廃棄処分するシステム、ペットボトル入り飲料の容器包装の増加など課題も多い。深夜まで働く職場環境（コンビニエンスストアこそがまさにそうである）の人々への対応とはいえ、利用者が少なくなる真夜中も、店中を煌々と明るくして営業することの是非はエネルギー浪費の問題だけでなく、市民の働き方、暮らし方を含めた観点からも見直しが必要であろう。ＥＵの中では宗教上の理由で、日曜日は店が一斉に閉店となる国、平日の夜も早々とシャッターが下ろされる地域も少なくないという。この辺で、営業時間をコンビニエンスストアがスタートした当時の午前七時〜午後一一時までと見直してみてはどうであろうか。

一般社団法人日本フランチャイズチェーン協会（ＪＦＡ）によると、今や国内の店舗数は五四、五〇〇店（二〇一六年一二月現在）に上る。そのほとんどで一日五時間消灯するならば、省エネ効果は決して少ないものではないであろう。

お弁当などの廃棄処分や容器包装についてはリサイクル等の項目で詳しく述べるが、コンビニエンスストアは便利な「よろずや」であるだけに、便利ゆえの凝縮された課題も多い。ＪＦＡは、二四時間営業の中での低炭素化について目標を定め取り組んではいるが、市民の必要性に応えつつ、社会的課題の解決に、もう一歩踏み込んだ対応の営業活動が考慮されることを期待したい。

二四時間稼働の飲料用自動販売機も増加の一途をたどっている。省エネが進み一台当たり七〇〇キロワット／年の消費電力量とはいえ、全国で五〇〇万台設置となればエネルギー過剰消費と捉え、例えば、近くにコンビニエンスストアが全くない地域に限るなど、検討がなされて然るべきであろう。

(4) リサイクル

一九九四年、第一次環境基本計画が環境省により策定された。その中の「廃棄物・リサイクル」の項目では、廃棄物処理の方法について次のような順序で記載されている。

①廃棄物の発生抑制、②使用済み製品の再使用、③回収されたものを原材料として再利用、④以上ができない廃棄物はエネルギーとしての利用

循環型社会での廃棄物等の３R (Reduce＝発生抑制・Reuse＝再使用・Recycle＝再利用) の優先順位の考え方である。３Rで処理ができない場合に最終的処置で、ごみとして焼却しても構わないが、その場合もエネルギー源として利用するよう示されている。

この環境基本計画に則り、各市町村はそれぞれの自治体に合った計画を策定し、実施する。

その結果、国全体では二〇〇〇年度から二〇〇三年度の間に、最終処分量は約三〇パーセント減少したが、ごみ総排出量は約一・四パーセントの減少にとどまった。その根本的な要因として大量消費、大量生産、大量廃棄型の社会経済構造が定着化していることが考えられ、循環型社会の形成に即した社会経済システムへの転換を図ることが課題であった。

しかし、その後一〇数年経つが解決の兆しさえ見えない。何故、環境基本計画の内容では解決できなかったのであろうか。

解決策の一つとして、事業者に対して「拡大生産者責任」を明確化することである。次に消費者に対しては、「Refuse＝取り込まない・断る」というRをもう一つ加えた４Rの考え方が必要である。

拡大生産者責任の明確化

「拡大生産者責任」とは、生産者は製品の製造、使用段階から使用後の処理まで、環境負荷に対する責任を負わなければならないとする考え方である。二〇〇〇年に制定された「循環型形成推進基本法」に、この「拡大生産者責任」の考え方が盛り込まれた。このことにより、企業はこれまでのように「造って売れば終了」ということではなく、製品のライフサイクル全般を通したトータルコストの削減に努めながら、リサイクルに対応する取り組みが期待できるはずであった。

確かに、自治体の回収率が上がり、最終処分量が減少し、事業者のコスト削減努力により、例えばペットボトルでは容器包装の薄肉化、軽量化が進み、資源の節約には繋がった。しかし、容器包装リサイクル法(以下「容リ法」とする)では容器包装の廃棄物の収集、運搬、分別、保管費用は自治体負担とされたため、自治体の負担が重い一方で、事業者の負担が軽いため、容器包装の発生抑制を誘導する効果がなく、コンビニエンスストアなどではペットボトル入り飲料が年々増える一方となっている。

この状況は「拡大生産者責任」とは言い難く、曖昧で徹底されていない。事業者は容リ法に則り、(財)日本容器包装リサイクル協会に委託料金を支払う形で自らの再商品化義務を履行しているにすぎない。自治体負担分を軽減し、相当部分を事業者負担とするデポジットなどのシステムでなければ、「拡大生産者責任」を果たせず、問題解決は不可能である。容リ法に限らず、各個別リサイクル法の改正時には適切な再検討が必要である。

4Rの考え方

前項で事業者の問題を述べたが、消費者側の問題としては「リサイクルさえすればすべてよし」とする傾向がある。しかし、循環型社会においては、「Reduce＝発生抑制」が重要であり、その上で、ごみ削減のため、リユース瓶など繰り返し使えるものを選び、不要になった衣類、家具、本などは、必要とする人と「Reuse＝再使用」し合う。次の段階で容器、紙類などを資源にして「Recycle＝再利用」なのである。しかし、リサイクルはエネルギー経費が掛かるため、極力抑えたい。

利便性だけで簡単に購入しがちだが、発生抑制の徹底のために「Refuse＝環境に害になるモノや廃棄物になるモノは取り込まない・断る」のＲを３Ｒに加えた４Ｒとしてみてはどうであろうか。例えばペットボトルについては、マイボトルに水を入れて持ち歩く習慣になれば、飲料を購入せずに済み、災害時対策にもなる。マイバッグ持参で済むとして、レジ袋は禁止されている国も多い。ＥＵではマイクロプラスチックの環境問題の解決のため二〇一五年、加盟国にレジ袋削減案の策定を義務付けたのを受け、フランスでは二〇一六年七月よりレジ袋禁止とした。その他、世界二〇カ国でレジ袋禁止となっている。また、野菜や果物はトレイ入りではなく、必要な個数を選びたい。購入時の意思を明確にした選び方で、ごみ減量の効果は大きい。

生ごみ堆肥化

仙台市では「生ごみ堆肥化」でごみ削減を図るため、市民に向けた啓発を一〇年以上前から行っている。生活ごみ容積の三割以上が生ごみであり、水分を含むため重量では五割となることから輸送、焼却の環境負荷が大きく、対策に苦慮している。多くの自治体でも同様の問題を抱えている。生ごみのリサイクルについても、ここで考えてみたい。

生ごみ堆肥化の方法は幾つかあるが、基本的には庭に穴を掘って生ごみを埋め、土をかき混ぜた上に、土をかぶせることで堆肥はできる。これが基本原理であり、大昔から行われている方法である。土壌中の微生物が野菜くずや果物の皮を分解してくれるのである。発酵を促進させ微生物を活性化させるために米ぬかや腐葉土を混ぜ、酸素を送るためにかき混ぜるなどする。コンポスターを用いる方法、液肥を作る方法、マンションなどのベランダでもできる段ボールを使った方法などもある。各家庭の状況に合った堆肥作りを継続させたい。

生ごみを止むを得ず廃棄する場合も、水分を含ませないごみ処理に努めたい。台所シンクの三角コーナーは水分を取り込むため使用せず、水分を含ませない方法(例―蓋付のタッパーウエアやチラシで作る容器などを使用)で管理する。

仙台市では毎月、市役所前広場にて野菜生産農家による産直市場が開催されているが、消費者が持ち寄る「生ごみ堆肥」は野菜と交換されるシステムが導入されている。産直市場が都市と農村を繋ぐ場となり、小規模ながら循環型社会での相互扶助の仕組みが採り入れられている。

3　安全で健全な食生活を目指す

近年、豊かな食生活を享受している多くの日本人にとって、食料不足は全く別世界のことと思われる方も多いであろう。しかし、第二次世界大戦後の飢餓体験をした人たちは、飽食の時代になった今も忘れられないこととして記憶に残っている。当時は日本などの敗戦国だけでなく、米国を除く参戦国のすべての国民が食料不足と飢餓に苦しんだと言われている。どの国にあっても、国民に必要な食料提供は国の責務であり、食料の安全確保が大前提である。

二〇一一年の東日本大震災においては、広範囲での道路網の寸断で流通が途絶え、スーパーマーケットなどすべての店舗で食品不足となった。被災地では戦後さながらの状況に直面した。現代においても、いったん大規模な災害が発生すると、いつでも食料不足が起こり得ることを、まざまざと知らされることとなった。

我が国は飽食の時代と言われる一方で、食料自給率はカロリーベースで三八パーセントとなり、海外に大きく依存するようになった。食のグローバル化が進んだことで、食料の安全保障の問題だけでなく、ＢＳＥ牛の発生、輸入野菜の残留農薬、ウナギの産地偽装など食の安全を揺るがす事件も多発している。

近年、経済格差が広がり、二〇一五年国税庁「民間給与実態統計調査」によると、労働者の約四〇パーセントに当たるおよそ二千万人が年収三〇〇万円以下の生活を送る（非正規雇用の平均年収は一七一万円）。二〇〇五年を境に円安による輸入食品の高騰の影響もあり、二〇一六年総務省家計調査によると、食費を切り詰めてでも携帯電話などの通信費を重視する傾向が見られ、世帯主が三〇歳未満の二人以上の世帯でエンゲル係数が二〇・二パーセントから二四パーセントと急に上昇しているなど、相対的貧困で満足な食事がとれない家庭が増加している。その一方で、可食部分の大量廃棄という食品ロスが問題になるなど、消費者市民社会として解決すべき課題も多い。

（1）食料の必需性と飽和性

私たちは食料がなければ生きていけない存在である。したがって誰にとっても、食料は必需品である。生きていくために最低必要なエネルギーは年齢、性別、人種、気候などによって異なるが、日本人の成人男子で約二四〇〇キロカロリーである。健康を維持していくためには各種栄養素のバランスも重要である。日本の食生活は、そのバランスにおいて理想的であることが高い評価を受けている。そのためには、毎日の食生活で多様な食品が必要となるが、多くの食品は保存がきかないため、必要量が安定的に供給されなければならない。災害などの不測事態に備え、普段食べている食料を多めに備蓄しながら消費するローリングストック法で、必要量を設定することが望ましい。

食料は量が不足すれば大問題であるが、安価だからと多く供給し過ぎると生鮮食品は保存もしにくく飽和状態となり、食品ロスの原因の一つにもなっている。

各家庭で必要量を把握し、適切な供給量、保存方法で管理することで、食品ロスをできる限り減少させたい。

(2) 食品の安全性確保

食生活において、食品の安全性は当然のことながら最も重要なことである。自分の周りで採取された農水産物を自らが調理していた時代には、食べているものを十分把握できた。

しかし、現代のようにファミリーレストランなどの外食産業、スーパーマーケットでの惣菜コーナーや冷凍食品といった中食産業の増加で、海外からのより安価な食材を利用するなど、食の外部化やグローバル化が進み、システムが複雑化し、食品の安全性確認が難しくなっている。消費者は表示を頼りに判断するが、時には、表示の偽装が横行することもあり、事業者は安全と信頼回復のため、その食品に関わるすべてを回収して廃棄処分し、大量の無駄を出すことになる。

その地域に信頼できる事業者がいる場合は、昔からその地域で生産される原材料を使った安心できるローカルブランドの食品を選びたい。食の安全と同様に、生産地から食卓までの距離が短いほど、輸送に伴う環境負荷が少ないというフードマイレージを考慮し、食料自給率の向上に繋げるのも消費者の選択に託されている。

（3） 食品ロスの問題点と背景

我が国の食料自給率はカロリーベースで三八パーセントとなり、平成二六年現在、不足分の年間五五〇〇万トンの食料を海外に依存している。その一方で、三分の一に当たる二七七五万トンを廃棄処分しており、そのうちの可食部分と考えられる量六二一万トンが、いわゆる「食品ロス」として廃棄されている(**図2**)。これは世界の食糧難に苦しんでいる人々が必要としている援助食糧を遥かに上回り、金額に換算すると一一兆円を無駄にしていることになる。

世界では約八億人が栄養不足状態にあり、昨今では我が国においても食事に事欠く子供たちが増えていることが社会問題となっている。

図2　食品廃棄物等の利用状況
（平成26年度推計）
出典：農林水産省

ＯＥＣＤ（経済協力開発機構）によると、加盟国三四カ国中、日本は一一番目に貧困率が高く、子供の「六人に一人」が貧困の状態にある（**図3**）。子どもの貧困は子育て世代の非正規労働者の増加が主な原因と推測され、ことに一人親世帯の過半数が貧困に苦しむ。各地の民間団体による食事の提供などの支援活動も少しずつではあるが広がりをみせている。

二〇一六年の国民生活基礎調査によると、貧困率は「七人に一人」とわずかながら改善されたものの、適切に食料が行き渡るような国の施策もないのが実情である。抜本的解決には非正規労働の規制、最低賃金を生活が成り立つレベルまで引き上げるなどの労働政策が不可欠であり、早急な解決が望まれる。

（4） 食品ロスの対策

食品ロスは、食料生産に投入した労力、資源、輸送エネルギーの浪費だけでなく、廃棄処理費用で二兆円が使われており、二重の負荷をかけるものとなっている。

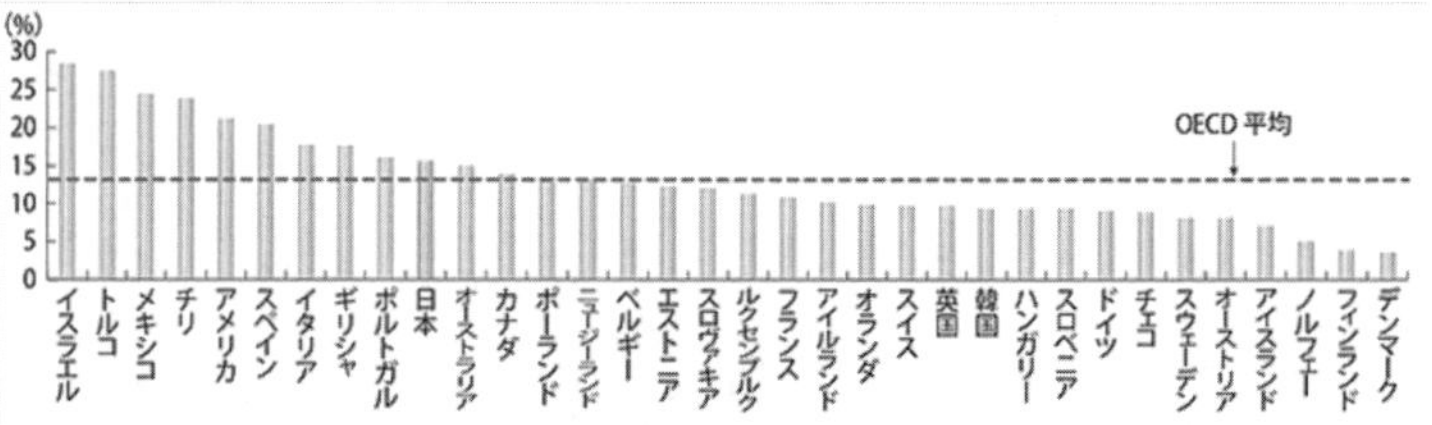

図3　相対的貧困率の国際比較・子どもの貧困率（2010年）
出典：OECD

食品ロスの内訳をみると、家庭での廃棄が二八二万トン、ホテル・祭儀場・レストランでの食べ残し・コンビニエンスストアなどでの消費期限前のお弁当など事業者による廃棄が三三九万トンである。消費者としての一つひとつの具体的な取り組みが解決の糸口になるものと思われる。対策方法は次の通りである。

家庭での対策方法

① 家庭での食品管理（賞味期限、我が家の必要量、調理方法、保管方法）の徹底。
② レストランなどでは食べきれる量を注文し、残食分は可能ならば持ち帰る。
③ 松本市の取り組み「30・10（さんまる・いちまる）運動」（会合の乾杯から冒頭の三〇分と、お開き前の一〇分で各自がしっかり食べる運動）を全国的に広める。
④ 家庭で「冷蔵庫クリーンアップ」の日を設け、食材を使い切る。
⑤ 食べきれない食品を「フードドライブ」「フードバンク」に持参する。

事業所での対策法

① 賞味期限の「三分の一ルール」や消費期限に近い商品の廃棄はせず、早めの値引き販売で対応する。

② フードバンクなどを通じて、食料を必要としている人々に提供する。
③ 止むを得ない場合は農家向けの堆肥化や畜産農家との連携。
事業者は廃棄する前に、値引き販売を徹底させるとともに、フードバンクなどに確実に回るような食品リサイクル法などの見直しも必要である。

「三分の一ルール」について

「三分の一ルール」とは、食品の製造日から賞味期限までを三分割した上で、納入期限を製造日から三分の一の時点までとし、販売期限は三分の二の時点までを限度として、最後の三分の一の期間は値引き販売か廃棄とするという制度である。日本特有な過度の安全性重視の制度であるとの見方もある。ほとんどのコンビニでは値引きせず、廃棄処分しているのが現状である。

「フードバンク」について

食品企業、学校、農家、個人などから無償で提供された、品質には問題はないが市場で販売できない食品を、必要としている人々に無償で配る活動。四〇年以上前に米国で始められた。日本では二〇一〇年にフードバンクの全国ネットワークが発足し、「地産地消」のネットワークを目指している。日本におけるフードバンクの活動は、事業者にとっては「三分の一ルール」

による廃棄コストの削減となり、受け取る側は食費の削減により、他の生活費に回せる。地域で事業者・人・モノが循環しながら助け合うシステムといえる。

フランスでは事業者の食品廃棄処分が法律で禁止されており、慈善団体などへ寄付することが法で義務化されている。フードバンクなどを通して、食料を必要とする数百万人の人々に無料で配られているという。食料自給率が低い我が国こそ、フランスと同様の施策が必要である。食品を無駄にせず、必要としている所に適切に行き渡るようにするのは国の責務でもあり、そのためのシステム作りが急務である。

二〇一五年四月施行の生活困窮者自立支援法で、自治体に支援窓口設置が義務化されたのを機に、我が国でも企業や家庭から食品を持ち寄る「フードドライブ」や「フードバンク」が広がり始めてはいるが、課題は回収して配るボランティアの不足である。国民への必要な食料提供をボランティアのみに頼るのではなく、公的人材確保の施策も考慮されて然るべきであろう。

(5) 環境に配慮した食生活

我が国では消費者の多様な嗜好に対応し、国内だけでなく、世界中の食料がいつでも選べる市場環境にある。しかし、食材はできる限り地域で採れた旬のものを優先して選びたい。主食のご飯食が減少し、パン食が増加するなど「食の洋風化」が食料自給率減少の要因の一つでもある。小麦アレルギー対策としても、学校給食も含めて、米粉パン、米粉うどんなど米粉利用食品の普及にも期待したい。

動物性たんぱく質をどのような食材から摂るかについては、環境への影響も配慮したい。牛肉一キログラムは車で一〇〇キロ走行分の温室効果ガスが排出される。羊肉は牛肉の五倍、豚肉は牛肉の半分、鶏肉は四〇パーセントの環境負荷である。それらを国内産で購入することで国内の畜産農家を支え、フードマイレージの環境負荷の抑制にも繋がる。

4　上下水道の利用と省エネ

宇宙から見る地球は青く見えるほど水に覆われていると宇宙飛行士が伝えているが、その中で人間が利用できる河川や湖沼の水はわずか〇・〇一パーセントにすぎない。このわずかな水が森林や田畑を潤し、水生生物などすべての動植物の生命を育くむ。さらに河川の水は循環しながら社会経済活動を支えている。

漁業の町・気仙沼では「森は海の恋人」のキャッチフレーズで、一九八九年から山への植林により森を育てる運動を展開してきた。牡蠣の養殖のための海水を守る方法として、森を育てることから始めている。

仙台市を流れる広瀬川水系においては、仙台藩主伊達政宗の時代から河岸段丘の地形を利用した用水路が知られているが、今もなお、一貫して動力を使わずに、自然傾斜の利用のみで上下水道の配管が管理されている。

我が国では、水道の蛇口を捻れば、いつでも安全な水が供給できる社会環境にあるが、そのためには各地で森を育てる運動や、上下水道施設でのたゆまない徹底した保全・管理がなされているのである。

毎日の暮らしに欠かせない上水道は、下水道と表裏一体となって繋がっている。安全な上水道の給水→生活水としての利用→生活水を下水道へ排水→下水道施設での浄化管理→生活排水を河川や海の水環境へ排出、という一連の流れの中で、環境への負荷が水の自然的循環の過程における浄化能力を超えることのないよう配慮されなければならない。水環境の汚染原因の六〇パーセントが生活排水による。つまり、私たちが当事者である。水環境への負荷を、できる限り低減する暮らし方を習慣化したい。

(1) 生活排水の内訳とBOD値

生活排水とは台所、トイレ、風呂、洗濯など日常生活での排水である。このうち、トイレの排水を除いたものを生活雑排水という。

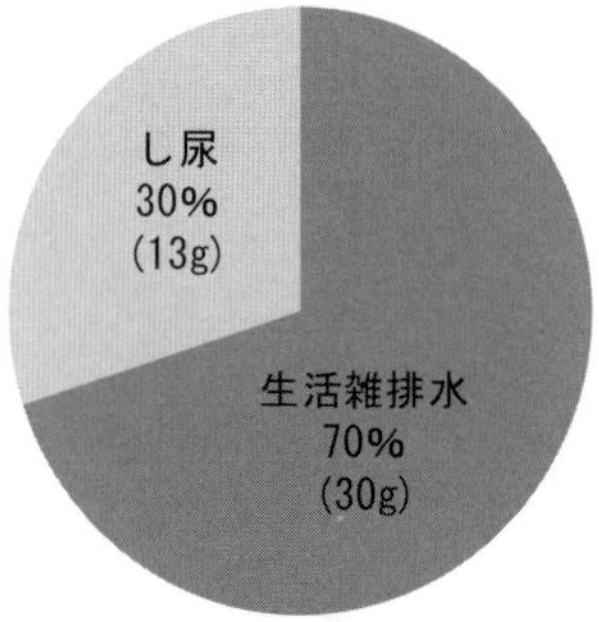

図 4　生活排水の分類と 1 日 1 人当たりの負荷割合
（生活排水 BOD＝100％）
出典：環境省『生活排水読本』

表 1　生活排水の汚れの原因と BDO 値

汚れの原因となるもの	BOD 値（汚れの量）	魚がすめる水質にするにはバスタブ何杯分が必要？
天ぷら油（使用済み、20ml）	30	20 杯（6,000 ℓ）
みそ汁（じゃがいも、お椀 1 杯、180ml）	7	4.7 杯（1,410 ℓ）
米のとぎ汁（1 回目、500ml）	6	4 杯（1,200 ℓ）
シャンプー（1 回分、4.5ml）	1	0.67 杯（ 200 ℓ）
台所用洗剤（1 杯分、4.5ml）	1	0.67 杯（ 200 ℓ）

出典：環境省『生活排水読本』

水環境の汚染の度合いは、BOD値(生物化学的酸素要求度)で表す。BOD値とは好気性微生物が一定時間中に水中の有機物(汚物)を酸化・分解する際に消費する溶存酸素の量である。生活排水の一日一人当たりの負荷の割合は、生活雑排水が七〇パーセント、し尿が三〇パーセントとなっており(**図4**)、台所から何気なく流しているものにBOD値の高いものが多い(**表1**)。

台所での洗剤や浴室でのシャンプーは毎日使用しているものであるため、使用頻度からも環境負荷が大きくなっていると言える。

一九九九年に公布されたPRTR法(化学物質排出移動届出制度)では、環境を汚染する有害物質を四六二種指定しているが、そのうちの九種類が合成洗剤の成分である(二〇一一年現在)。合成洗剤には蛍光剤や合成香料も添加されており、人体や水環境への影響が懸念される。昔ながらの石けんの使用により、水環境の汚染軽減に繋げたい。

(2) 家庭での水利用・節水方法

台所からの排水は環境負荷が大きいが、中でもとりわけ厄介なのが油汚れである。しかし、油汚れのお皿も紙で拭き取ることで、水洗いも可能となる。洗剤の使い過ぎに配慮するなどして、節水を心がけたい。

家事は煩雑で調理の技術も必要であり簡単ではないが、環境負荷の低減を意識した家事・調理方法を習慣化させたい。注意すべき事例は次の通りである。

① 油分で汚れた皿は洗う前に、紙で拭き取る。
② 味噌汁や煮物の煮汁は捨てないよう適量の調理を心がける。
③ 天ぷら油は調理の方法や順序を考慮し、使い切る工夫をする。
④ 米のとぎ汁は鉢植えや庭木の水やりに。
⑤ 食器洗いはまとめて「溜め洗い」し、すすぎを流水で行う。
⑥ 洗濯やシャンプー・リンスは適量を使用し、節水を心がける。
⑦ 風呂の残り湯は節水のため、洗濯などに再使用する。
⑧ 節水型トイレ(一回の洗浄水量が三・八リットルの節水型もある)に換える。

(3) 雨水の被害と利用

近年、短時間に局地的に大雨を降らせる「ゲリラ豪雨」の被害が頻繁に起きるようになった。都市化でコンクリートに覆われている街中ほど、冠水、地下街への浸水、マンホールから下水が溢れて吹き上がるなど、被害が大きいのが特徴である。

多くの下水道管は五~一〇年に一度の大雨に対応して、一時間に五〇ミリの雨水を収容できる設計になっているが、最近では、その三倍を超える豪雨となることも珍しくない。

下水道には分流式と合流式があるが、都市の街中ほど、合流式下水道の場合が多い。豪雨時には収容量を超えた雨水が汚水と合流した状態で溢れ、マンホールから噴き出すなど、被害を大きくしている。冠水低減のため、未処理のまま下水を河川へ放流するため環境負荷も増す。大雨の際には洗濯を控えるなど、節水に心がけたい。

今後は、世界で不足する水を無駄なく管理する必要がある。雨水を地域で分散管理し豪雨の被害を防ぐとともに、貴重な雨水を最大限に利用することが課題である。

二〇一五年七月施行の改正下水道法では、企業がビルを建設する際に、地下の雨水貯水施設を建設することを促進するため、助成金、税の優遇を盛り込んだ。一方、各家庭では、どのような対策や利用方法があるのであろうか。

近年、自宅新築の際、家の周りをコンクリートで覆う例が増えている。草刈りの手間を省くために草が生えないようにし、ガレージさえあればよいということであろうか。これでは、都市化された街中と同じ状態である。各戸で少しずつでも、庭に土があり、植物が生えていることで、雨水の浸透を可能とする。

自宅新築においても、雨水タンクや天水桶などの雨水貯水施設に対し助成し、義務づけることで、雨水の有効利用の促進を図りたい。庭の水撒きや洗車に利用するだけでなく、断水の際にはトイレ用水にもなる。雨水利用は地域ぐるみで行うことで、雨水対策効果も大きい。

5　おわりに

パリ条約締結を受けて、ＷＷＦは世界全体での持続可能なエネルギー供給のシナリオを検討している。全体でエネルギー需要をどこまで削減可能か、その需要に見合ったエネルギー供給を、既にある技術の中で多様な再生可能エネルギー源の組み合わせを図る。その結果九五パーセントの実現が可能であり、残りの五パーセントは今後の技術革新に委ねるという。

もっぱら産業の影響に目を奪われ、家庭でのエネルギー消費や環境への負荷は取るに足らない量と思いがちであるが、その総量として地球温暖化を招いている。その実態を共有意識としつつ、持続可能な社会を目指し、エネルギー消費のあり方を一つひとつ見直していく必要がある。その工程なしには、前述のＷＷＦのシナリオは成り立たない。

本章では循環型社会での、昔ながらの心地よい省エネの暮らし方を基本に挙げてみた。今後、新築でのゼロエネルギー住宅が普及し、家庭や企業が自らエネルギーを創り出し、消費し、余った分は蓄電や売電を組み合わせながら、暮らし方に合った方法を賢く選べる時代となるであろう。

東北大学大学院環境科学研究所「エコラボ」では、身近にある未使用で微弱なエネルギーもコツコツ貯め、直流のまま利用する実験を行っており、一般家庭での実用化も期待される。

再生可能エネルギーの中には廃棄までの評価が明確でないものもある。一方で、太陽熱温水器のように、もう一歩の開発促進で省エネ効果が期待されるものもある。官民協力の下での研究の促進を期待したい。それらの情報が出そろった上で、各家庭が環境への影響を総合的に判断しながら、納得した暮らし方を採り入れていくものと思われる。

今後は、地域に合った身近な再生可能エネルギーの利用や、資源を循環していく仕組みが一層整うことで、温室効果ガスを「二〇一〇年比で二〇五〇年までに八〇パーセント削減」も夢ではなく、地域でのエネルギーの自給自足が可能となるものと考えている。

参考文献

・時子山ひろみ(二〇一二)『安全で良質な食生活を手に入れる　フードシステム入門』左右社
・公益財団法人　世界自然保護基金(WWF)(二〇一〇)『日本のエコロジカル・フットプリント報告書』
・公益財団法人　交通エコロジー・モビリティ財団(二〇一三)『「カーシェアリングによる環境負荷低減効果の検証」報告』
・資源エネルギー庁(二〇一〇)『平成二一年度民生部門エネルギー消費実態調査』
・日本消費者連盟(二〇一六)『消費者リポート　一五九一号』
・省エネルギーセンター(二〇一二)『家庭の省エネ大辞典　二〇一二年版』

・NACS東北支部環境報告書を読む会（二〇一二）『容器包装リサイクルを考える』
・環境省（一九九四〜二〇〇六）『環境基本計画』
・環境省（二〇〇四）『生活排水読本』
・国税庁（二〇一五）『民間給与実態統計調査』
・農林水産省統計部（二〇一五）『平成二六食品循環資源の再利用等調査報告』
・厚生省（二〇一七）『二〇一六年度国民生活基礎調査』
・OECD（国際経済開発協力機構）（二〇一〇）『相対的貧困率の国際比較―二〇一〇』
・PRTR法（一九九九年公布）
・循環型形成推進基本法（二〇〇〇）
・生活困窮者自立支援法（二〇一五）
・改正下水道法（二〇一五年施行）
・仙台市下水道マスタープラン（二〇一五年策定）
・公益財団法人世界自然保護基金（WWF）ホームページ
・一般社団法人日本フランチャイズチェーン協会（JFA）ホームページ

第5章　地域の住まいを省エネ、健康・快適性の視点から考える

1　はじめに

（1）パリ協定による低炭素社会への加速化

東日本大震災は、エネルギー問題とともに、低炭素社会の構築が今世紀最大の課題であることを改めて提起した。また、気候変動に関する政府間パネル（ＩＰＣＣ）の第五次報告書[1]では、地球上の二酸化炭素濃度の上昇に伴う温暖化現象は人間活動が支配的な要因であった可能性が極めて高いことを述べており、これらの報告を踏まえて二〇一五年一一月から一二月にパリで開催された国連気候変動枠組条約第二一回締約国会議（ＣＯＰ21）では、「パリ協定」が採択された。その中では、世界共通の長期目標として産業革命以前からの温度上昇を二℃に抑え、さらに、平均気温上昇「一・五℃未満」を目指すことや、世界全体で今世紀後半には、人間活動による温室効果ガス排出量を実質的にゼロにしていく方向が示された。そして、すべての国が削減目標を五年ごとに提出・更新し、共通かつ柔軟な方法でその実施状況を報告しレビューを受

けるといった新たな法的枠組みも盛り込まれた。このパリ協定は、二〇一六年一一月四日に発効された。

我が国では、二〇三〇年において温室効果ガスを二〇一三年度比で二六パーセント削減、民生部門では三九・八パーセント（業務部門三九・八パーセント、家庭部門三九・三パーセント）削減するという「地球温暖化対策計画」が二〇一六年五月に閣議決定[2]された。この目標は、これまでの経緯から考えれば、相当に厳しい内容となっていると言わざるを得ない。

（2） 温暖化効果ガス排出量の推移[3]

我が国における一九九〇年以降の温室効果ガスの推移をみると、一九九六年までは漸増し一九九〇年比で九・六パーセントの増加となったが、その後は減少と増加を繰り返した。リーマンショックによって景気が後退した二〇〇九年には一九九〇年比で一・六パーセントの減少、直近の二〇一四年では七・三パーセントの増加である。ただし、二〇一四年の値は、最大となった二〇〇七年比では三パーセントの減少である。したがって、日本においては温暖化効果ガスが近年増え続けているということは決して言えないが、部門別にみると、二〇一四年において全体の一六パーセントを占める家庭部門では一九九〇年比で四七パーセントの増加となっている。そのため業務部門も含めて民生用の省エネルギーの必要性が強く叫ばれている。

（3） 我が国の住宅における省エネルギー化のための施策

家庭部門の省エネルギーを推進するために、一九八〇年に初めて制定された住宅の省エネルギー基準(1)が何度か改正され、断熱性能に関しては一九九二年と一九九九年に強化されてきている。以上の三つの基準をそれぞれ「旧基準」「新基準」「次世代基準」と呼ぶ。「二〇一三年には、外皮の熱性能に関する基準に加えて暖冷房・給湯・換気・照明などに使われる一次エネルギー消費量に関する基準を含む大幅な改正が行われた。また、今後の予定として、小規模の住宅には適合の義務がなかった基準を二〇二〇年までに段階的に義務化する方針を掲げている。そのために、平成二〇一七年四月からは、新たな法律である「建築物のエネルギー消費性能の向上に関する法律」が施行された。その法律では、大中規模の新築住宅に対しては、省エネ基準の適合の届出義務が規定されている。

一方、低炭素化の取組みを促進するために、政府は二〇二〇年までに標準的な新築住宅でZEH(Zero Energy House)(2)を実現し、二〇三〇年までには新築住宅の平均でZEHを実現することを閣議決定[4]している。

さらに「都市の低炭素化の促進に関する法律」(平成二四年一二月施行)に基づいて、低炭素建築物の認定制度が定められた。住宅に関しては、設計時の一次エネルギー消費量が基準値の九〇パーセント以下であり、太陽光発電の設置や木造住宅であるなどの低炭素化に資する措置を二つ以上講じていることが低炭素建築物の認定条件となっている。認定されれば、税制上の優遇や借入金利の引き下げなどの措置を得ることができる。このように、住宅における省エネルギーを促進するための各種の政策が実現されてきている。

（4） 東北地方の気候条件の特性

ところで東北地方は、気候条件として全般的にみれば、冬は北海道ほど寒くはなく、夏は東京ほど暑くはないという特徴を有し、その中間にあるが、地域ごとにみれば岩手の藪川は最低気温がマイナス三五℃に達する[5]ほど寒く、山形市では四〇℃以上を記録[6]したこともある。また、太平洋側と日本海側では特に冬季における気候条件が大きく異なり、太平洋側は日照条件が良好であるのに対して日本海側は曇天日が続く。すなわち東北地方は気候的にみて多様な気候条件を有する地域ということができる。したがって、このような気候条件を十分に考慮した上で住まいや住まい方を考えていかなければならない。

（5）少子高齢化と居住環境の目標

我が国は少子高齢社会に突入し、二〇三〇年には、高齢者人口の割合が三一・六パーセントとなることが予想[7]されている。特に地方での高齢化は著しく、例えば二〇四〇年における高齢化率は秋田で最も高く四三・八パーセントと推定されている。我が国の寿命は世界で最も長く（二〇一五年）、喜ばしいことであるが、寝たきりで長生きしている高齢者の割合は二〇パーセントに上ると言われている。今後は、家庭分野における温室効果ガスの削減を図りつつ、高齢者を含めて生活者が健康で快適に生活できるように居住環境をさらに改善していく必要がある。

（6）本章の内容

以上のように、低炭素社会への加速化に伴い住宅の省エネルギー政策が進みつつある中で、このような自然環境、社会環境を背景として持つ東北地方において、住まいはどうあるべきであろうか。筆者がこれまで関わってきた住宅のエネルギー消費と室内環境に関する主として東北地方の調査研究を通して論述する。

2　住宅のエネルギー消費量

（1）日本全体のエネルギー消費の推移

我が国における家庭用のエネルギー消費総量[3]は、経済水準の上昇とともに一九九五年まではほぼ一貫して増加してきており、一九六五年比で四・七倍となった。その後、減少と増加を繰り返し、二〇〇五年では一九九五年の一・一倍でピークとなったが、その後、減少の傾向を示し、二〇一四年ではピーク年の一二パーセント減となっている。一方、一世帯当たりのエネルギー消費量についてみると**図1**、**図2**のようになり、同様の傾向をみることができる。ただし、こちらは一九九五年にピークとなった後、減少の傾向を示している。特に二〇一〇年以降は毎年三〜五パーセントの減少となり、二〇一四年ではピーク年の二四パーセント減までと少なくなった。二〇一四年の内訳をみると、暖房用二五・二パーセント、冷房用一・九五パーセント、給湯用二七・五パーセント、厨房用八・九パーセント、その他用（照明・家電製品・その他）三六・五パーセントとなっている。過去一〇年間の傾向としては、暖房と給湯がやや減少、冷房とその他用についてはほとんど変化がない。暖房と給湯消費量が減少している理由としては、断熱水準の向上、機器効率の向上などが挙げられる。ただし、暖房用は冬の寒さの度合いによって大きく変動している。その他用の割合が大きい理由は、様々な家電機器、ＩＴ機器が普及して

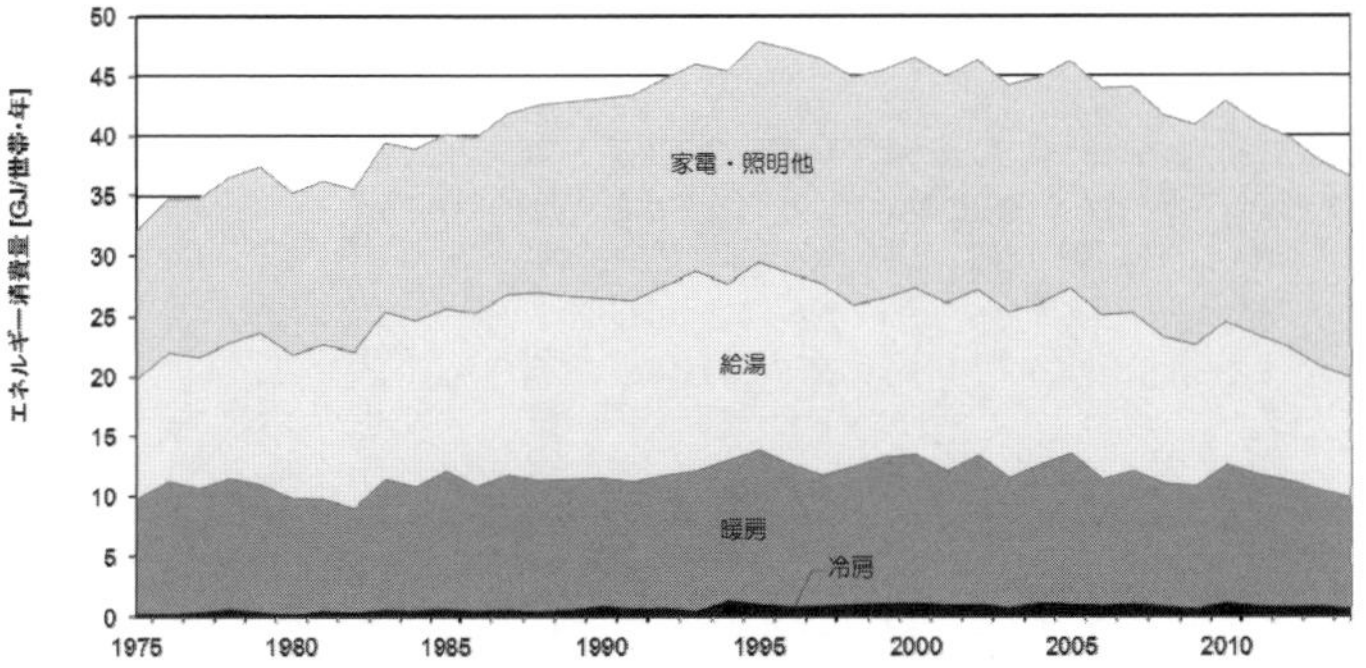

一世帯当たりのエネルギー消費量は、過去10年間で
減少している。また、照明その他用の割合が多い。

図1　住宅用エネルギー消費量の経年変化（一戸当たり）
出典：エネルギー・経済統計要覧

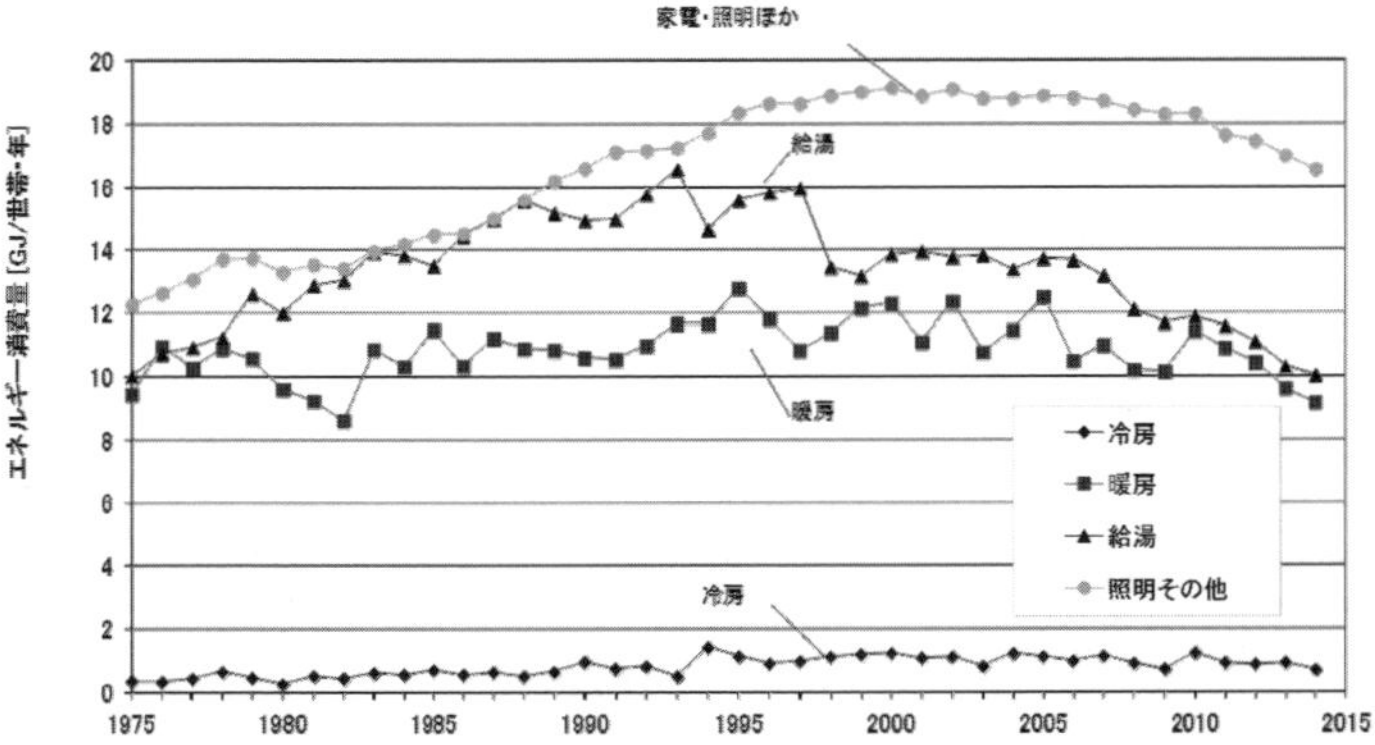

最近では、いずれの用途も減少している。給湯用、暖房用はほぼ同じであり、冷房用は少ない。これは、使用時間が短く、冷房面積が狭いなどが理由である。

図2　用途別エネルギー消費量の経年変化
出典：エネルギー・経済統計要覧

いるからである。家電機器は効率の向上が著しいが、例えばテレビや冷蔵庫などは大型化しているためにエネルギー消費量は減少していない。

暖房用エネルギーを削減する方法は、断熱・気密性の向上や太陽熱のパッシブ利用が基本である。また、給湯エネルギーの削減のためには太陽熱温水器の設置が挙げられるが、メンテナンスや景観などの観点から普及が進んでいない。

(2) エネルギー消費量のばらつきとその原因

図1の値は全国の平均であるが、個々の家庭でみれば気候条件や住まい方の影響を受けて極めて大きくばらついている。井上らが二〇〇二年に全国を対象として実施したアンケート調査[8]によれば、世帯平均が四〇ギガジュール(GJ)程度であるものの、一〇ギガジュール以下の非常に少ない世帯から一〇〇ギガジュール以上の非常に多い世帯まで幅広く分布している。そのばらつきの要因として、気候条件が第一に挙げられるが、それを除けば、所得、住宅面積、家族人数などが関係し、いずれもこれらの値が大きいほどエネルギー消費量も多いことが明らかとなっている。また、省エネルギー行動との関係で言うと、関東の三人、あるいは四人世帯のサンプルを対象とした分析の結果によれば、「省エネに努めている」「やや努めている」「あまり努めていない」の三つのグループ(「省エネに努めていない」のグループもあるがサンプル数が

少ないので省略）に分けると、それぞれのグループの平均値は、およそ三〇ギガジュール、三六ギガジュール、四二ギガジュールとなっており、省エネ意識があって省エネ行動に努めている家族ほどエネルギー消費量も少なくなっている。すなわち、いかにして居住者の省エネ意識を高めるかがエネルギー消費を抑える上では大きなカギとなる。

（3）　地域別の特徴—特に東北地方の場合

地域別のエネルギー消費の特徴

家庭用のエネルギー消費量は、住まい方の影響を大きく受けることを示したが、暖房用エネルギー消費量は当然のことながら地域による差が大きい。井上らの二〇〇二年の調査[9]によれば**図3**に示す通りである。すなわち北海道、東北、北陸の三つの地方におけるエネルギー消費量が関東以西の他の地方に比べて多く、戸建住宅についてみれば、北海道が約八七ギガジュール、東北が約六五ギガジュール、北陸が約五七ギガジュール、その他の地方は四五〜五〇ギガジュールとなっている。その差は暖房用エネルギー消費量の違いによるものであり、冬季の寒さが影響している。しかしながら、県別にみた最近の傾向[10]によると、北海道におけるエネルギー消費量が減少しているのに対して北海道に近い青森では増加しており、その差がほとんどなくなってきている。これは、北海道においては断熱気密化が年々進んできていること、一方、青森では全室を暖房する住宅が増えてきていることなどがその理由である。この傾向は今後とも続くものと予想され、青森で住宅断熱が強化されない場合には、青森の方がエネルギー消費は多くなる可能性もある。

東北地方の中での住宅熱環境とエネルギー消費の違い

筆者らは、東北地方の主な一二の都市、ならびに札幌、府中にある合計約一〇〇〇戸を対象として、一九八二年、一九九二年、二〇〇二年に冬期の住宅の熱的な環境に関するアンケート調査を実施[11]した。調査項目は、部屋の温度、暖房などの住宅設備、住まい方、建物の性能、

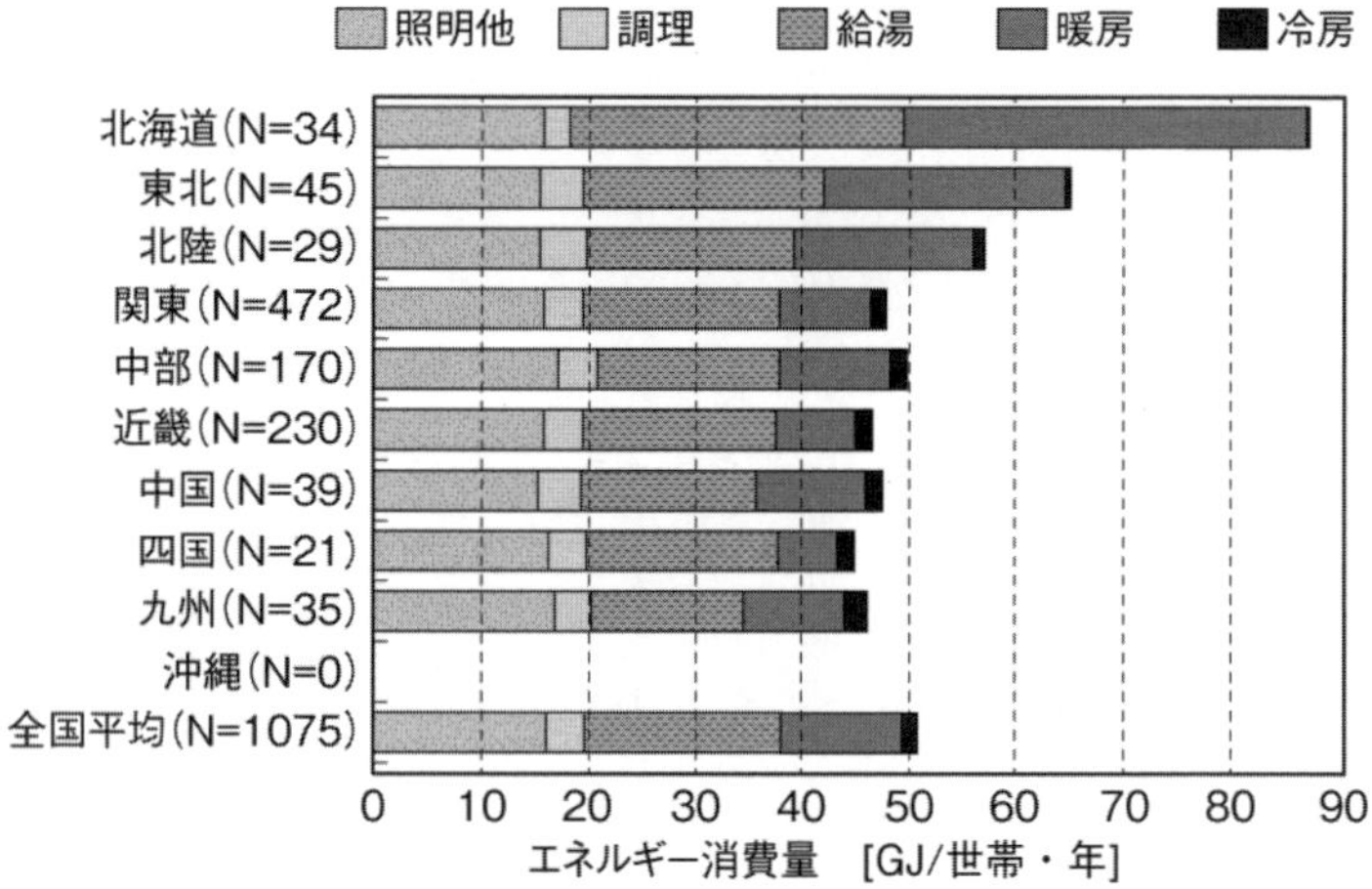

図 3 地域別エネルギー消費量(戸建住宅)

出典：井上他(2004.3)「住宅内のエネルギー消費に関する全国的調査研究、6 章 アンケートによる住宅内エネルギー消費の実態と住まい方等に関する調査」、日本建築学会、住宅内のエネルギー消費に関する調査研究委員会、Cd-Rom 版

エネルギー消費量、居住者の特性などである。目的は、冬期の熱的な環境が地域によってどんな特性を持っているかを明らかにすることであった。

二〇〇二年の調査に基づいて、統計的分析を行うと興味深い特徴を見いだすことができた。統計的に求めた特性を示す二つの軸の平面上に個々の住宅をプロットさせ、都市ごとにそのばらつきの範囲を線で囲むと、東北各地の住宅の居住環境性能は、断熱性能、暖房設備、暖房の使い方、灯油消費量等の点から、札幌のそれとは明らかに異なっており、東北地方北部の青森、秋田、盛岡などでは札幌に近い居住性能を示す住戸が含まれているとともに、それぞれの都市の中では建物性能の優劣や暖房形態に大きな差を見いだすことができた。

東北地方の中での都市間の差は、札幌との差と比較すれば大きくはないが、概ね次の三つのグループに分類できる。すなわち①居住性能が札幌に類似した青森、②札幌とは対照的な居住性能を示す福島、いわき、③その中間に位置し、両者にまたがる八戸、盛岡、宮古、本荘、横手、山形、会津若松、仙台、である。これらの特徴は、一九八二年、一九九二年に実施した調査の分析結果とほぼ同様であり、この二〇年間における地域特性の顕著な変化は認められなかった。ただし、一〇年ごとに、一つの都市の中における住宅のばらつきが大きくなっており、都市間の差は、より曖昧になる傾向が認められた。一〇年後の二〇一二年にも同様の調査を実施したが、サンプルが十分に集まらず分析するまでには至らなかった。ただし、室内の温度やエネルギー消費量の結果からは、東北の中での均質化がさらに進み、札幌との差も狭まっている傾向がみられた。

(4) 仙台市の住宅における省エネルギー対策と関連する要因

筆者らは、住宅における省エネルギー対策を検討することを目的として、仙台市の住宅三〇七件を対象として、エネルギー消費量と居住性能に関する調査を二〇〇八年に実施[12]した。その結果によれば、年間の一戸当たりのエネルギー消費量は四七ギガジュールであり、東北地方全体の平均値六五ギガジュールに比べると少なかった。これは仙台が東北の中では比較的温暖であることがその理由である。用途別にみれば暖房、給湯、冷房、その他用のエネルギー消費量がそれぞれ一五・四ギガジュール(三二・七パーセント)、一六・八ギガジュール(三五・七パーセント)、〇・三ギガジュール(〇・六パーセント)、一四・五ギガジュール(三〇・九パーセント)であった。すなわち、暖房、給湯、その他用でそれぞれ三分の一を占めていること、冷房用は極めて少ないことがわかる。エネルギー消費量と関連する要因との関係について分析した結果によれば、暖房用・給湯用は家族人数と強い正の相関がみられた。また、省エネ行動との関係をみると、給湯に関しては、「風呂の回数を減らす」「風呂の使用量を減らす」「シャワーを使用する際に節水する」ことについて、「実行している」と答えたグループは「実行していない」のグループに対して、それぞれ四〇パーセント程度エネルギー消費量が少ないことが明らかになった。このことからも、省エネに対する意識の向上が省エネルギーを推進する上で大切であることがわかる。

(5) 農村部の住宅におけるエネルギー消費量

これまでの考察では、都市部の住宅のエネルギー消費量について述べてきた。農村部の住宅のエネルギー消費量はどのくらいであろうか。農村部の住宅は、一般的には住宅面積が広いこと、断熱気密性能が不十分であることから、エネルギー消費量は都市部よりも多いことが推察される。筆者らは、北海道から沖縄まで全国の地域の農村部、都市部の住宅五三五戸を対象とした調査を実施[13]した。東北地方の都市部の住宅七五戸、農村部の住宅四三戸についてみると、それぞれ、農村部のエネルギー消費量は七〇ギガジュール、都市部の住宅のそれは六二ギガジュールであり、農村部が都市よりも一三パーセント多いことがわかった。また、暖房用のエネルギー消費量についての分析結果からは、建設時期が古い、面積が大きい、暖房設定温度が高い住宅ほど多く、暖房機器では蓄熱式電気暖房器を使用している住宅で多い傾向がみられた。

農村部の住宅の規模は一般に大きく、暖房している部屋は居間のみである。したがって、後述するように暖房していない部屋の温度は外気温と同じぐらい低い場合もある。健康の面から言えば、常に使う部分だけを部分的に断熱し、エネルギー消費量を増加させることなく快適性を高めるといった改修方法が考えられる。

（6） 諸外国との比較からみた我が国の特殊性

我が国の住宅のエネルギー消費量は、諸外国と比較した場合にはどのようになっているのであろうか。岩船[14]らは、欧米諸国のエネルギー消費量と我が国の値を比較している。それによれば、我が国の一戸当たりのエネルギー消費量の平均値は大よそ四〇ギガジュールであるのに対して、米国、カナダは約一〇〇ギガジュールで二・五倍、フランス、ドイツ、イギリスは約七〇ギガジュールで一・八倍である。ただし、北海道だけを取り出すと約七〇ギガジュールで、ヨーロッパの三つの国と同じ程度である。この差は何によるのかというと、暖房エネルギー消費量の違いによる。すなわち、日本全体では暖房用エネルギー消費量が約一〇ギガジュール（二五パーセント）であるのに対して、他の国では四〇～六〇ギガジュール（四〇～七〇パーセント）と多い。北海道では約四〇ギガジュール（五〇パーセント）となって、用途別の消費構造はヨーロッパに近い。

それでは、なぜ暖房用のエネルギー消費量に差があるのかということである。これは冬季の寒さの違いということも関連するが、大きな理由は暖房形態の違いによるものである。すなわち、海外の住宅では住宅全体を一日中暖房しているのに対して、日本の多くの住宅では、北海道を除けば、居間を中心として朝食時と夜の団らん時のみに暖房を行っているからである。

省エネルギーの観点からみると、暖房用エネルギー消費量が少ないことは望ましいということになるが、暖房が不十分であることは健康性や快適性の面で決して望ましいことではない。次節で詳細に述べるが、断熱・気密化を進めることは、省エネを維持しながら健康性・快適性を向上させる上で極めて重要である。特に東北地方の気候特性を考慮すれば、冬の寒さは北海道ほどではないにせよ厳しいものがあり、不十分な断熱は室内温度が適切に維持されず、健康を損なう原因ともなり得る。

3 室内環境と健康性・快適性

昨今、「健康」がキーワードになってきている。国の住宅政策の中でも「スマートウエルネス住宅等推進モデル事業」[15]が進められており、ロードマップ[16]には「住宅の断熱化に伴う健康維持・増進効果の検証結果の情報発信」や「健康維持・増進効果等も考慮した省エネ改修の推進」が示されている。断熱化が単に省エネルギーの効果だけではなく健康を増進するという付随的な効果もあることが明らかになってきたからである。

本節では、室内環境と健康・快適性の関連について、これまで実施してきた調査に基づいて明らかにしていく。

（1） 脳卒中の発症と室温との関連についての調査

山形県の二つの町の調査

筆者らは、三五年前の一九八二年に山形大学の医学部のグループと協力して山形県内の三つの町を対象として、脳卒中の発症と住宅条件に関する調査を実施[17]した。その時代は脳卒中の死亡率が癌や心臓病よりも高かった頃であり、その原因は塩分の過剰摂取と冬の寒さであると言われてきた。しかし、冬の寒さということでいえば、山形県よりも北海道の方が厳しいが、北海道の脳卒中死亡率は全国平均並みである。また、脳卒中に掛りやすい高齢者は室内に滞在する時間が長い。そこで、外の気温よりも室内の気温の方が脳卒中の発症に関係があるはずであるとの推察から、居住者の衣食住の条件、特に室内温度と脳卒中死亡との関係を調べることにした。ここでは二つの町、すなわち脳卒中死亡率が全国平均の二倍である八幡町と〇・八倍とやや低い朝日町のそれぞれ約一〇〇戸の住宅を対象として実施した調査の結果を紹介する。調査項目は、建物の性能、暖房の方法、着衣の量、食生活、収入、家族構成、室内温度などである。

室内温度の一日の変化の例

各室の温度の調査結果の一例を示せば、次の通りである。外気温度がマイナス三℃前後であるのに対して、居間の床上一メートルの高さの温度は、暖房を開始すると急激に上昇して二〇℃くらいまで達し、その後若干下がるが、午後一時ごろから一二時近くまでは二二℃くらいに保たれている。暖房が停止されると室温は急激に降下し、明け方には三℃くらいまで低くなる。また、同じ居間の床上五センチの温度は、暖房しているときでも七℃前後と低いままである。この住宅では居間以外の部屋では暖房を行っていないので、隣の部屋や屋外の冷たい空気が入り込んで床近くにとどまっているために、このような温度の差ができてしまう。他の部屋は暖房していないため、寝室やトイレの温度は〇℃近辺にとどまったままであり、極めて寒い環境になっている。

この結果は一例であるが、居間とその他の部屋の温度差が大きいこと、居間の中で上下方向の温度差が大きいこと、明け方の居間の温度は外気温度近くまで下がることなどは、このような規模が大きく、断熱がされておらず、居間のみで暖房するといった住宅では共通した特徴である。

脳卒中死亡率の異なる二つの町の室内温度の比較

さて、二つの町の比較についてである。結果の詳細は省くが、明らかになったことは、脳卒中死亡率の低い朝日町の方が建物の熱的な性能(隙間風を感じるかどうかで判断)は良好であり、室内で居住者は厚手の衣服を着ていること、塩分の摂取は控えめであることなどが明らかになった。また室温に関しては、両方の町とも寝室やトイレの温度が大変低く、外気温が〇℃のときに寝室の平均気温は六℃、トイレは四・五℃であった。しかし、居間の温度には大きな違いがみられ、脳卒中の死亡率の高い八幡町の居間の温度はそうではない朝日町に比べて平均で四℃高いことがわかった。八幡町の方が室内では薄着で過ごしており室温が高いということと符合している。いずれにしても、そのような環境条件の場合には、居間から寝室やトイレに移動した際には、急激に寒い環境にさらされて血圧が急上昇する可能性があるが、その傾向は八幡町の方がより顕著に現れるといえよう。

室内温度の変化と血圧

一九八六年には、宮城県の志波姫町と唐桑町を対象として同様の調査を実施[18]したが、その際、居住者の数名に五時間ほどの短時間ではあるが自動血圧計を身につけてもらった。さらに身体周辺の温度を測るために、温度計も肩から吊すように依頼した。これらの測定結果から血圧と室温との対応関係を調べたところ、身体の周辺温度が急激に降下した際に、すなわち暖房している居間から暖房していないスペースに移動した際に、血圧が急激に上昇したことが認められた[19]。冷たい水に手を入れた際にみられる寒冷刺激による血圧の上昇はよく知られているが、実際の住宅で観察されたのは筆者の知る限り初めてである。

八幡町での四年後の室内環境

山形県の八幡町では、暖房していない部屋の温度の低いことが脳卒中発症の一因であることが推定されたので、その後、脳卒中予防のため、トイレを暖かくすること、建物を断熱気密化すること等に関する啓発活動を調査報告会や広報などを通して実施した。そして、四年後の一月に、前回調査した住宅と同一の住宅を対象として、住宅構造、設備、住まい方と室温に関する調査を実施[20]し、それらの変化を調べた。その結果、トイレを屋内に設置している住宅が五七パーセントから六九パーセントに増え、トイレでの暖房設備の使用率は七パーセントから二一パーセントに増加したことがわかった。しかしながら室内の温度については居間の場合、温度が四年前より高くなった住宅は一〇パーセントくらいであり、トイレの温度が高くなった住宅もほぼ同じような割合であった。すなわち、全体的にみると、室温の変化はほとんどみられなかった。

暖かさの感じ方と室温

室内温度と脳卒中の発症についての情報を様々な形で提供したにもかかわらず、なぜ室温の変化がなかったのであろうか。結論的に言えば、室内温度の現状に対して不満を抱いていないということが大きな理由である。一九九〇年に宮城県の志波姫町と唐桑町を対象として調査を実施[18]した際に、室内温度の読み取りを依頼するとともに温冷感についてのアンケート調査も行った。調査対象の住宅数は志波姫町では四五戸、唐桑町では四三戸である。温冷感についてでは「暑い」「暖かい」「やや暖かい」「どちらともいえない」「やや寒い」「寒い」「非常に寒い」の七段階で質問している。その結果、約八〇パーセントが「暖かい」「やや暖かい」と回答したが、「暖かい」と回答した居住者が暮らしている居間の温度は、八~二三℃まで幅広くばらついており、平均値は一四℃、「やや暖かい」と回答した温度は、六~二〇℃までばらつき、平均値は一二℃であった。いずれにしても「暖かい」、「やや暖かい」と回答したにもかかわらず平均的な室内温度は極めて低いことがわかった。居住者はそのような環境で長年生活してきており、寒さを特に感じていないようである。

志波姫町の保健師の言葉であるが、断熱気密性能の良い住宅に転居した後になって、それまで暮らしていた住まいが、いかに寒かったかということが初めてわかったと述べており、印象深く覚えている。すなわち快適な環境を実際に体験し、自分の家の室内環境と比較することに

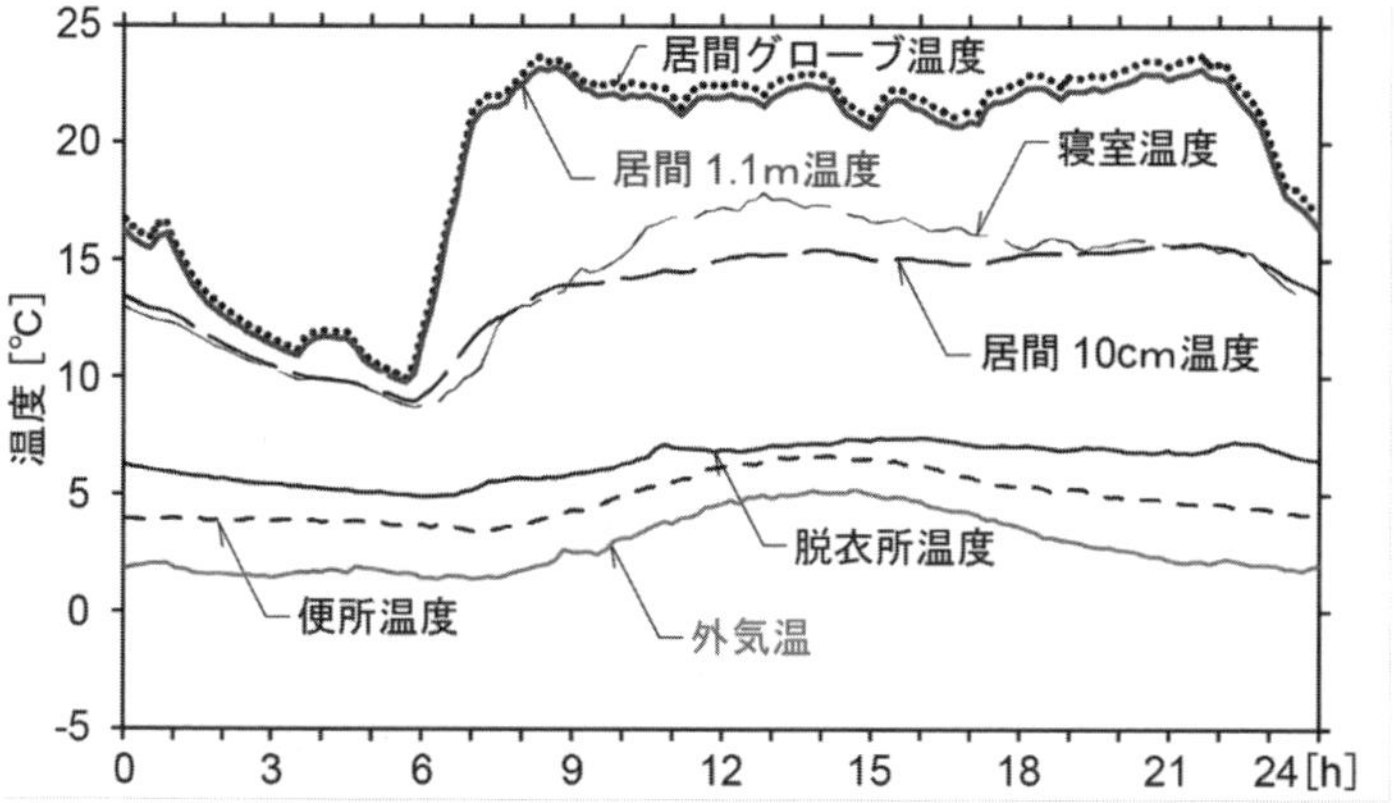

図４　旧羽黒町の住宅における室温の変化（2015年１月）

よって、居住者自らが現状の熱的環境を評価することが重要であると言える。

（２）　室温と血圧の関係についての最近の調査

山形県の最近の住宅における室内温度

二〇一六年の一月に、朝日町、旧羽黒町、旧八幡町の住宅を対象として、再度、調査を実施した[21]。これは三四年前に調査したときと比べて、住宅の室内熱環境がどのように変化したかを知るためである。対象住宅の数は、それぞれ七八戸、三二戸、七八戸である。室内温度の測定結果の一例を**図４**に示す。

この住宅の場合には寝室も暖房しているために、寝室の温度は居間と同様なパターンで上下している。暖房時の居間の温度は二三℃前後で快適な温度に保たれているが、居間の床上近くの温度は低く、また暖房していない脱衣所とトイレの温度は外気温度に

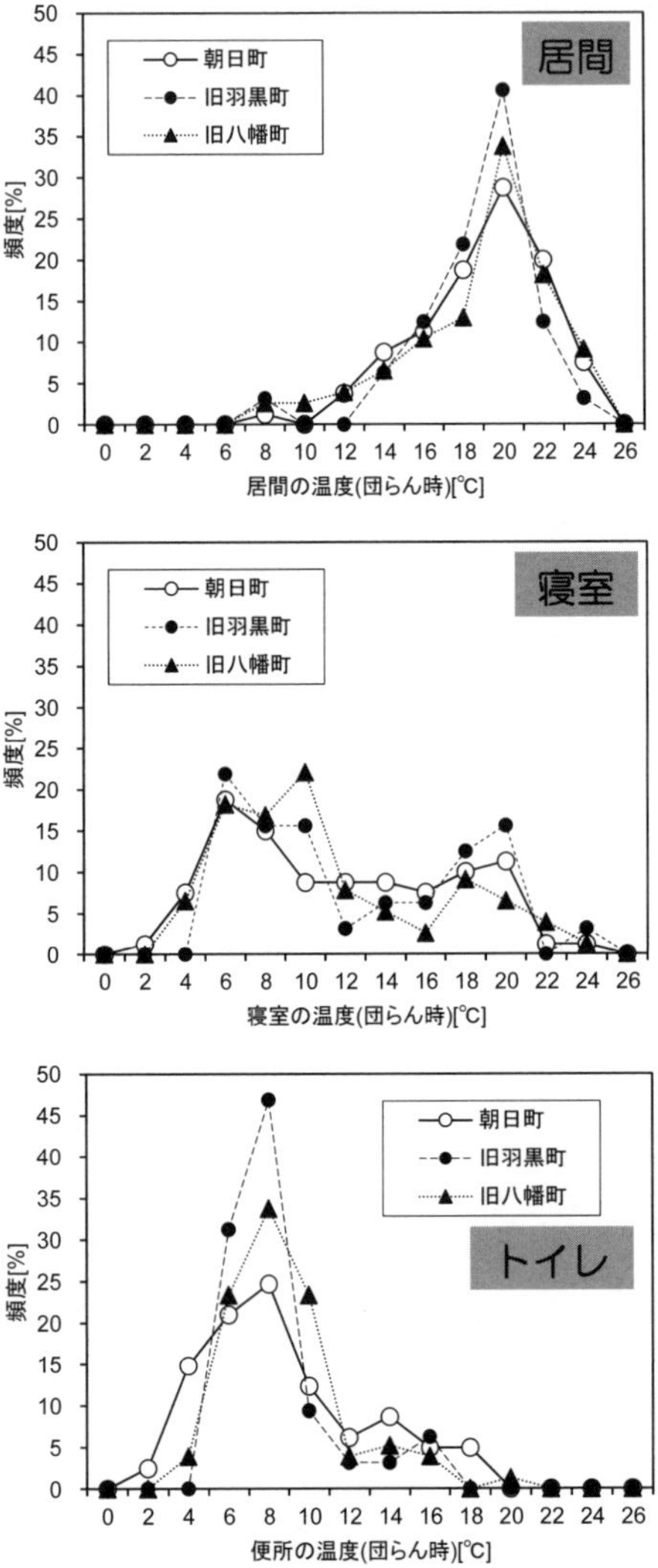

図 5　団らん時における室内温度の分布（2015 年 1 月）

近くなっている。他の住宅についても、このような温度変化の特徴は寝室温度を除いて同様である。

団らん時に読み取ってもらった各室の温度の分布をみると**図5**のようになる。この図によれば、居間の温度はどの町も二〇℃を中心として一二〜二四℃に分布し、三四年前に比べて温度が五℃前後高くなっている。また、寝室については温度の分布に二つの山がみられ、ピークは八℃前後と一九℃前後である。温度の高い住宅では、寝室で暖房器具を使用している。しかしトイレについては、八℃をピークに分布し全体的に低い。また、一四〜一六℃を示す住宅もあるが、これらの住宅は一〇パーセント程度であった。

以上のことから、現在でも暖房している居間とトイレの温度の差は一五℃もあり、ヒートショックの起こる可能性があることは否定できない。

室温と血圧の関係

今回の調査では、一部の居住者を対象として血圧の測定を実施[22]した。ある居住者を例として、起床時と就寝前における室内温度とその時に測定した血圧の関係を分析すると、両者は負の相関を示し、温度の低いときに血圧が高くなることが明らかとなった。また、健常な高齢者一四人を対象として、起床時における室内温度とそのときの血圧との関係を示すと**図6**のようになる。明らかに一五℃以上の場合に血圧が有意に低いことが示され、温度が低いことの血圧への影響が現れている。

ところで、庄内地域における平成二一～二五年の入浴事故の発生状況を保健所データで調べたところ、月平均外気温が低い月ほど入浴時の事故による死亡件数が多いという結果[23]が得られた。この関係は、他の調査[24]でも明らかにされている。

以上のことは、寒冷な気候が入浴時の死亡事故に繋がりやすいということを意味しているが、その理由に結び付く入浴時前後の血圧変化のモデルを栃原[25]が示している。居住者の血圧は、温かい居間から暖房のない脱衣室に移動し衣服を脱ぐことにより寒冷な環境に身をさらすため大きく上昇する。その後浴槽に入ると、熱さによる刺激によってさらに一瞬高くなるが、すぐに身体全体が温まってくる

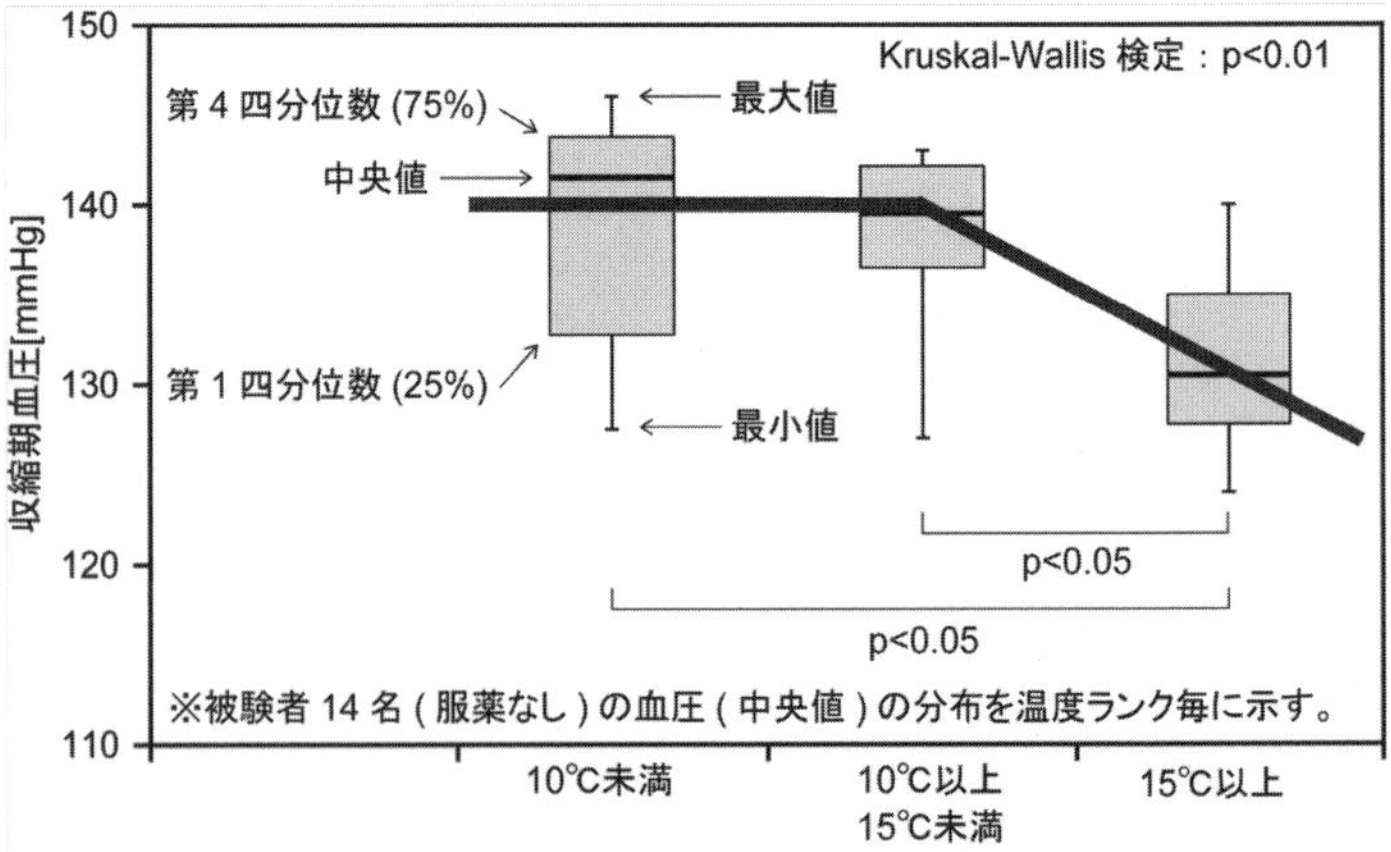

図 6　起床時における室内温度のランクと収縮期血圧の関係

とともに血圧が下降する。最後に浴槽から出るために立ち上がる際、さらに一時的に降下し、その後血圧が上昇し元に戻る。そのために、血圧が上昇する際には脳出血が、下降するときには脳梗塞、心筋梗塞、あるいは脳貧血が発症し、溺死の可能性が大きくなる。

浴槽の湯の温度も血圧の上昇に影響すると推察されるが、北海道の住宅の湯温は本州の住宅のそれよりも若干低いことが示され[26]ている。北海道では住宅全体を暖房しているために浴槽の湯の温度が比較的低いが、本州では脱衣室や浴室での温度が低いため湯の温度が高めになっているものと推察される。

(3) 断熱・気密化と健康・快適性の向上

断熱・気密化による生活の変化

断熱・気密化は省エネルギーを進めるために実施するものであるが、一方で冬期においては、非暖房時の温度の下降を抑え、暖房していない部屋の温度を引き上げる上で効果がある。そのことにより快適性が向上し、居住者の健康を維持・増進させることにも繋がる。筆者らは、東北地方を中心として高断熱高気密住宅に転居した居住者、約四五〇人を対象として、以前の住宅と比べて住まい方でどのような変化があったかについて調査[27]した。調査時期は一九九三年であり、高断熱高気密住宅が普及し始めた時期でもある。その結果を示せば**図7**にようになる。

すなわち、五〇パーセントを超える住宅で「朝の起床が楽になった」、「夜のトイレが億劫でなくなった」という回答を得た。また、二〇～四〇パーセントの住宅で「暖房時間が減った」、「裸足で過ごすようになった」、「子供や高齢者の室内での活動範囲が増えた」と回答し、一〇パーセント前後と少ないものの「外出が億劫でなくなった」と回答している。これらは断熱・気密化によって室内の温度が以前の住宅に比べて全体的に高くなり、寒い場所がなくなったことが大きな原因である。その結果として、室内での活動が活発になっただけでなく、外出も億劫ではなくなっている。

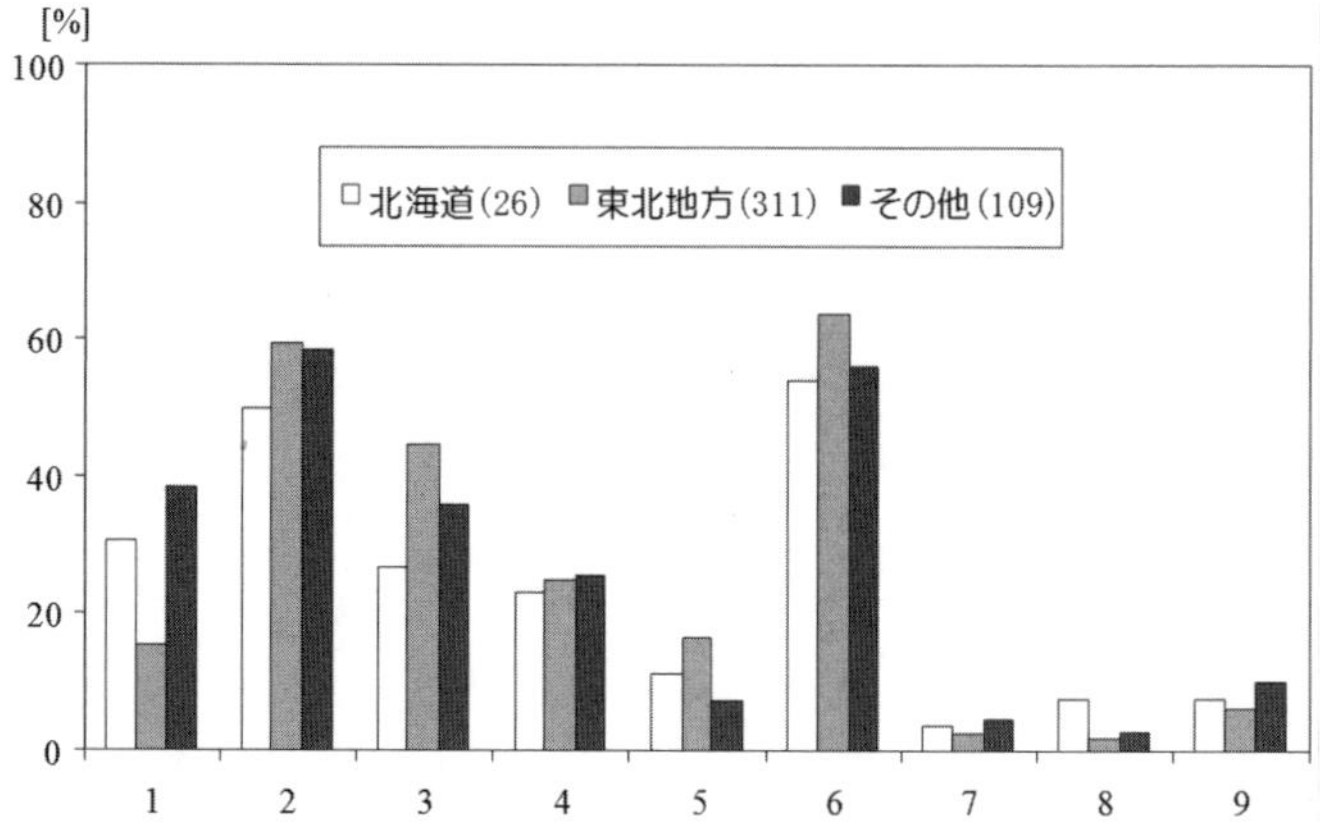

1 暖房時間が減った
2 朝の起床が楽になった
3 裸足で過ごすようになった
4 子供や高齢者の室内での活動範囲が増えた
5 外出が億劫でなくなった
6 夜のトイレが億劫でなくなった
7 静電気がよく生じるようになった
8 特に変化なし
9 その他

高断熱・高気密住宅の調査(446戸、1993)
➢多くの住宅で快適なったことが報告

図7 断熱気密化による住まい方の変化

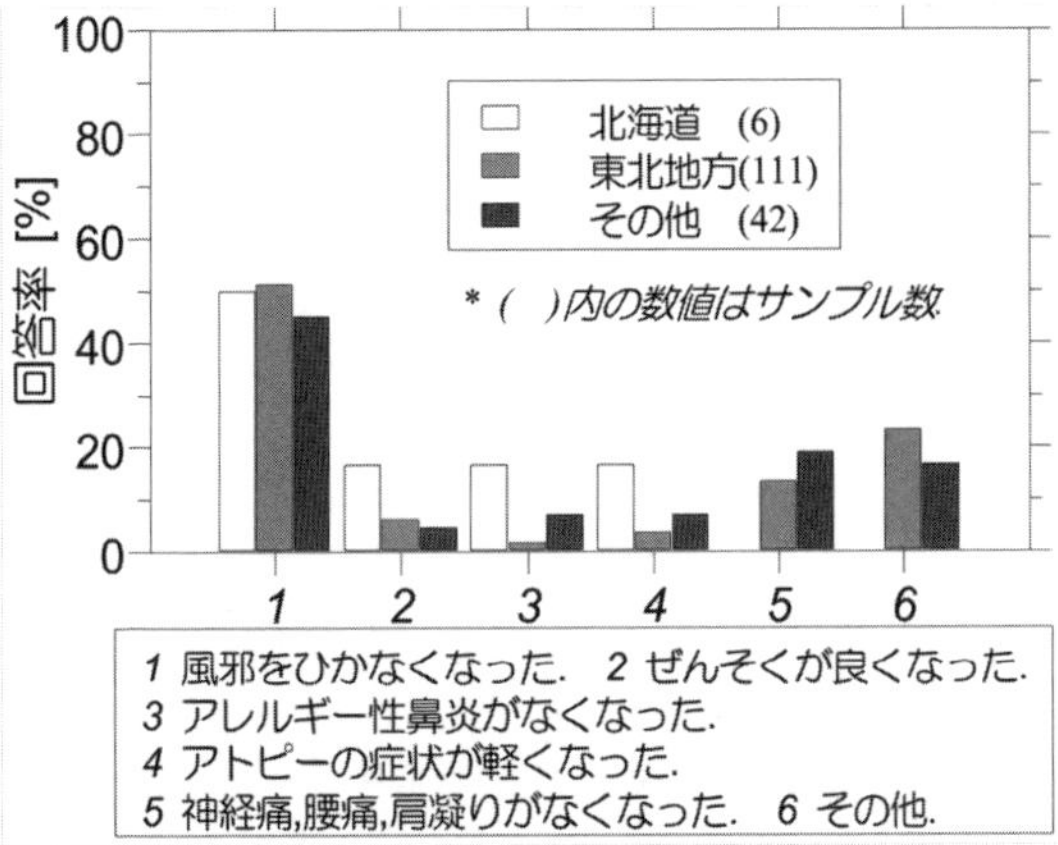

➢ 健康への良い影響があった住宅は40%。
➢ 風邪をひかなくなった、神経痛・腰痛・肩こりがなくなったなどの回答。

図8 断熱気密化による健康への影響

また、入居後の健康上の変化についても聞いているが、四〇パーセントの居住者で良い変化があったと回答している。具体的な変化としては、**図8**に示すように「風邪をひかなくなった」が半数で答えており、「神経痛、腰痛、肩こりがなくなった」の回答が約一五パーセントである。これらの変化は、温熱環境が向上し、居住者の生理的ストレスが小さくなったことが理由として考えられる。また、わずかではあるが、「アトピー性鼻炎が良くなった」「アトピーの症状が軽くなった」との指摘もみられた。一方で、健康上の悪い変化があったと答えた居住者は一五パーセントでみられ、そのうちの三〇パーセント前後が、「乾燥肌になった」「喉の具合が悪くなった」と指摘しており、わずかではあるが、「アトピー性皮膚炎が悪化した」という回答もみられた。

乾燥感の原因

これらの指摘は室内の乾燥と関係があるものと推定されたので、その後、アンケートに答えてくれた東北地方の住宅の中から六〇件を抽出し、温湿度の測定と乾湿感についての調査[28]を行った。乾湿感は、「非常に湿っている」から「非常に乾いている」の間で七段階で評価した。その結果、測定された相対湿度は三〇〜七七パーセントの範囲にあり、居住者の申告はほとんどが乾燥側であるが、相対湿度が低いほど乾燥感が強いという弱い負の相関がみられた。また、四〇パーセント以下の住宅でのみ乾燥感を感じているわけではなく、高湿度の六〇〜七〇パーセントでも「乾燥している」と感じている。さらに、健康上の被害を指摘した住宅と、建物に対して何らかの問題があると指摘した住宅に注目すると、建物に対する問題の指摘は、比較的低い湿度を示す住宅においてみられるのに対して、健康上の被害を訴えた住宅は必ずしも低湿度側にあるわけではなく、高湿度にありながら乾燥していると感じている場合もあった。乾燥感は化学物質も関与しているという報告[29]もあり、この問題はさらに研究する必要がある。

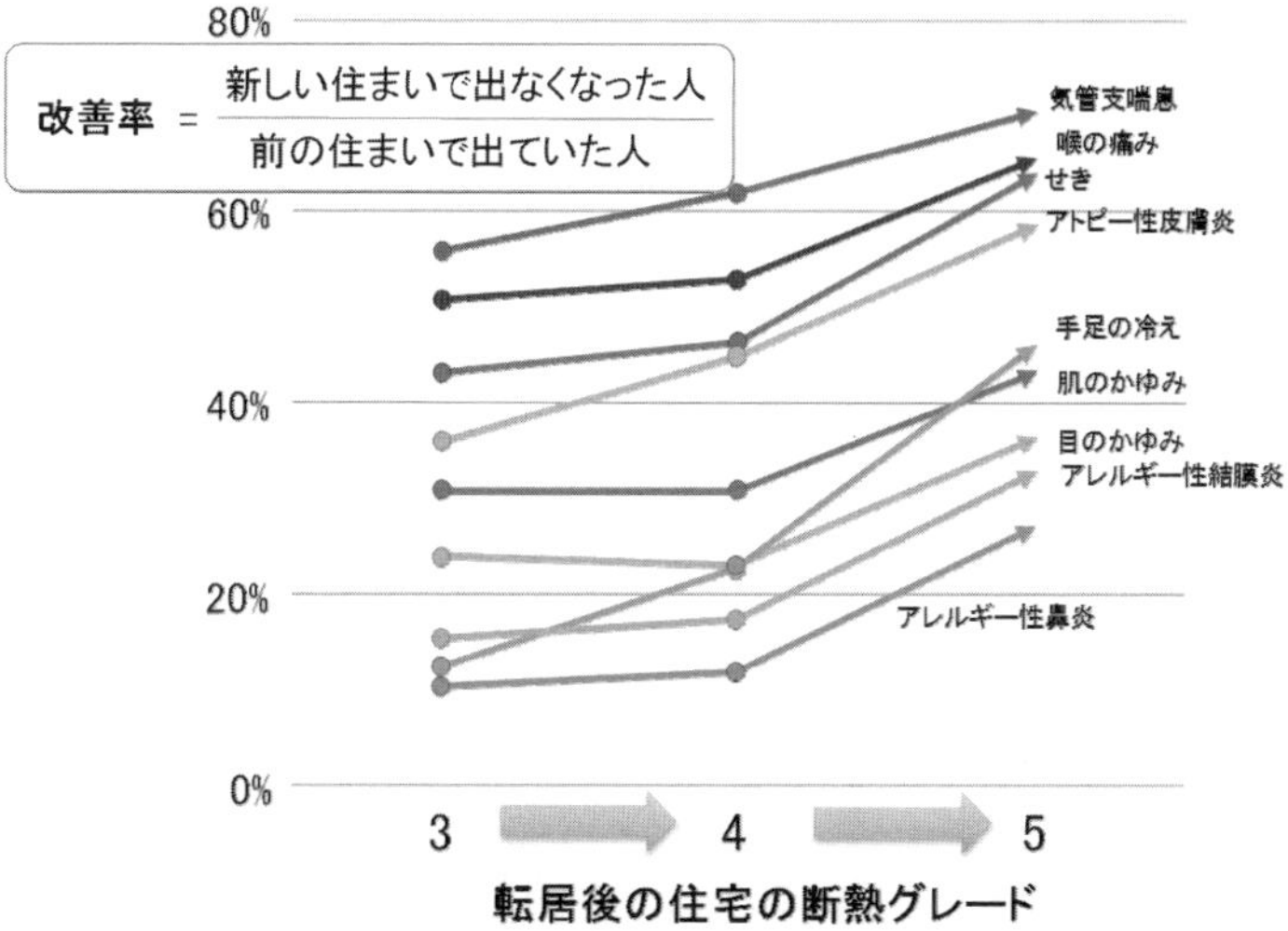

図9　断熱化の健康改善効果

出典：岩前篤(2010)「断熱性能と健康」日本建築学会環境工学本委員会熱環境運営委員会、第40回熱シンポジウム梗概集

高断熱住宅に転居した後の疾病の恢復

断熱化と健康の関係については、岩前らが二万人を対象とした大規模な調査を二〇一〇年に実施[30]した。それによると、断熱・気密化住宅に転居する前の住宅において居住者が罹っていたアレルギーなどの疾患が、転居後には回復した例が多いことが報告されている。すなわち**図9**に示すように、断熱性能が最も良い場合（グレード五）で、例えば、気管支喘息では改善率が七〇パーセント、喉の痛み、セキでは六五パーセント、アトピー性皮膚炎では六〇パーセント、アレルギー性結膜炎では三五パーセントなどとなった。

ニュージーランドでも、同様の調査が一三五〇戸を対象として既に二〇〇六年に実施[31]されている。調査住戸の半数に断熱改修を施し、改修前後の健康状態を比較したところ、風邪やインフルエンザ、児童の学校の欠席回数、呼吸器疾患による通院回数などがほぼ半分に減少したことが示されている。

また、英国の保健省は住宅の健康・安全性評価システムの中で、室温が一八℃以下では血圧上昇や循環器系疾患、一六℃以下では呼吸器疾患などの大きな健康リスクがあることを示している[32]。さらに、健康や安全性の劣る住宅に対しては、賃貸住宅の家主に、建物を改修するなどの措置を施し、強制的に室温が基準を満たすように改善することを求めている[33]。

我が国においても、日本建築学会では一九九四年に室内温度の推奨値を提案しており、例えば高齢者の場合の寝室温度を二〇℃としている[34]。

なお、二〇一四年度より、国土交通省スマートウェルネス住宅(SWH)等推進モデル事業の一環として、全国各地の医学・建築環境工学の学識者で構成する委員会(スマートウェルネス住宅等推進調査委員会 委員長―村上周三 東京大学名誉教授、(一財)建築環境・省エネルギー機構理事長)が設置され、普及啓発のための組織として「(一社)健康・省エネ住宅を推進する国民会議」と連携しながら、断熱改修前後の住環境や健康状況の比較測定により、断熱・気密化が居住者の健康状況にもたらす効果について調査検証を実施[35]している。

4 断熱・気密化による省エネルギー効果

（1） 断熱・気密住宅における暖房エネルギー消費量

住宅分野の省エネルギーを進めていく上で、断熱・気密化は最も重要な手段であり、省エネルギー基準でも大きな改定のたびに断熱レベルが強化されてきた。断熱レベルが上がれば熱損失係数が少なくなり、理屈の上ではエネルギー消費量は少なくなるはずである。ただし、その場合、室内はどこでも一定の温度に保たれていることが条件である。それでは、実際の住宅ではどのくらいエネルギー消費量が減少しているのであろうか。

高断熱高気密住宅に転居した居住者、約四五〇人を対象として実施した一九九四年の調査では、快適性、健康性が以前よりも向上したことについては前節で述べたが、その際に暖房に使用される灯油の消費量についても調査した。その結果を、同じ都市にある既設の住宅で使われている灯油消費量の平均値と比較してみた。結果[36]を**図10**に示す。そうすると、断熱気密化された住宅の灯油消費量は一〇ギガジュールから一〇〇ギガジュールと大きくばらついているが、それぞれの都市ごとに比較すると、平均値よりも少ない住宅が約二〇パーセントであるのに対して、平均よりも多い住宅は八〇パーセントにも上っていることがわかった。例えば、秋田市の場合には、既存の住宅の灯油消費量が三五ギガジュールであるのに対して、高断熱住宅では一〇ギガジュールから一〇〇ギガジュールまでばらつき、平均値を上回る住宅の割合は約六割である。

なぜこのような逆転が生じるのかと言えば、暖房の使い方が既存の住宅と高断熱住宅とでは異なるからである。すなわち、既存の住宅では多くの場合、暖房は居間だけで行われ、朝と団らんの時間帯のみに使用しているのが実態である。それに対して高断熱住宅では、住宅全体を一日中暖房しているケースが多いからである。

（2） 断熱レベル・暖房方法とエネルギー消費量の関係

この問題に関連して、断熱レベルと暖房方法のエネルギー消費量に及ぼす影響を数値計算で検討[36]した。

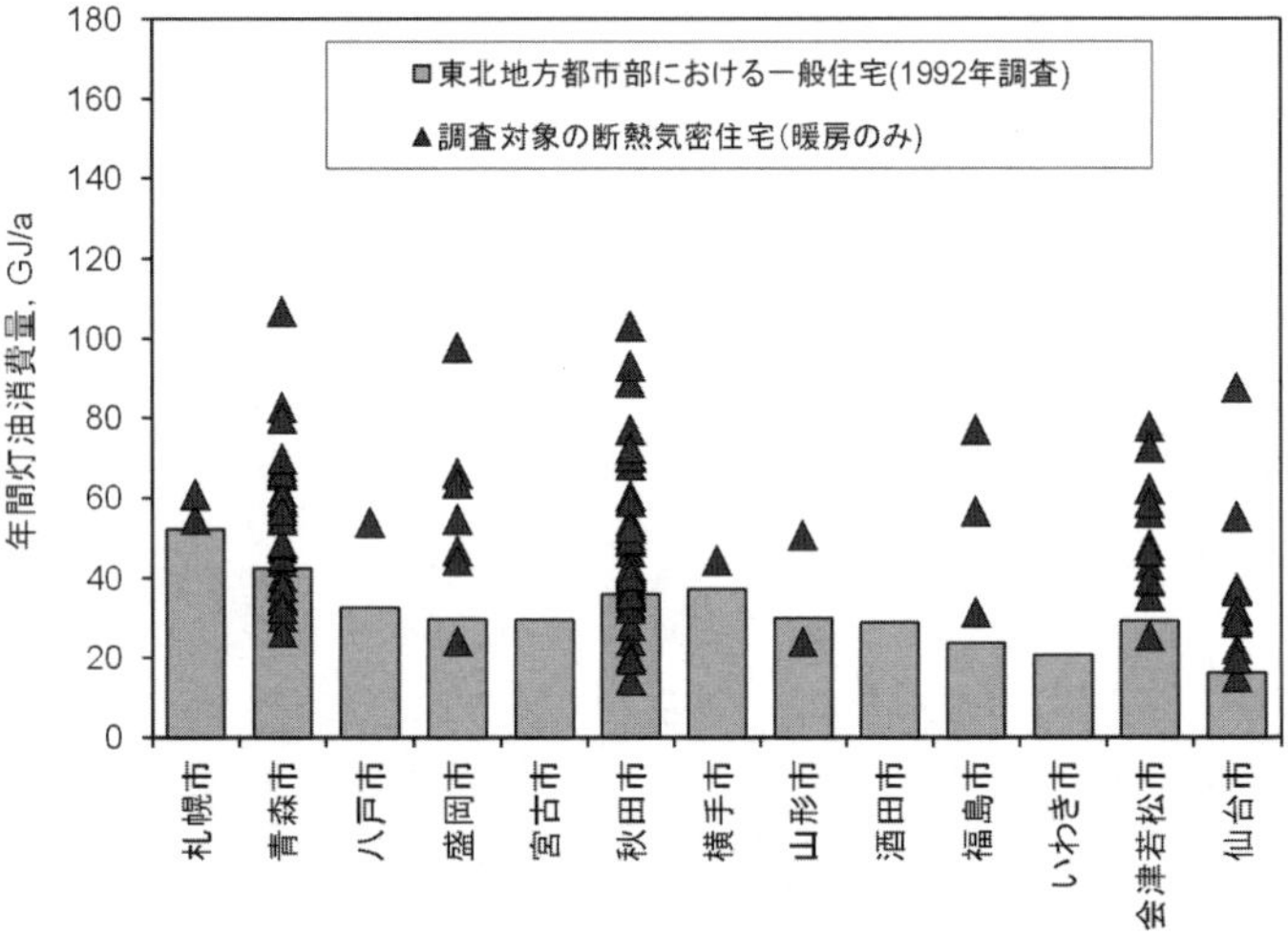

図10 暖房用エネルギー消費量

計算の対象とした住宅は、日本建築学会が負荷計算を行うために提案した標準住宅モデルである。断熱レベルとしては、断熱なし、旧省エネレベル、新省エネレベル、次世代省エネレベル、カナダR二〇〇〇(3)レベルの五段階である。暖房の形態は、居間のみを朝食時と団らん時のみ断熱する場合(間欠部分暖房)と全部の部屋を一日中暖房する場合(連続全室暖房)の二つである。仙台の標準気象データを用いて、一月の暖房負荷を求めた。

既存の多くの住宅は、断熱なしで暖房条件は部分間欠暖房であり、その条件における一月暖房負荷は一・二ギガカロリーである。同じ無断熱の住宅を連続全室暖房したとすると、四・二ギガカロリーの消費量まで増加する。この暖房条件の状態から断熱レベルを上げていけば、当然のことながら暖房負荷は減少し、旧基準、新基準、次世代基準の順に二・九、一・九、一・五ギガカロリーとなる。しかしながら、無断熱で間欠部分暖房の場合の一・二ギガカロリーと比べると、次世代基準を満たす断熱を施しても暖房負荷は多いことがわかる。先に断熱気密住宅における暖房用エネルギーが既設の住宅よりも多いという実態は、単純にいえば、このような計算結果と対応していると言える。

断熱性能をさらに高めてR二〇〇〇のレベルになれば〇・八ギガカロリーとなり、一般住宅よりも少なくなる。R二〇〇〇レベルの断熱とは、壁の場合には断熱厚さが二〇センチ程度のレベルである。

（3） カナダR二〇〇〇住宅におけるエネルギー消費量

カナダR二〇〇〇住宅の性能が話題となって、一九九一年には認定制度も作られたが、その機会にR二〇〇〇のレベルの住宅を仙台に建設するプロジェクトを立ち上げた。施主も見つかり、居住状態で二年間、エネルギー消費量を計測することができた。二年間における調査の結果[37]、暖房用エネルギー消費量は、東北地方の平均値の七〇パーセントで済んでおり、日本全体の平均値にほぼ等しい値となっていることがわかった。室内環境は冬期間、二〇℃でほぼ一定に保たれ、快適な環境が実現されており、このレベルの断熱化を行えば、まさに省エネルギーが実現できたと言える。この建物の性能は、その後の省エネルギーの議論をする上での目安となった。

（4） 断熱・気密化のコベネフィットを考慮した投資回収年数

近年の新築住宅は断熱のレベルも上がってきているが、次世代省エネルギーのレベルの住宅は新築住宅の半数にも満たない。また、断熱が不十分な既存住宅が数多く残っており、断熱改修の推進も重要である。問題は、高断熱・高気密化する場合にはコストがかかるために、その費用対効果がどうかということである。伊香賀ら[38]は、東京の住宅を対象として次世代省エネレベルの高断熱・高気密化による省エネルギー効果に関して投資回収年数を計算している。それによると単純な回収年数は二九年である。一方、断熱を行った住宅においては、先に述べたように健康が維持されるが、断熱しない場合には健康を損なって結果的に治療費などのコストがかかってしまう。そのような経費を厳密に勘定して、回収年数に反映させると、一六年で元が取れることを明らかにしている。

また南[39]は、東日本大震災の直後の停電で暖房が使えなかった次世代省エネを超えるレベルの断熱の良い住宅では、宮城県の場合には停電後四日間でも、室温が一五℃を維持していたことを報告している。

これらのことは、前節で述べたことも含めて、断熱・気密化の意義をコベネフィットとして多面的に評価する必要があることを示している。

5　ゼロエネルギーハウスと自然エネルギー利用

(1)　ゼロエネルギー住宅とは何か

ゼロエネルギーハウスとは、年間にわたって使用するエネルギーが、屋根に載せたソーラーパネル等によって供給される年間のエネルギーよりも少なくて済む住宅のことである。

国の定義では、ZEH(ゼッチ)をネット・ゼロ・エネルギー・ハウスとしており、「住宅の高断熱化と高効率設備により、快適な室内環境と標準住宅よりも二〇パーセントの省エネルギーを同時に実現した上で、太陽光発電等によってエネルギーを創り、年間に消費する正味（ネット）のエネルギー量が概ねゼロ以下となる住宅」と定義している。また、正味で七五パーセント省エネを達成したものをNearly ZEHと呼んでいる。なお、コンセントに繋げて使用する家庭電化製品のエネルギー消費量は含まれていない。

また、一般社団法人 日本サステナブル建築協会では、建物のライフサイクルを通して二酸化炭素（CO_2）排出量がマイナスになる住宅「ＬＣＣＭ(Life Cycle Carbon Minus)住宅」に関する開発研究を実施[40]した。ＬＣＣＭ住宅は、毎年のエネルギー消費に伴う二酸化炭素排出量を、太陽光発電によって創出するエネルギーでキャンセルし、さらに余った分でライフサイクルの間に二酸化炭素排出量をマイナスにすることを目指している。研究成果を踏まえて、（一財）建築環境・省エネルギー機構では二〇一二年からＬＣＣＭ住宅の認定制度を設け、これまで四九件が認定を受けている。

（2） 基本となるパッシブソーラーシステム

ゼロエネルギーハウスを実現するためには、基本的には、建物自体の断熱気密化を十分に行うことが重要である。そのためには、まずパッシブソーラーハウスを目指すことが必要である。

パッシブソーラーハウスとは、断熱気密性能を十分に高め、南面窓を大きく設けて冬の日射を採り入れ、床や壁に蓄熱材を施して、日射の熱を夜の暖房に寄与するようにした建物である。夏は日射を遮蔽し、夜の冷気で建物を冷やし、日中は窓を閉めておけば室内は外気よりも低く維持される。一九七〇年代後半からパッシブソーラーシステムの研究が盛んに実施され、多くの住宅が設計・建設された。筆者ら[41]は東北大学の青葉山キャンパスにパッシブソーラーハウス試験住宅を一九八一年に建設し様々な実験を行った。その試験住宅の南面は全面ガラスで覆われており、東西の二つの部屋で使用の異なるパッシブシステムの比較実験が可能である。その実験の一例を以下に述べる。

断熱を十分に施した上で蓄熱材としてレンガを床と壁に設置し、窓は三重ガラスにして夜間は熱損失の大きい窓に断熱雨戸を施す。そのようにすると、日射があれば日中は十分に暖かく、夜間は暖房の必要がないほど室温が低下しないことが示された。このような家屋を「無暖房住宅」と呼ぶこともある。寒冷気候にあるスエーデンでも無暖房住宅が既に建設されており、決して非現実的なものではない。

現在では、このようなパッシブシステムを積極的に採り入れ、ドイツパッシブハウス研究所が規定する性能認定基準を満たす省エネルギー住宅を特にパッシブハウス(Passive house)[42]と呼んでおり、世界各国で普及が図られている。

(3) ZEHの普及と課題

我が国においてZEHに関しては、先に述べたように二〇二〇年までに標準的な新築住宅で実現することを目指している。これを推進するために、二〇一二年から建設する施主に対して審査によって補助金が付与されており、二〇一五年までに約一万五〇〇〇件が建設され、その七〇パーセント近くがゼロエネルギーを達成している[43]。

筆者は、任意団体「住まい環境 東北フォーラム」(4)において健康快適で省エネルギーを目指した住宅の普及啓発活動を行っているが、その一環としてZEHを上回るプラスエネルギーホームを建設した。断熱性能のレベルはZEHの基準を満たしており、屋根には一〇・五キロワットのソーラー発電のパネルを載せたものである。年間の測定結果[44]によれば、発電量が消費量の倍近い値となることが示された。

ZEHの建設が各地で始まっているが、二〇一六年一〇月に函館で建設された数棟のZEHを見学する機会があった。その中のいくつかの建物では、窓面積が比較的小さいことが印象的であった。その理由としては、暖房時における熱損失を小さくすると同時に、夏の日射の侵入を抑えるためとのことであった。窓は日射の取得、採光、開放感、換気・通風等の面で重要な機能を備えている。建築環境工学の立場から言えば、南向きの窓は大きく設けることが原則である。その観点から言えば、ZEHのために開口部を制限していく方向は決して望ましくない。

写真1　オーストラリア・ブリスベーンのエコビレッジにある住宅

（4）地域全体のゼロエネルギー化の試み

単体の建物ではなく、地域としてゼロエネルギーを目指す試みも世界では進んでいる。例えば、オーストラリアのブリスベーンの郊外に建設されたエコビレッジがある。そこでは、資源の地産地消を目指して、エネルギーや水を自給し建物の材料もリサイクル材を利用するなどの取組みを進めている。建物の一例を**写真1**に示す。建物の設計では、パッシブシステムを導入し、太陽熱による給湯を行い、太陽光による発電で必要以上の電気を生み出している。また、給水用に雨水を一〇〇パーセント利用している。さらに驚いたことに、エアコンの設置は禁止となっている。もちろん、気候条件が温暖であり冬の気温が最低で一〇℃ぐらいであるということがゼロを達成でいる大きな理由の一つであるが、多くの示唆を与えるビレッジである。

6 伝統的な民家の熱環境と現代建築への応用

東北地方には多くの伝統的な民家が多く残っている。これらの民家は、その地域の気候条件の下で長い間に培われてきた多くの知恵が盛り込まれている。例えば、厚い茅葺きの屋根がある。**写真2**は遠野の曲り家である。大きな厚い茅葺きの屋根で覆われた室内は夏の日射を完全に遮蔽してくれる。茅は水を含み、日中には水分が蒸発して屋根の温度を低下させる。また大きな開口部は外気を十分導入してくれる。玄関の土間は蓄冷の効果を持ち、室内を冷えた状態に保ってくれる。暑い夏にこのよ

写真2　伝統的な住居1：茅葺き屋根の民家

写真3　伝統的な住居2：厚い土の壁でできた土蔵

うな民家に入るとヒヤッとした感じは、多くの人が体験している。このような伝統的な技術は、現代の設計にも十分に生かすべきである。夏においても屋根の断熱が必要な理由は、この例からもわかる。しかし、このような建物は冬の室内が寒い。空間が大きいために暖炉で火を焚いても、決して室内は暖かくはならない。この点は、断熱・気密化等の現代技術で解決しなければならない。

また、土蔵も多く建てられており、中には居住のために使用されている場合もある。**写真3**はその一例である。土蔵は厚い土で作られ、屋根は本体の倉から離して、外気に開放された空間を挟んで設置されている。このために、夏の日射の室内への影響は全くない。また、土壁の蓄熱効果と吸放湿効果によって、一年中、室内は安定した温度と相対湿度が維持されている。これらの特徴も、現代の建築の設計に生かすべきである。

一世代前の住宅は、**写真4**に示すように、縁側が南に向いた大きな開口部の内側に設けられている。この空間は、冬は日射によって温度が上昇し、暑すぎて窓を開けるほど高くなる。これはまさにパッシブシステムである。ただし、断熱性や蓄熱性がないために日が傾くと急激に室内の温度は降下してしまう。それを防ぐには、前節で示した断熱や蓄熱の工夫が必要となる。

縁側は近隣の人たちが集まって交歓する場としても機能していた。現代の住宅にはほとんど見られなくなったが、このような空間は、環境的な緩衝空間として有効に機能しているが、それにとどまらず近隣とのコミュニケーションを生み出す場としても大きな長所を持っている。縁側は、現代の住まいにも採り入れたい要素技術の一つである。

大きな開口部により、
冬期は日照があれば室温が上昇、
夏期は通風が確保され、室内は
外気温度に近づく。

写真4　民家にみる廊下の効用

7 おわりに

東北地方の気候特性は多様である。多様な気候条件は、自然エネルギーの利用、住まいや住まい方に、異なった形で大きな影響を及ぼす。温暖化防止のための低炭素化への社会的要求の中で、高齢者を含む多様な人々が健康で快適に生活できるように住居を設計し、改修していく必要がある。そのためには、第一に断熱気密化を徹底して進めて熱負荷を削減し、適切な換気設備を設けることである。その上で、地域の環境を十分考慮して開口部の設計や蓄熱技術を採り入れて、自然エネルギーを効果的に利用することが必要である。本章がそのための一助となることを願う。

注釈

（1）一九八〇(昭和五五)年に「エネルギーの使用の合理化に関する法律」(通称 省エネ法)が制定された。この法律に基づく二つの告示、「建築主の判断の基準」と「設計施工の指針」が省エネルギー住宅を建てる目安の基準になっている。「建築主の判断の基準」は「性能規定」、「設計、施工の指針」は「仕様規定」と呼ぶ。
・建築主の判断の基準—住宅に係るエネルギーの使用の合理化に関する建築主及び特定建築物の所有者の判断の基準
・設計、施工の指針—住宅に係るエネルギー使用の合理化に関する設計、施工及び維持保全の指針

（2）本章5節の（1）「ゼロエネルギー住宅とは何か」を参照。

（3）カナダR二〇〇〇住宅とは、カナダ政府が主体となって一九八〇年に開発した高断熱高気密住宅の仕様。西暦二〇〇〇年までに新築住宅の熱抵抗値をR二〇にすることを目的とした。日本には一九八五年にその技術が紹介され、一九九〇年に(社)日本ツーバイフォー建築協会で、R-二〇〇〇住宅の認定制度が始まった。

（4）東北地方を中心として一九九二年から活動。会員は約一〇〇名。

参考文献

［1］ＩＰＣＣ第五次報告書、電子版—WORKING GROUP I, Climate Change 2013: The Physical Science Basis, http://www.climatechange2013.org/

［2］環境省(二〇一六)、電子版「地球温暖化対策計画」https://www.env.go.jp/press/files/jp/102816.pdf

［3］日本エネルギー経済研究所　計量分析ユニット編(二〇一六)『エネルギー・経済統計要覧』一般財団法人省エネルギーセンター

［4］資源エネルギー庁、電子版「ＺＥＨに関する情報公開について」http://www.enecho.meti.go.jp/category/saving_and_new/saving/zeh/

［5］近藤純正、電子版「大気境界層の気象、(Ⅱ)気温と地温の変化」http://ci.nii.ac.jp/els/110001814058.pdf?id=ART0001960565&type=pdf&lang=en&host=cinii&order_no=&ppv type=0&lang_sw=&no=1486435169&cp=

［6］気象庁、電子版「歴代全国ランキング」http://www.data.jma.go.jp/obd/stats/etrn/view/rankall.php

［7］内閣府『平成二七年版高齢社会白書(概要版)』http://www8.cao.go.jp/kourei/whitepaper/w-2015/html/gaiyou/s1_1.html

［8］社団法人　日本建築学会(二〇〇六)『日本建築学会叢書４　省エネ住宅とスマートライフでストップ地球

温暖化』丸善株式会社、技報堂
［9］井上他（二〇〇四）「住宅内のエネルギー消費に関する全国的調査研究、6章 アンケートによる住宅内エネルギー消費の実態と住まい方等に関する調査」日本建築学会、住宅内のエネルギー消費に関する調査研究委員会、CD-ROM版
［10］住環境計画研究所「家庭用エネルギー統計年報二〇一二年版」
［11］吉野博、長谷川兼一（一九九八）「高断熱高気密住宅における熱環境特性と居住者の健康に関する調査」日本建築学会計画系論文集、第五〇七号
［12］西谷早百合、吉野博、村上周三、河田志穂（二〇〇九）「仙台市における住宅エネルギー消費量の実態調査—夏期のアンケート調査—」日本建築学会東北支部研究報告会
［13］長谷川兼一、吉野博（二〇一七）「農業地域と都市的地域の住宅のエネルギー消費特性に関する分析」日本建築学会技術報告集、第二三巻、五三号
［14］岩船由美子、横尾美雪、中上英俊、會田光男（二〇〇六）「世界各国における家庭用エネルギー消費関する調査(第一報 欧米編)」、第二二回エネルギーシステム・経済・環境コンファレンス、住環境計画研究所、家庭用エネルギー統計年報、二〇〇二年版
［15］国土交通省、電子版「平成二八年度スマートウェルネス住宅等推進モデル事業の募集開始について」
http://www.mlit.go.jp/report/press/house07_hh_000154.html
［16］国土交通省・社会資本整備審議会、電子版「今後の住宅・建築物の省エネルギー対策のあり方について」第一次答申、平成二一年一月
http://www.mlit.go.jp/common/001067280.pdf
［17］長谷川房雄、吉野博、新井宏朋、岩崎清、赤林伸一、菊田道宣（一九八五）「脳卒中の発症と住環境との関係についての山形県郡部を対象とした調査研究」日本公衆衛生雑誌、第三二巻、第四号
［18］吉野博、籾山政子、佐藤都喜子、佐々木耕一（一九八九）「宮城県郡部における脳卒中死亡と住宅の冬期室温についての調査研究」民族衛生、第五五巻、第六号

[19] 吉野博 編著(一九八九)『住宅における熱・空気環境の研究』東北大学出版会
[20] 吉野博、新井宏朋、岩崎清、牧田一志、宮崎英子(一九八七)「積雪寒冷地の山形県八幡町における住宅の暖房実態と室温の四年後の変化」日本公衆衛生雑誌、第三四巻、第一二号
[21] 貝沼拓哉、長谷川兼一、吉野博、後藤伴延、細淵勇人、高木理恵(二〇一六)「脳卒中死亡に関連する住環境要因に関する調査研究、その三 冬季における室内温度の実態と温熱環境の評価」日本建築学会大会学術講演梗概集
[22] 長谷川兼一、貝沼拓哉、吉野博、後藤伴延、細淵勇人、高木理(二〇一六)「脳卒中死亡に関連する住環境要因に関する調査研究、その四 室内温度と血圧との関連性の分析」日本建築学会大会学術講演梗概集
[23] 山形県ホームページ、庄内地域の入浴死・入浴事故発生状況
http://www.pref.yamagata.jp/ou/sogoshicho/shonai/337021/kikaku/nyuyoku/4126navi/publicdocument20110726669298101.html
[24] 東京都監察医務院ホームページ、東京都二三区における入浴中の死亡者数の推移
http://www.fukushihoken.metro.tokyo.jp/kansatsu/oshirase/nyuyokuchu.files/29tsuki-sei.pdf
[25] 栃原裕(二〇〇六)「日本人の入浴、その功罪」九州大学二一世紀COEプログラム、感覚特性に基づく人工環境デザイン研究拠点 ワークショップ 入浴の安全性と快適性
[26] 長谷川兼一、吉野博(二〇一七)「農業地域と都市的地域の住宅のエネルギー消費特性に関する分析」日本建築学会技術報告集、第二三巻、第五三号
[27] 吉野博、長谷川兼一(一九九八)「高断熱高気密住宅における熱環境特性と居住者の健康に関する調査」日本建築学会計画系論文集、第五〇七号
[28] 長谷川兼一、吉野博(一九九八)「高断熱高気密住宅における居住者の乾燥感に関する冬期調査」日本建築学会計画系論文集、第五〇九号
[29] 岩下剛、赤坂裕(一九九六)「カーペットから放たれる揮発性有機化合物が在室者の知覚空気質評価に及ぼす影響に関する研究」空気調和・工学会学術講演会講演論文集

[30] 岩前篤(二〇一〇)「断熱性能と健康」日本建築学会環境工学本委員会熱環境運営員会、第四〇回熱シンポジウム梗概集
[31] Philippa Howden-Chapman, Anna Matheson, PhD student, et.al., Effect of insulating existing houses on health inequality: cluster randomised study in the community BMJ 2007; 334 doi: http://dx.doi.org/10.1136/bmj.39070.573032.80 (Published 01 March 2007) Cite this as: BMJ 2007;334:460
[32] Public Health England: Cold Weather Plan For England, Making the Case: Why long-term strategic planning for cold weather is essential to health and wellbeing, 2015.10
[33] Office of the Deputy Prime Minister, Housing Health and Safety Rating System, Enforcement Guidance, Housing Act 2004, Part 1: Housing Conditions
[34] 日本建築学会編(一九九四)『高齢者のための建築環境』彰国社
[35] 国土交通省スマートウェルネス住宅等推進調査事業 http://swhsurvey.jsbc.or.jp/
[36] 長谷川兼一、吉野博、松本真一(二〇〇二)「東北地方における断熱気密住宅のエネルギー消費量―暖房用を中心とした実態調査と数値計算―」日本建築学会計画系論文集、第五五七号
[37] 吉野博、長友宗重、石川善美、松本真一、内海修明(一九九五)「カナダR二〇〇〇仕様に基づいて建設された高断熱高気密住宅の熱空気環境に関する長期測定」日本建築学会計画系論文集、第四七一号
[38] 伊香賀俊治、江口里佳、村上周三、岩前篤、星旦二、水石仁、川久保俊、奥村公美(二〇一一)「健康維持がもたらす間接的便益(NEB)を考慮した住宅断熱の投資評価」日本建築学会環境系論文集第七六巻、第六六六号
[39] 南雄三(二〇一一)「ライフラインが断たれた時の暖房と室温低下の実態調査」CASBEE-健康委員会六月二三日資料 http://www.t3.rim.or.jp/~u-minami/class%20archtect/lifeline.pdf

［40］一般社団法人　日本サステナブル建築協会ホームページ「ＬＣＣＭ住宅（ライフサイクスカーボンマイナス住宅）に関する研究」
http://www.jsbc.or.jp/research-study/lccm.html
［41］長谷川房雄、木村建一、吉野博、石川善美、松本博（一九八六）「パッシブソーラーシステムの性能を評価するための試験家屋の熱的性能と基礎実験」日本建築学会計画系論文報告集、第三六一号
［42］Passive House Institute, Home Page
http://www.passiv.de/en/01_passivehouseinstitute/01_passivehouseinstitute.htm
［43］主催　経済産業省　資源エネルギー庁、執行団体　一般社団法人環境共創イニシアチブ―ネット・ゼロ・エネルギー・ハウス支援事業調査発表会 2016、平成二八年一一月（資料）https://sii.or.jp/zeh 二八/file/doc_1122.pdf
［44］石原英喜（二〇一六）「プラスエネルギーホームの消費量の実測調査」Ｈ＆Ｅレター　vol.155

第6章　「水系モデル」のソーシャルデザイン

1　ソーシャルデザインの提起

長期デフレや政治不信による閉塞感が強まる中で、景気回復や政治参加に期待するよりも、問題を社会的に設定し、その解決を主体的に図る手法として「ソーシャルデザイン」が主張され、実際に問題解決に適用される風潮が高まってきた。特に日本では、二〇一一年の3・11東日本大震災の複合的な災害の後、災害からの復旧、さらに新たな地域の再生や復興の手法としても、ソーシャルデザインが注目されている。例えば、こんな主張もある(今 二〇一三)[1]。

・最近、社会貢献への参加のニーズが高まったことに関連し「東北の経済圏は大震災の前から元気ではなく、原発で雇用を生み出すことを受け入れ、自民党の説く安全神話を信じ(たこととし)て事故が起こる不安と放射能ゴミを抱えるガマンに耐えてきた。」

・弱者が不安やガマンに耐え続けると、不満の声は誰にも届かない。そのため、苦しみの当事者ではない他人は、苦しんでいる人の境遇に自発的な関心を寄せることがない。〈弱者のガマン〉と〈他人の無関心〉の共犯によって、問題は日に日に深く広く世の中に拡大していき、やがて誰もが手に負えない大きな社会問題に育ってしまう。」

こうした社会問題の解決の方法として、次のようにソーシャルデザインが定義される。

「市民の力で社会をより良いものへ作り変える活動はソーシャルデザインと呼ばれ、町作り・環境保護・福祉・ビジネスなど、多くの分野で試みられている。」

また筧(二〇一三)[2]では、以下の定義が示されている。

「ソーシャルデザインとは、人間の持つ〈創造〉の力で、地域・日本・世界が抱える複雑な課題の解決に挑む活動です。」

特に最近では、ベストプラクティスの紹介や実践向けガイドを目指した書籍やウェブサイトによる情報提供も増えてきた(greenz.jp 編 二〇一六[3]など)。これらソーシャルデザインの様々な定義に共通する特徴として、以下の点が指摘できそうに思う。

① デザイン活動の究極の対象として、モノの機能や意匠を超えて、社会を目指す。

② デザイン活動の主体には、専門家・政治家(だけ)ではなく、市民社会を構成する個々人が多様な形態で参加・参画する。

③ デザイン活動の目的として、具体的な課題解決や仕組みの提案を通じて、より良い社会を目指す(社会貢献、社会変革)。

④　以上のようなデザイン活動の基盤となる考え方が成立することを社会に示す。

ただ、ソーシャルデザインといっても、まだ近代社会の変革や世界全体の改革までデザインが及んでいるわけではない。また、脱原発やソーシャルビジネス、被災者支援などの課題が提起されても、個別のケーススタディや事例紹介にとどまり、大きなヴィジョンや体系化が進められているわけでもない。例えば、教科書を謳うもの（村田 二〇一四）[4]も公刊されているが、ここでもソーシャルデザインは「単なる利益追求ではなく、社会貢献を前提としたコト、モノのデザイン」と定義され、その上で大略以下のようなプロセスで構成されるとする。

①　観察と発見をするプロセス
②　改善のための思考・概念の組み立てをするプロセス
③　プランをわかりやすくアイコン化・可視化するプロセス

従来の狭義のデザインでは、③が中心だったが、ソーシャルデザインは社会問題の解決の課題から、①と②を含め「社会問題を可視化する」のがデザイナーの仕事となり、さらに問題解決のプロセスまでをも具体的に設計・説明することとされる。

以上、最近のソーシャルデザインの動向を簡単に紹介した。ここで、3・11東日本大震災が提起した近代文明の大転換と言える社会問題の解決として、ソーシャルデザインの意義を明らかにするために、「モダンデザインの父」[5]と呼ばれる一九世紀イギリスのデザイナー、ウィリアム・モリスがE・ベルフォート・バックスと書いた共著 "Socialism: its growth and consequence" にさかのぼり、若干の検討を試みることが必要だと思う[6]。

2　ウィリアム・モリスとソーシャルデザイン

そのモリス（一八三四〜一八九三）であるが、オックスフォードで勉強して、当初の神学への道を諦め、友人のバーン・ジョーンズとともに芸術の道を歩むことにした。しかし、彼は画家や建築家ではなく、装飾デザインの道を歩み、「モダンデザインの父」と呼ばれるようになった。壁紙やカーテンのテキスタイルだけではなく、タペストリーやステンドグラス、タイルパネルなど、さらに本の印刷や製本まで手を広げた。彼は、詩人でもあり、社会運動家でもあったが、やはりデザイナーとして若い時から終生活躍を続けた。そして、日本でも柳宗悦が創出した「民芸運動」にまで影響を与えた世界的なデザイナーである。その彼が、一八七〇年代の終わり頃から、当時イギリスでも影響を与え始めたマルクス主義に傾倒し、社会主義の組織者として、死ぬまで活動を辞めなかった。有名な「苺どろぼう」をデザインしながら、マルクス『資本論』を熟読し、それを上記バックスとともに概説し、『社会主義』を組織の機関紙に連載、そして共著として一八九三年に出版した[7]。

モダンデザインの父と呼ばれるモリス、他方、社会主義の運動に一身を捧げたモリス、二人のモリスを巡っては長い論争がある。その詳細な紹介は省略するが、一方では装飾デザイナー、さらに詩人や『ユートピアだより』などを書いた芸術家としてのモリスを重視し、そのモリスを基本とするモリス論。芸術家モリスが、途中で社会主義の運動の道に走ったのは、一時の気の迷いだろう、といった解釈がある。他方、逆に芸術家としてのモリスは、社会主義を実践的に追求したのであり、芸術社会主義者からギルド社会主義者として、マルクス主義を受け継いで社会主義者として生き抜いた、そんな解釈もある。しかし、モリスが二人いるはずはなく、一人のモリスであり、彼の生も死もモダンデザインとともにマルクス主義を信じてのことだった。そこにまたモリスの芸術とともに、彼の社会主義の魅力もあると思われる。

確かにモリスの生涯をたどると、一八七〇年代の初め三〇歳代までは、芸術の道一筋だった。自らも社会問題に関心があまりなかったと述べている。それが四〇歳代に入って、イギリス自由党の「急進派」の立場から「東方問題」で政治的に活躍し、その後、自由党の立場を越えてハインドマンなどとの接触から社会主義、特にマルクス主義に関心を寄せてバックスとともに英国最初のマルクス主義の組織「社会主義連盟」に加入、自ら社会主義者を公言した。だから、モリスの社会主義は、社会問題の政治や経済からではなく、芸術から社会主義に接近、特にハインドマンやバックスとの関係でマルクス主義に入った。一八八〇年代、それもマルクスの亡くなる八三年頃『資本論』を表紙が擦り切れるほど読み、組織の機関紙「コモンウィール」にバックスと一緒に「社会主義」について連載することになった。

そこでモリスの芸術についての考え方だが、彼の作品としては一般的に、壁紙にせよ、テキスタイルにせよ、広くパターンデザイン（Pattern Design）として評価され、愛好されている。しかし、ラファエロ前派の影響を受けながら、七〇年代末に入っての講演では、しばしば「小芸術」（Lesser Art）の考え方を主張している。「大芸術」（Greater Art）に対比しての小芸術だが、それは作品の大小よりも、独立して単体として制作された芸術作品の大芸術に対して、「小芸術」は壁紙やカーテンなど、付属して装飾として役に立つ「装飾芸術」（Decorative Art）に属する作品である。だから『社会主義』の中でも、わざわざ大芸術に属する「実質的芸術」（Substantive Art＝独立的芸術）に対比して、「付随的芸術」（Adjective Art）という新しい分類を提起して、近代社会の金権腐敗から芸術を救い、生活の芸術化、芸術の生活化を目指そうとした。モリスは小芸術について、こんな興味深い説明をしていた。

「それはしばしばかなり荒削りではあったが、けっして粗野ではなく、美しく、自然で、飾らず、豪商や廷臣の芸術というよりも農民の芸術であり、それを愛さないのは無情な人間に違いないと私は思う。——いわば農民芸術であり、それは人々の暮らしにしっかりと根づき、大邸宅が〈フランス風に豪勢に〉建てられていた間も、我が国の多くの土地で、小作農と自由農のなかに、それは依然として生きていた。外国産の愚かな虚飾が自然と自由をことごとく消滅させ、芸術が、特にフランスにおいて、上手く立ち回って得意顔のあの悪党どもの所業の表現になりはててしまっていた時にも、織機や版木や刺繍針が作り出す多くの古風な模様のなかに、それは依然として生きていたのだ。」(一八七七年一二月四日「ロンドン職業組合講座」の講演「装飾芸術―その現代生活および進歩との関係」、のちに「小芸術」と改題『芸術の希望と不安』一八八二年に収録。なお、ヘンダーソン(一九九〇)[8]、三〇六ページ参照のこと)[9]。

こうしたモリスの「小芸術」の思想が、アーツ&クラフツ運動、そして上記のように「付随的芸術」と表現を変えながら、働き方、暮らし方、さらに生き方に繋がり、社会主義のヴィジョンにまとめ上げられたように思われる。そして、日本でも幸徳秋水や堺利彦など「労農派」と呼ばれた「土着社会主義」の水脈とともに、労農派のシンパだった宮沢賢治の『農民芸術概綱要』にも受け継がれた。まさに「賢治とモリス」であり、こうした農民芸術に根差した生活芸術の思想が、モリスの装飾デザイナーの生き方から生まれ、「社会主義」(ソーシャリズム)のデザインとして主張された、それがモリス・バックス『社会主義』だった[10]。

3 ソーシャリズムとソーシャルデザイン

そこで、最近のソーシャルデザインとの関連だが、今日まだ、モリスとの関係が十分つけられてはいない。ただ、何といっても「モダンデザインの父」と呼ばれ、その上アーツ&クラフツ運動、さらにバックスとの共著『社会主義』の著作もあるモリスである。そのモリス再評価に関連して、ぜひソーシャルデザインへの水脈を探っておく必要があるように思う。既にインテリアやデザインの関係者や団体などでは、モリスとソーシャルデザインに関心を寄せているようなので、さらに問題提起的に述べさせていただきたい[11][12][13]。

ソーシャルデザインの文献については、網羅的に眼を通してはいないが、先に紹介した通り何冊か既に出版されている。教科書的に整理したものもあるが、総じてまだ経験的な事例紹介によるケース研究にとどまっているように思われる。むろん興味ある事例研究も多く、実践的な問題解決型の事例紹介が一つの潮流になっているのを強く感じる。特に先進諸国での社会的・経済的な行き詰まり、政治的混迷の深まりと閉塞感、とりわけ3・11の東日本大震災の復旧・復興の中で、ソーシャルデザインの実践的解決に期待が寄せられているのを痛感する。ただ、今それがなぜソーシャルなのか？　また、なぜデザインなのか？　必ずしも答えは明確ではない。ここでモリスや宮沢賢治に問いかけながら、それを探ってみたい。

(1) ビジネスモデルの転換

まず、なぜソーシャルか？ という点だが、ソーシャルデザインの定義として、例えば「利益追求ではなく、社会貢献を前提にしたコトやモノのデザイン」といった説明があった。本書の第I部「総論」で述べた通り、企業の「社会貢献（CSR）」などが強調される風潮が高まっているが、「社会貢献」を手段にして、社内改革や効率化、業態転換で利益追求を行う営利企業も多い中で、利潤追求の隠れ蓑に「社会貢献」を利用するのは疑問である[14]。その点では、企業のあり方を明確に定義しておくことが必要であり、多くの紹介されている事例研究が、事実上だろうがNPOやNGO、さらに協同組合やコミュニティ・ビジネス、社会的ベンチャー企業を挙げているのは正解だと思う。ソーシャルデザインの主体が、営利追求の商業主義の企業では、金権腐敗の政治からも脱却できない。また、新たな顧客を創造して社会的な問題を解決することにも繋がらない。その点は、マルクス『資本論』をバックスと読んで、社会主義としてソーシャルデザインを提起したモリスを、ぜひ参考にしてほしいと思う。

企業は、個人にせよ法人にせよ、投資対象の組織として、営利活動を行ってきた。営利活動は、資本の価値増殖のために行われ、金融にせよ、商業にせよ、産業にせよ、近代社会の資本主義の経済主体だった。しかし、資本主義の行き詰まりの中で、上記のように非営利の企業活動が各国様々な呼称で登場し、ソーシャルビジネス＝社会的企業が積極的に活動している。そして、営利企業では解決できない社会的問題の解決を目指す。ソーシャルビジネスの目的や使命は、営利ではない。ミッションは、社会的問題の解決である。このソーシャルビジネスの社会的活動と結び付いてソーシャルデザインの役割が位置づけられるのではないだろうか？だからこそ、ソーシャルデザインの定義も、非営利の社会的貢献などのミッションが強調され、その社会的活動の手法とされているのである。他方、税金を使って計画的に社会問題の解決を目指してきた福祉国家の側にもまた、ニーズ把握の限界や非効率なサービス提供の問題が顕在化している。

(2) 雇用労働から協働労働への転換

さらに営利企業に雇用される労働力は、労働力商品を前提とした「雇用労働」である。雇用労働は「日給」にせよ「月給」「年俸」にせよ、営利企業が投資する「給与」等として費用化される。しかし、新たに経済主体として登場するソーシャルビジネスでは、有償ないし無償のボランティアであり、「協働労働」である。この協働労働に基づいた共同体(Association アソシエーション)として、ソーシャルビジネスは社会的に活動機能する。モリスが「農民芸術」を「小芸術」、そして「付随的芸術」としたのは、上述のように存在の大小ではなかったし、位置づけの高低でもない。「協働労働」として協働すること、アソシエーションの喜びであり、そのミッションの価値づけだろう。そして、そこにソーシャルデザインが結び付いてくる。3・11東日本大震災後のNPO活動を調査した多くの研究からも、なぜ被災地支援や復興を担う組織が自発的に立ち上がったかについて確認してみると、社会的ニーズの上に、ミッションを共有する人たちとの協働を通じた「楽しさ、新しい喜び」が表明されているケースが多数だった(例えば、日本NPO学会の調査[15]等を参照)。

モリスのデザインは、壁紙にせよ、カーテンのテキスタイルにしても、上述のようにPattern Designとしても愛好されるが、それは単体の独立した芸術品ではない。装飾として食堂に飾られ、建築建造物に付随し、しかも庭園のガーデニングと結び付き、しかも台所の食器から料理に至るまで、コラボレーションとしてアソシエーションのネットワークを構成する。だから、大芸術に対して小芸術だし、「独立的芸術」に対する「付随的芸術」と定義されていたのではないだろうか。彼の労働観は芸術観と結び付き、「芸術は労働における人間の喜びの表現である」(Art is man's expression of his joy in labor.)であり、宮沢賢治がそれを受けて「芸術をもて、あの灰色の労働を燃せ」と『農民芸術概論綱要』で地人から都人への訴えとしたのであった。

生産の主体である労働の見直しは、生産のあり方を見直すことになる。近代社会の大量生産―大量宣伝―大量販売―大量消費―大量廃棄の流れに対し、モリスもそうだし賢治も厳しく批判しつつ、小芸術そして農民芸術を提起した。その前提には、さらに原子力は無論のこと、一九世紀の産業革命と結び付いた化石燃料など工業化、高度工業化のエネルギー革命への批判的見地が前提され、賢治の「太陽崇拝」など太陽光、水力などの再生可能エネルギーへの転換が提起されていたと思う。近代科学による自然の利用から自然の破壊、それに対しての自然の厳しい報復が東日本大震災の巨大津波と福島第一原発事故の災禍だったとも言えるだろう。自然エネルギーへの回帰は、地域の自然エネルギーの「有効利用・地産地消」への転換でもあると思う。

〔コラム〕北国・岩手に伝わる毛織物～ホームスパン～

英国で発展したホームスパンの技術が日本に渡って岩手に根づいたのは、大正時代にさかのぼる。我が国では激寒の戦地で必要になった防寒服として毛織物を英国から輸入していたが、それが叶わなくなり、大正中期に国策として羊毛生産が奨励された。農家では昔から機織《はた》りが農閑期の女の仕事であり、織り手がいたことで、防寒用としての「ホームスパンづくり」が無理なく定着していった。鳥打帽の宮沢賢治も、大きな関心を寄せていた(年譜、一九三一年五月五日の項を参照)。

今も岩手県内にはホームスパンを手掛ける人々が点在し、地域に合った方法で脈々と続いている。岩泉町の手紡ぎ糸で編む・スピンクラフトは人によって太さ、撚りに微妙な違いが生まれるが、それがむしろ喜ばれる。葛巻町の「シープバレーくずまき」では放牧で羊を飼い、羊に合った自然牧草を目指した土作りに励む。そのため脂分が少なく草木染に適し、品質も安定した羊毛となっている。

最高の羊毛を活かす手仕事は、岩泉の自然の魅力を伝える。

　盛岡市では数多くの工房があり、それぞれ独自の手法で営んでいる。ホームスパンを学ぶ場も多く、なかでも岩手大学教育学部芸術文化課程美術・デザインコース染色研究室は繊維の表現方法を追求する貴重な場となった。美しい色に染め上げられ出番を待つ糸は機にかけられ、織りに進むことで、また異なった色を織りなす。マフラー、ストールだけでなく、ツイードの生地は服地にもなる。昔は、人々は自分のために仕立てたスーツやジャケットを二〇年も大切に着こなしたものである。盛岡には今でもホームスパンの仕立屋が何件かあり、テーラー文化を支えている。

　花巻市東和町の山あいの静かな里では、大正時代から羊の飼育が始まり、羊毛を刈って紡いで織るという営みが各家庭で行われていた。自然色を活かした独自なホームスパンである。見た目の装飾性ではなく、普段の生活の中で長く使い続ける「実用性」を目指す。

　手紡ぎ・手織りのホームスパンならではの、空気を含んだ柔らかい風合いの温もりと安心感。その土地で育まれた素材で効率ではなく手作業で、実直なまでに丁寧に糸にやさしく織る。羊から始まる「小さな暮らし方」である。

（岩谷芳江）

（てくりの会［二〇一五］『（てくり別冊）岩手のホームスパン』より）

（3）「キッチン革命」による生活の質的転換

自然エネルギーの地産地消、それによる生産のあり方は労働のそれとともに、生産と消費の循環についても、上記の大量生産—大量販売—大量消費、さらに加えれば大量廃棄の流れを変えることに繋がる。生産と消費の経済循環を、地産地消の自然エネルギーの利用に合わせて、地域でできるだけ自立循環させ、低炭素化により地球温暖化の問題解決を図る。低炭素化は、単なるエネルギー問題でなく、大量生産—大量販売—大量消費の経済循環からの脱却により、人類の生活と生存の「持続可能性」を実現しなければならない。

そのためには消費生活の見直しが不可欠である。量産化、低廉化による利便性、見せ掛けの快適性、グローバルな画一化、そうした近代化と銘打った消費革命に対して、「反革命」による新たな生活の根本的な見直しが必要となる。モリスや賢治が、上記のように労働や生産の見直しを主張するについては、生活の見直しに基づく質的向上を目指していた。生活の向上は、大量生産による過剰な大量消費ではない。より良質な質の向上、多様な個性の尊重、さらに芸術的価値を求め、「生活の芸術化」「芸術の生活化」を目指していた。

モリスは「本当に生活に必要でないもの、美しいと思わないものを家に置いてはならない」と述べていた。そして、生活の芸術化の象徴的なデザインとして、ヴィクトリア&アルバート美術館に「世界で最初のMuseum Restaurant」として、「緑の食堂Green Dining-Room」をデザインしたのだ。「Morris-Room」と呼ばれる食堂こそ、モリスのソーシャルデザインの傑作の一つだと思われる。賢治については、デザインされたものではないが、『農民芸術概論綱要』の内容に多様な形で主張されている。それ以上に、彼の死後、愛用のトランクの中の手帳から発見された、かの有名な「雨ニモマケズ、風ニモマケズ」の詩は、ベジタリアンだった賢治の生活、彼の生き方の願いと祈りが込められているのではないだろうか。

3・11以降に被災地が直面した危機を通じて、「スローフード」「スローライフ」活動への見直しも進んでいる。きちんと売れる高品質のものを作り、それを消費者が過不足なく理解し、商品を愛してくれるような流れを拡大する必要があるように思う。さらに、それらの産物が地域の歴史や風土と繋がりを持ち続けられることが大切なのである。

〔コラム〕コミュニティ支援型農業CSA（Community Supported Agriculture）

CSAのルーツは、一九六五年に日本で始まった「生活クラブ」での牛乳の共同購入や一九六八年設立の「生活クラブ生協」による「班別予約共同購入」にあるとされ、様々な商品や流通形態での産直提携の動きへと拡大してきた。その後、このような考え方や仕組みが、ヨーロッパのスイスやドイツなどを経てアメリカ・カナダにも伝わり、北米では千カ所以上の活動があるとされる。

自分が食べている農作物や加工食品は、どこの誰の手でどのように作られ、食卓まで届いているのかを知りたいと思う消費者が増えており、ＣＳＡや小規模農家が、新たな製品開発や販売ルートの開拓を進める機会を提供している。多くの場合、消費者は入会費・年会費などの形で一定額を前払いし、豊作・不作などのリスクを生産者と分担するとともに、農作業や配送作業の一部にまで参加する場合も多い。新鮮・安全で高品質の食べ物を一般の小売価格より安く入手するためだけでなく、農的生活への関わりを持ちつつ自然保護や景観保全など、食費以上の価値を得ることが可能となる。

生産者にとっても、安定した価格や需要量を前提に生産計画を立てることができ、環境保全型農業や有機・無農薬栽培、大量生産に向かない品種や地場の在来作物の維持・復活など、地域農業の持続可能性を高めるような試みに取り組むための環境を創り出せるという意味でも、ＣＳＡに期待が寄せられている。

（増田　聡）

（生活クラブ—http://seikatsuclub.coop/coop/history.html）

（4）コミュニティデザインからソーシャルデザインへ

モリスや賢治の労働と生産、生活と消費、そしてエネルギーの地産地消による地域の循環型経済のソーシャルデザインのヴィジョンは、モリスが『社会主義』の中で主張しているが、西欧社会の「教区（パリッシュ）」を単位とするコミュニティが念頭に置かれている[16]。マルクス・レーニン主義の世界革命やグローバルな拡大発展ではない。基礎的な生産と消費が、地域で循環型に持続する、そして人間と自然が共存し、労働力の再生産に必要な必要労働の確保、そして生産財と消費財の基本的な関係が再生産される「経済原則」の充足が、そこで可能なコミュニティである。その点では、ソーシャルデザインは、まさにコミュニティデザインにほかならない。

しかも『社会主義』では、都市と農村をはじめ、地域の共同体から国際関係までの「グランドデザイン」に及んでいる。そうしたグランドデザインを、一方では社会主義思想の「根源」にまでさかのぼり、他方では近代社会の資本主義経済の自立的運動法則を『資本論』に学びながら、主体的運動の目指すヴィジョンとして具体的に提起したのが、モリスの壮大な『社会主義』のデザインである。プロレタリア独裁の国家社会主義の上からの計画化や、私有財産の国有化による国営企業の骨組みだけの無味乾燥なマルクス・レーニン主義のテーゼではない。

もしソーシャルデザインが、始めに紹介したよう

ミニ解説

テムズ川水系とモリスのコットンプリント

ウィリアム・モリスの多くのテキスタイルの中で、モリス自身によりデザインされたモリス商会のコットンプリントがある。その中で、主にインディゴ抜染法を用い、マートン・アビ―で染められたものがあり、それぞれのプリントには、とくにテムズ川の支流名、例えばウェイ川とかウォンドル川などの名前が付けられた作品がある。こうしたモリスの作品を見ると、彼の『ユートピア便り』とともに、テキスタイルにも彼の「ソーシャルデザイン」の思想が具体的に存在することがわかる。

（大内秀明）

モリス商会のコットンプリント
（藤田治彦(1996年)『ウィリアム・モリスへの旅』淡交社より）[17][18][19]

に社会問題の解決に向けて、「市民の力で社会をより良いものへ作り変える活動はソーシャルデザインと呼ばれ、町作り・環境保護・福祉・ビジネスなど、多くの分野で試みられている」とするならば、モダンデザインの父、ウィリアム・モリスの『社会主義』を参考にしたらどうだろうか？　むしろ、ソーシャルデザインの古典として位置づけてみることを提起しておく。そして、モリスがロンドンからさかのぼり、テムズ川の源流のコッツウォールズを「理想郷」とした『ユートピアだより』、そして賢治が北上川に「イギリス海岸」を想定し、岩手県の中にドリームランドの「イーハトヴ」を透視したのは、ほかならぬソーシャルデザインの「水系モデル」だった、と言えるのではないだろうか？

〔コラム〕「東北コットンプロジェクト」～コットンから次の東北をつくりたい～

東日本大震災で津波による死者、行方不明者が圧倒的に多かった宮城県沿岸部の壊滅的被害は人々の心に爪痕として記憶されている。沿岸部に広がる稲作地帯は、海水の沼と化していた。

震災発生の二カ月後、オーガニックコットンの普及を目指す「コットンCSRサミット」が開催され、「稲作ができなくなった被災地で、塩害に強い綿花を育てて復興を支援しよう」と被災地の農業生産組合や農業法人に呼びかけて一〇企業二団体で始まったのが「東北コットンプロジェクト」である。五年後には八〇社六団体にまで拡大している。

綿花畑は仙台市若林区荒浜と宮城県名取市からスタートした。どちらも津波による冠水被害で二週間～一カ月間海水を被る。地層から五〇センチまでの農地は約一パーセントの塩分を含んでいる状態となる。「米は塩分率〇・二パーセント、大豆は〇・一パーセントまでしか育たないが、綿は一・五パーセントまで実績がある」と発起人が綿栽培を呼び掛けて始まった。当初は稲作ができるようになるまでの塩害対策とし、綿花栽培で農家の収入と仕事を確保して、三年ほどで稲作ができる農地にしようという目的であった。途中、嵩上げ工事開始で土地の確保が難しくなった荒浜地域の農場を東松島市に移して綿花栽培を継続させる。

綿花は塩害には強いが、寒冷地では栽培には不向きだと言われていた。ことに、沿岸に吹く強い風は倒伏ストレスとなり、収穫に影響を及ぼすこともわかってきた。①ビニールハウスで育苗し、二カ月分の初期成育を確保、②摘芯を行うことで枝数を増やし、株丈を低く抑え風の影響を低減させ、倒伏防止につなげたこと。その結果、全体面積一六〇アールの収穫量は二〇一一年度に一〇〇キログラムから、二〇一六年度には九三〇キログラムと九倍以上の増加となった。試行錯誤を繰り返し、東北の気候に合った栽培方法を見事に軌道に乗せたのである。

輸入に頼ってきた綿花。その北限を更新させ、これまでになかった東北の農業形態として、新たな可能性を見いだすものとなった。自然に強い綿花は農業再生を目指す復興のシンボルである。多くのボランティアの参加支援もあり、栽培から紡績・商品化、販売まで一連の工程を取りまとめ、「東北コットンプロジェクト」ブランドでの商品化も始まった。

（岩谷芳江）

（「東北コットンプロジェクト」ホームページ参照）

参考文献

[1] 今一生(二〇一三)『ソーシャルデザイン50の方法―あなたが世界を変える時』中公新書ラクレ
[2] 筧裕介(二〇一三)『ソーシャルデザイン実践ガイド―地域の課題を解決する7つのステップ』英知出版
[3] greenz.jp 編(二〇一六)『ソーシャルデザイン白書二〇一六』People's Books 七号
[4] 村田智明(二〇一四)『ソーシャルデザインの教科書』生産性出版
[5] ニコラウス・ペヴスナー(一九七六)『モダンデザインの源泉―モリス/アール・ヌーヴォー/二〇世紀』(小野二郎訳)美術出版社およびT・ハウフェ(二〇〇七)『近代から現代までのデザイン史入門』(藪亨訳)晃洋書房
[6] 大内秀明(二〇一二)『ウィリアム・モリスのマルクス主義』平凡社新書
[7] ウィリアム・モリス、E・B・バックス(二〇一四)『社会主義―その成長と帰結』(大内秀明監修・川端康雄監訳)、晶文社
[8] フィリップ・ヘンダーソン(一九九〇)『ウィリアム・モリス伝』(川端康雄・永江敦・志田均等訳)晶文社
[9] ポール・トムスン(一九九四)『ウイリアム・モリスの全仕事』(白石和也訳)岩崎美術社
[10] 大内秀明・平山昇(二〇一四)『土着社会主義の水脈を求めて―労農派と宇野弘蔵』社会評論社
[11] 小野二郎(一九七三)『ウィリアム・モリス―ラディカル・デザインの思想』中公新書
[12] 山崎亮(二〇一六)『コミュニティデザインの源流　イギリス篇』太田出版
[13] 國分功一郎・山崎亮(二〇一七)『僕らの社会主義』ちくま新書
[14] 東京財団CSR研究プロジェクト(二〇一六)『CSR白書二〇一六―変わり続ける社会、生き残る企業』東京財団
[15] 日本NPO学会震災特別プロジェクト東北班編(二〇一七)『東日本大震災後設立のNPOにおける活動実態と今後の展望』
[16] 自治体国際化協会・ロンドン事務所(二〇〇六)「パリッシュの動向」CLAIR REPORT 二八四号
[17] 藤田治彦(一九九六)『ウィリアム・モリスへの旅』淡交社

［18］海野弘（二〇一三）『ウィリアム・モリス―クラシカルで美しいパターンとデザイン』パイインターナショナル
［19］リンダ・パリー（一九八八）『ウィリアム・モリスのテキスタイル』（多田稔・藤田治彦訳）岩崎美術社

索　引

編著者紹介（二〇一八年三月現在）

大内秀明（おおうち　ひであき）
東北大学　名誉教授
一般財団法人みやぎ建設総合センター　元・理事兼センター所長
一九三二年生まれ。東京大学大学院社会科学研究科博士課程修了。東北大学教授、東北科学技術短期大学学長、東北文化学園大学総合政策学部教授を歴任。経済学博士（専門―経済学）

吉野　博（よしの　ひろし）
東北大学　総長特命教授・名誉教授
一九四八年生まれ。東京大学大学院工学系研究科修士課程修了。東北大学教授、湖南大学（中国・長沙市）顧問教授、同済大学（中国・上海市）兼担教授を歴任。工学博士（専門―建築環境工学）

増田　聡（ますだ　さとる）
東北大学大学院　経済学研究科　地域計画研究室　教授・東北大学災害科学国際研究所兼務
東京大学空間情報科学研究センター客員教授
一九五九年生まれ。東京大学大学院工学系研究科都市工学専攻博士課程修了。工学博士（専門―地域計画・都市解析）

執筆者一覧（50音順、二〇一八年三月現在）

岩谷芳江　公益社団法人日本消費生活アドバイザーコンサルタント協会
消費生活コンサルタント　［第Ⅱ部 第4章、コラム］

大内秀明　一般財団法人みやぎ建設総合センター 元・理事兼センター所長
東北大学 名誉教授　［はしがき、第Ⅰ部、第Ⅱ部 第6章、ミニ解説、コラム］

田中史郎　宮城学院女子大学 現代ビジネス学部 教授　［第Ⅱ部 第1章、コラム］

千葉訓道　飯館電力株式会社 取締役　［第Ⅱ部 第2章、コラム］

半田正樹　東北学院大学 経済学部 教授　［第Ⅱ部 第3章］

増田 聡　東北大学大学院 経済学研究科 地域計画研究室 教授　［第Ⅰ部、第Ⅱ部 第6章］

皆川典久　東京スリバチ学会 会長　［コラム］

吉野 博　東北大学 総長特命教授・名誉教授　［第Ⅱ部 第5章］

自然《しぜん》エネルギーのソーシャルデザイン

スマートコミュニティの水系モデル

二〇一八年四月三〇日　第一刷発行

編著者　大内秀明《おおうちひであき》・吉野《よしの》　博《ひろし》・増田《ますだ》　聡《さとる》

発行者　坪内文生
発行所　鹿島出版会
〒一〇四-〇〇二八　東京都中央区八重洲二丁目五番一四号
電話〇三（六二〇二）五二〇〇　振替　〇〇一六〇-二-一八〇八八三

装幀：高木達樹　ＤＴＰ：編集室ポルカ　印刷・製本：三美印刷

ISBN 978-4-306-07343-2　C3036　Printed in Japan

本書の内容に関するご意見・ご感想は下記までお寄せください。
URL：http://www.kajima-publishing.co.jp
E-mail：info@kajima-publishing.co.jp